LES COURS

ET

LES SALONS

AU DIX-HUITIÈME SIÈCLE

PAR

LOUIS NICOLARDOT

PARIS

E. DENTU, ÉDITEUR

LIBRAIRE DE LA SOCIÉTÉ DES GENS DE LETTRES

PALAIS-ROYAL, 15-17-19, GALERIE D'ORLÉANS

—

1879

Tous droits réservés.

LES COURS

ET

LES SALONS

AU DIX-HUITIÈME SIÈCLE

OUVRAGES DU MÊME AUTEUR

HISTOIRE DE LA TABLE, Curiosités gastronomiques de tous les temps et de tous les pays. 1 vol. grand in-18 . . . . 3 fr. 50 c.

JOURNAL DE LOUIS XVI. 1 vol. grand in-18 jésus, papier vergé. . . . . 5 fr.

PRÉFACE

Le 26 juin 1765, Voltaire avait mandé à Helvétius : « Nous aurions besoin d'un ouvrage qui fît voir combien la morale des vrais philosophes l'emporte sur celle du Christianisme. Il vous serait bien aisé d'alléguer un nombre de *faits très intéressants* qui serviraient de preuves : ce serait un amusement pour vous, et vous rendriez service au genre humain. »

Comme le XVIII° siècle fournit assez de *faits très intéressants* pour combler les vœux des catholiques et des philosophes, nous laisserons de côté tous les siècles précédents. *Ab uno disce omnes.* Pour trancher la question proposée, en la traitant sous toutes ses faces, j'avais envie de retracer l'histoire des philosophes au point de vue des sept péchés capitaux.

Ce sujet m'entraînerait trop loin. Je me contenterai donc de rechercher et de divulguer les friponneries des *honnêtes gens*, contemporains de Voltaire.

Commençons d'abord par recueillir quelques confidences qui aideront à éclairer les *faits très intéressants* qu'exige Voltaire.

Or, dès 1751, Voltaire disait de Ninon de Lenclos : « Elle était la personne qui avait le plus de vertu, à prendre ce mot dans le vrai sens : et cette vertu lui mérita le nom de la belle gardeuse de cassette. » Il crut pouvoir, sans blesser les convenances, faire de cette belle gardeuse de cassette l'héroïne de sa comédie du *Dépositaire*. Les éloges ne parurent point exagérés, car, à cette époque, il n'était pas commun de rencontrer un honnête homme, remarque La Harpe, à l'article qu'il consacra, dans son *Lycée*, au cardinal de Bernis.

Dans le mois de mai 1764, de Brosses écrivait de Paris : « Tous les honnêtes gens d'ici sont des fripons [1]. »

Le 20 septembre 1773, Mme Du Deffand man-

---

[1] *Le Président de Brosses*, par Th. Foisset, in-8°, 1842, pag. 263.

dait à Horace Walpole : « Le nombre des fripons est grand, et l'estime est un sentiment dont on a peu d'occasion de faire usage. »

Quelque temps après, Schiller, encore sous la férule de ses maîtres, composait son drame des *Brigands*. Cette pièce paraît, et grand nombre de jeunes gens de bonne famille brûlent de s'enfoncer dans l'épaisseur des forêts pour y détrousser les voyageurs, violer les femmes, piller les riches, terrifier les pauvres et égorger quiconque leur résisterait ou les poursuivrait. Beaumarchais fait représenter *le Barbier de Séville,* et la foule vient applaudir à Figaro définissant la probité du docteur Bartholo « tout juste autant qu'il en faut pour n'être point pendu », et ajoutant : « La maison que j'occupe appartient au docteur qui m'y loge gratis ; et moi, en reconnaissance, je lui promets dix pistoles par an, gratis aussi. »

Dans une lettre à un de ses amis, Washington jugeait ainsi ses associés dans la lutte de l'indépendance : « Si j'avais à tracer une peinture des hommes et de l'époque d'après ce que j'ai vu, entendu et appris, je dirais d'un mot que la paresse, la dissipation et l'extravagance se sont emparées de tous ;

que la spéculation, le péculat et une insatiable soif de richesses semblent l'emporter sur toute autre considération dans tous les rangs de la société ; que les disputes de partis et les querelles personnelles sont la grande affaire du jour. »

Maintenant, compulsons les archives de l'histoire ; feuilletons attentivement les mémoires et les correspondances les plus authentiques du xviiie siècle ; tâchons de n'en extraire que des *faits très intéressants* et équivalant à une démonstration. Nous les grouperons autour de ces deux chefs : l'Esprit des Cours et l'Esprit des Salons.

LES COURS ET LES SALONS

AU

DIX-HUITIÈME SIÈCLE

PREMIÈRE PARTIE

ESPRIT DES COURS.

Le 17 auguste 1760, Voltaire écrivait au roi Stanislas : « Les hommes ne peuvent être heureux que quand les rois sont philosophes, et qu'ils ont beaucoup de sujets philosophes. » Le 30 septembre 1767, il mandait encore à Dalembert : « Celui qui dit le premier que les hommes ne pourraient être heureux que sous des rois philosophes, avait sans doute grande raison. » Cependant Frédéric le Grand se piquait de philosophie comme tous ses confrères couronnés, et il avait dit, dès le 8 février 1742, à Voltaire : « La supercherie, la mauvaise foi et la duplicité sont malheureusement le caractère dominant de la plupart des hommes qui sont à la tête des nations, et qui en devraient être l'exemple. » Était-il moins clairvoyant que Voltaire? Comme ce dernier lui avoua, dans le mois de juillet 1742, qu'on n'est jamais loué que par les faits, étudions les faits, pour savoir si nous devons épouser l'opinion de Frédéric ou celle de Voltaire.

Portugal.

Besenval et Desoteux nous représentent le roi Jean V consacrant des sommes immenses à ramasser des livres qu'il ne lit point, battant les ministres qui le contredisent, allant, tous les matins, à matines chez les Dominicains avec un bâton de deux à trois pieds qu'il jette à la tête des frères endormis, vivant publiquement avec une religieuse, étalant un grand faste et négligeant néanmoins d'entretenir ses troupes et de leur payer la solde. Elles étaient en si mauvais état, que, très souvent, sa garde était couverte de haillons et manquait de chaussures. Lorsqu'il rencontrait quelques-uns de ses soldats, il les appelait ses pauvres disgraciés, et continuait son chemin, sans aviser aux moyens de prévenir les désordres que la milice devait nécessairement commettre dans une telle pénurie.

Sous Joseph Ier, les troupes ne furent ni mieux payées, ni mieux vêtues, ni mieux nourries. On les laissa quelquefois des années entières sans solde, sans vêtements, et presque sans aliments. Les soldats qu'on licenciait ne recevaient aucune retraite, quoiqu'ils eussent vieilli sous les armes. Ceux qui avaient fait quelques fautes, étaient enfermés dans des prisons, d'où ils ne sortaient que pour être transportés dans l'Inde. Tous les domestiques du roi n'étaient pas traités avec plus d'égards. Il y en eut un qui tomba d'inanition près du carrosse de son maître; il prouva qu'il n'avait rien mangé depuis longtemps et qu'il ne portait plus de chemise, parce qu'il y avait plusieurs années qu'on refusait de lui donner ses gages. Joseph, de même que Jean V, mourut endetté. Cependant, à peine eut-il fermé les yeux qu'on s'empressa d'ouvrir ses coffres; on y compta 195 millions. Comment expliquer ces faits? Le marquis de Pombal avait régné sous le nom de Joseph. Son pouvoir avait été sans bornes et sans contrôle. Maître absolu du Portugal, il songea avant tout à ses propres intérêts et ne recula devant rien pour assouvir toutes les passions qui le dévoraient. Son premier soin fut de travailler à sa fortune et d'en imposer au peuple par ses titres. Il se créa conseiller d'État, surintendant général des finances et de la reconstruction de Lisbonne, protecteur des vins de la compagnie de Porto, grand-maître de l'Université, lieutenant général de toutes les troupes, secrétaire d'État, premier ministre, commandeur de plusieurs ordres. Il parvint aussi facilement à devenir le plus riche personnage de tout le royaume. Quels moyens employa-t-il pour accumuler tant de trésors? Il s'empara des biens de sa propre mère, la réduisit à la mendicité, puis la confina dans un couvent, afin de n'être plus importuné de ses gémissements, et d'être délivré du souci de pourvoir à sa subsistance. Il se rendit maître du testament d'un de ses oncles, et menaça de châtiments sévères ceux qui réclamèrent les legs que ce testament leur assurait. Il se porta héritier de l'opulence d'un ministre d'État, sans pouvoir représenter un papier qui l'y autorisât. Avait-il besoin d'argent, il forçait des fabricants de lui prêter 50,000 livres; un jour, c'était à des directeurs de lagunes, un autre, à des religieux qu'il extorquait 375,000 livres : emprunts qu'il n'aurait jamais remboursés, s'il n'y eût été contraint plus tard. Il détournait du trésor des sommes considérables, quelquefois jusqu'à 625,000 livres, pour bâtir des maisons dont il conservait ensuite la propriété. Convoitait-il de superbes domaines, il en prenait possession et envoyait les seigneurs languir et s'éteindre dans des cachots malsains. C'est ce qui explique pourquoi, parmi les 9,640 personnes qu'il emprisonna, exila, ou brûla, il y en eut 3,970 auxquelles on ne put reprocher le moindre délit, lorsqu'elles furent admises à demander justice des mauvais traitements qu'elles avaient essuyés. Quand Pombal ne volait pas, il achetait à vil prix. Il consacra 65 millions à se défaire des Jésuites. Il avait commencé par les incarcérer ; il trouva plus commode et plus convenable de les bannir de leur patrie, afin de n'avoir rien à dépenser pour leur subsistance. Il n'oublia pas de confisquer au profit de l'État tous leurs biens, meubles et immeubles, mais il s'en réserva une partie, pour sa peine, sans doute. Il recevait avec joie l'argenterie et les objets précieux que ses suppôts pillaient dans les couvents. Il ordonna de lui expédier dix-neuf caisses, pleines d'argenterie et de pierres précieuses, enlevées au célèbre tombeau de saint François-Xavier. Il fit aussi sentir son joug de fer aux autres classes de la société. Il accaparait les blés et ne les vendait qu'à un prix exorbitant ; il n'en remettait pas même la quantité payée d'avance, et la qualité stipulée. Une famine s'ensuivit à Lisbonne ; la populace sans pain fut réduite à se jeter sur tout ce qui lui tombait sous la main ; au lieu de lui distribuer des aliments, le monopoleur condamna au gibet tous ceux qui furent convaincus de s'être livrés au brigandage. Après la farine, le vin attira son attention. Il arracha les vignes d'un grand territoire, afin de donner plus de valeur à celles de Porto. La vente des vins de Porto, ainsi que celle des eaux-de-vie, fut accordée exclusivement à une compagnie de négociants dont Pombal se déclara le protecteur. Il puisa dans la caisse de l'État pour creuser un canal destiné à faciliter ce commerce, dont il tirait le plus gros bénéfice. Ce monopole lui rapporta d'abord 300,000 livres par an. Dans toutes ses entreprises, il trouva des gens dignes de le seconder. Il laissa à la tête de l'inquisition un individu pourri de débauches, et qui mourut en blasphémant. Il imposa pour supérieurs aux couvents, des religieux qui ne s'occupaient que de les dépouiller pour enrichir leurs propres familles, et trafiquaient de toutes les dignités dont ils disposaient. Un décret promettant 50,000 livres de récompense à quiconque dénoncerait ceux qui auraient dénigré la conduite du ministre, fermait la bouche à toutes les victimes de ses cruautés. Par ses espions, Pombal était instruit de tout ce qui se disait; il ouvrait les lettres à la poste; une ligne suspecte provoquait sa vengeance. Ce despotisme dura vingt ans. Joseph expiré, il fut permis de porter plainte contre Pombal; tous les sujets se levèrent comme un seul homme pour l'accuser; il vit toutes ses créatures destituées; il lui fallut restituer tout ce qu'il avait pillé et extorqué. Traduit devant des juges, il fut déclaré criminel et digne d'un châtiment exemplaire. Cette sentence, rendue après un long et minutieux examen de l'administration de Pombal, ne paraîtra pas trop sévère, si l'on prend en considération toutes ces particularités extraites du jésuite François Gusta. Il est difficile de les révoquer en doute, car aucune n'a été réfutée par Desoteux, qui a consacré quatre volumes à justifier Pombal et à le magnifier à propos de tout ce qu'il a projeté ou exécuté, mais s'est bien gardé de répondre directement par des faits authentiques aux *Mémoires* qui nous ont servi pour cette esquisse.

Pendant que Pombal décimait la noblesse, torturait les Jésuites, opprimait le clergé, affamait le peuple, que faisait le roi Joseph ? Suivant Wraxall, à chaque repas, il mangeait beaucoup et buvait encore mieux ; quand il quittait la table, il allait assister au combat des taureaux ou chasser au tir ou au faucon. Si le temps était mauvais, il jouait aux cartes ou raclait du violon avec ses filles. Le soir, il entendait un morceau de musique à l'Opéra ou dans son salon : il ne consacrait pas moins d'un million à cette distraction. Avant de se coucher, il signait tout ce que Pombal lui disait de signer, puis il s'endormait et ronflait jusqu'au matin. Il ne se réveillait et ne se levait que pour vivre comme il avait fait la veille[1].

Angleterre.

Cinglons vers la Grande-Bretagne, où, depuis Voltaire, tant d'esprits se vantèrent d'avoir appris à penser, mais sans en devenir meilleurs citoyens. Ils affectèrent de la proclamer le sanctuaire de la justice et de la liberté ; mais ils se gardèrent bien de dévoiler tous les abus qu'ils eurent le loisir d'y remarquer. Aussi n'ont-ils pas gémi une seule fois

---

[1] *Mémoires* du baron de Besenval, 1805, tom. I, pag. 222. — *Mémoires historiques de mon temps,* par William Wraxall, 1817, tom. I, pag. 10 à 65. — *Mémoires de Pombal,* par François Gusta, traduits par Gattel, 1784, 4 vol. in-12. — *L'Administration de Pombal,* par Desoteux, 1788, 4 vol. in-8°.

sur le sort de cette malheureuse Irlande, abandonnée, la plupart du temps, à des êtres corrompus, affamés d'or, asservis aux caprices de la cour, n'ayant d'autre désir ni d'autre occupation que d'opprimer le pays qu'ils avaient à gouverner. Là les catholiques étaient nombreux ; néanmoins ils n'avaient aucune existence politique ; ils étaient exclus de toutes les fonctions publiques, de tous les emplois dans le gouvernement ; ils n'avaient pas même le droit d'élection, et se voyaient contraints d'envoyer leurs enfants faire leur éducation dans les pays étrangers. Ils étaient traités comme des cadets de famille, pour ne pas dire comme des parias. Leur liberté, leur fortune, leur temps, leur santé, leur commerce, leur avenir étaient sacrifiés à la prospérité des protestants.

Qu'attendre d'un gouvernement qui avait deux législations, deux poids et deux mesures, suivant la religion de ses sujets ?

Georges Ier avait brûlé le testament de sa femme et celui de son beau-père, qui tous deux avaient nommé Georges II leur héritier. Il avait traité sa femme avec la plus grande inhumanité, et l'avait enfermée dans un château pour le reste de ses jours. Une fois séparé d'elle, il vécut publiquement avec ses maîtresses, la comtesse de Darlington et la duchesse de Kendal. Celle-ci parvint à le subjuguer et à tenir les rênes du gouvernement. Elle fit argent de tout, trafiqua de sa faveur avec les ministres et leurs ennemis, avec les ambassadeurs étrangers, avec les gens d'affaires, et cimenta tous les traités. Elle trouva des imitateurs parmi ce cortège d'étrangers qui avaient quitté le Hanovre avec Georges Ier. Ils ne se contentèrent pas de tirer des sommes immenses de la vente des emplois et des offices publics, et de tous les titres honorifiques. Leur avarice n'épargna pas même les colonies. Ils y nommaient ou conservaient les gouverneurs, moyennant de fortes remises ; ils se permettaient même de s'emparer des traitements affectés à ces places, et laissaient les titulaires se dédommager de ces pertes par les exactions qu'ils commettaient dans les pays lointains. Ils finirent par accaparer tous les postes ; ils les gardaient ou les cédaient, suivant leurs intérêts. Il y eut de ces courtisans qui purent ainsi disposer de plusieurs centaines de sinécures. A l'exception du baron de Gortz, tous les ministres ne songèrent qu'à amasser des richesses et à épuiser les trésors de l'État. Les autres fonctionnaires ne furent pas plus scrupuleux. Un grand nombre furent poursuivis et destitués à cause de leurs malversations. Mais ils ne furent pas punis comme ils le méritaient ; car c'était en quelque sorte sous le patronage des personnages les plus influents qu'ils agissaient. Le prince de Galles et les ducs favorisaient des compagnies d'agiotage. Quand on s'avisa de sévir contre tous ceux qui avaient négocié des actions de la Compagnie du Sud, on remarqua que sur deux mille inculpés, dignes de châtiments exemplaires, il y en avait près de trois cents qui étaient membres du Parlement et jouissaient d'un grand crédit. Aussi se relâcha-t-on peu à peu des mesures sévères qu'on s'était proposé de prendre à leur égard. Il n'y eut pas un coupable qui ne fût traité avec la plus grande indulgence. Georges Ier profita de cette circonstance pour obtenir les fonds nécessaires au payement de 550,000 livres sterling dues par sa liste civile, quoiqu'elle eût un revenu fixe de 700,000[1].

Ce témoignage de la bienveillance des Chambres, Georges Ier en fut redevable à l'habileté de Robert Walpole. Rien ne résistait à ce ministre. Il avait été chassé de la Chambre des communes et enfermé à la Tour, après avoir été convaincu de corruption notoire et de grande malversation dans sa charge de secrétaire d'État au département de la guerre. Depuis cette condamnation, l'offre de près de deux millions qu'il avait faite pour l'acquisition d'une vaste propriété prouva jusqu'à quel point il avait abusé de sa position. Cela ne l'empêcha point de devenir un potentat. Pendant vingt ans, il fut dans les Chambres maître des voix, parce qu'il acheta toutes celles qui étaient à vendre. Il ne s'oublia

---

[1] *Mémoires des dix dernières années du règne de Georges II, d'après les manuscrits originaux d'Horace Walpole*, traduits par Cohen, 1823, tom. II, pag. 531. — Wraxall, tom. II, pag. 37. — *Mémoires de Jean Ker de Kersland*, 1726, tom. I, pag. 182, et tom. II, pag. 141 et 143. — *Mémoires d'Angleterre sous le règne de Georges Ier*, par Philippe-Henri de Limiers, 1729, tom. III, pag. 404, et tom. IV, pag. 30 à 90.

pas. Il sut se défaire à temps de toutes ses actions. Quand il fut obligé de déposer son portefeuille, il allait de nouveau être convaincu de n'avoir régné que par la corruption et d'avoir détourné les fonds publics. Georges II ferma la bouche à ses ennemis, en les comblant d'honneurs et de sinécures. Dès lors Robert Walpole put jouir tranquillement de toutes ses friponneries au milieu des pairs [1].

Ce n'est pas que la générosité fût le trait caractéristique de Georges II. Suivant la *Vie de Garrick*, par Davies, quand le peintre Hogard lui présenta l'un de ses meilleurs tableaux, il crut bien le récompenser en lui donnant une guinée. Toute sa vie, il ne songea qu'à thésauriser. Aussi eut-il soin de faire augmenter sa liste civile de 100,000 livres sterling. Quand on lui remit le testament de son père, il se hâta de l'anéantir, afin d'être dispensé d'en acquitter les legs. Mais il en existait un double. Chesterfield en eut connaissance ; il attendait de fortes sommes de ce testament ; il réclama, il menaça même d'intenter un procès au roi. Celui-ci lui donna 20,000 livres sterling, et il n'en fut plus question. Dans les *Œuvres posthumes* de Frédéric II il lui est reproché d'avoir refusé de payer les denrées et les fourrages fournis à ses troupes dans les pays étrangers. Il n'accorda qu'une pension modique au prince de Galles, et le laissa à la merci

---

[1] *Histoire du ministère du chevalier Robert Walpole*, par Dupuy-Demportes, 1764, tom. I, pag. 58, 118, 157, 197, 209, et tom. III, pag. 433.

de son entourage, de sorte que ce prince contracta des dettes considérables dont son père ne s'occupa jamais. Quoique plein de déférence pour la reine, Georges II eut des liaisons assez publiques avec ses maîtresses. L'une d'elles, la comtesse d'Yarmouth, fut accusée d'avoir abusé de son crédit et d'avoir vendu jusqu'à des pairies à son profit [1].

Il faut louer Georges III d'avoir donné le plus bel exemple de la fidélité conjugale ; il faut aussi le louer d'avoir généreusement secouru les émigrés français. Mais il faut le blâmer d'avoir, maintes fois, violé le droit des gens, de n'avoir point puni ceux qui lançaient des chiens contre les esclaves des colonies insurgées, et de s'être obstiné à repousser tout bill favorable à l'émancipation des catholiques. Il faut aussi le blâmer de n'avoir payé ni les dettes de son père, ni celles du prince de Galles, ni les siennes ; en 1769, il devait 500,000 livres sterling ; en 1777, il devait aussi 600,000 livres sterling ; dans ces deux circonstances, il s'adressa aux Chambres et obtint de leur générosité tous les fonds nécessaires pour satisfaire ses créanciers. Il finit par faire augmenter sa liste civile de 100,000 livres sterling. Il est difficile de concilier ces dettes et ces demandes avec les éloges donnés à ses vertus privées. On est naturellement amené à conclure qu'il n'eut besoin de tant d'argent que

---

[1] Dupuys-Demportes, tom. III, pag. 96. — Horace Walpole, tom. II, pag. 527 et 531. — Wraxall, tom, II, pag. 38 et 53. — *Mémoires de Waldegrave*, 1825, pag. 7 et 9.

pour corrompre ses Chambres, et acheter des consciences vénales. Il est digne de remarque que presque tous ceux qui parvinrent au faîte des grandeurs, affichèrent la plus grande immoralité. Les comtes de Rochford et de Sandwich, lord Weymouth, lord Barrington, lord Thurlow étaient loin d'être des modèles de vertu dans les premiers postes de l'État qui leur furent confiés. Sir François Dashwood fut nommé premier baron d'Angleterre, sous le titre de lord Le Despenser, et chancelier de l'échiquier, quoiqu'il eût fondé une société dont le but était de travestir toutes les cérémonies de la religion au milieu des plus sales orgies. Le général Burgoyne tirait du jeu une subsistance régulière et brillante, et demeura, pour le reste de sa vie, infâme et satisfait de l'argent qu'il avait reçu du duc de Grafton pour la vente d'un emploi supérieur dans les douanes. Les *Lettres de Junius*, des 29 novembre et 12 décembre 1769, portent à 3,500 livres sterling la somme exigée du duc de Grafton pour ce marché [1].

Déjà Bute ne s'était signalé que par sa corruption. Il l'introduisit dans la Chambre des communes. Pour y régner il épuisa les fonds de la liste civile, et ne négligea aucun moyen pour s'assurer

---

[1] *Georges III, sa cour et sa famille*, traduit de l'anglais, 1823, pag. 70, 88, 93, 160, 223, 267 et 315. — *Annales du règne de Georges III*, traduites de John Aikin, par Eyriès, 1820, tom. I, pag. 102 et 238. — Wraxall, tom. I, pag. 124, et tom. II, pag. 52, 135 et 164.

la majorité des voix, remarque Frédéric II, dans ses *Œuvres Posthumes*.

Le duc de Newcastle avait eu un patrimoine de 30,000 livres sterling de rente. Sa santé, son incapacité semblaient l'avoir condamné à l'obscurité. L'ambition s'empara de sa tête. Il voulut gouverner et occuper les premiers postes. Pendant cinquante ans, on le vit à la tête des affaires. Comment put-il s'y soutenir? en dissipant 500,000 livres sterling, suivant une lettre du marquis d'Argens à Frédéric, du mois de juin 1762, à corrompre les électeurs et les Chambres [1].

Lord Chatam dut à des testaments une fortune qui le mit dans la plus grande indépendance. Cela ne l'empêcha point de mourir accablé de dettes. Les Chambres en payèrent pour 20,000 livres sterling [2].

William Pitt, le second de ses fils, avait 5,000 livres sterling de rente. Il afficha la plus grande intégrité, et poussa le désintéressement jusqu'à refuser les pensions et les sinécures qu'on le pressa d'accepter. Mais avide de pouvoir, il voulut le conserver à tout prix. Il distribua aux hommes dont il voulait stimuler le zèle ou acheter le concours, les emplois, les commissions et la pairie. Il gouvernait le monde, et il ne savait pas régir sa maison. Il songeait à tout, excepté à ses affaires.

---

[1] Walpole, tom. I, pag. 125. — Waldegrave, pag. 17.
[2] *Essai historique sur les deux Pitt*, par le baron Louis de Viel-Castel, 1846, tom. I, pag. 40 et 177.

Sa sœur tint sa maison. Tant qu'elle en conserva la direction, on y remarqua de l'ordre et de l'économie. Elle se maria et quitta son frère. Dès lors, tout resta en souffrance dans l'hôtel de Pitt. « Ce grand financier, raconte Chateaubriand, dans le tome III de ses *Mémoires d'Outre-Tombe*, n'avait aucun ordre chez lui ; point d'heures réglées pour ses repas ou son sommeil. Criblé de dettes, il ne payait rien, et ne se pouvait résoudre à faire l'addition d'un mémoire. » Il se fit un besoin de l'usage immodéré du vin et des plaisirs de la table. Quand il était attablé avec Thurlow, Dundas, Jenkinson, lord Rutland et Gower, c'était à qui boirait le plus de bouteilles. Il se présenta une fois dans un tel état d'ivresse à la tribune qu'il lui fut impossible de suivre les débats. Cette intempérance acheva de ruiner sa constitution. Il avait vécu criblé de dettes ; il mourut criblé de dettes. Les Chambres en payèrent pour 40,000 livres sterling [1].

Malgré tout son esprit, Shéridan ne sut jamais régler ses dépenses sur ses revenus. Il retirait d'immenses profits de son théâtre. Ils ne suffirent pas à sa dissipation. Il avait trois maisons montées, où il vivait en prince. Il consacrait des sommes considérables aux paris ; une seule année, il s'exposa ainsi à perdre 1,100 guinées. Souvent sans argent, il prenait des équipages, et donnait des festins

---

[1] Viel-Castel, tom. II, pag. 68, 282, 368 et 379. — Wraxal, tom. II, pag. 338. — *Mémoires de la margrave d'Anspach*, traduits par Parisot, 1826, tom. II, pag. 231 et 232.

splendides sans songer à la nécessité de les payer. Il se mettait de même en voyage et se trouvait forcé de s'arrêter dans des auberges pour attendre des secours. Il ne vivait que d'emprunts. Quand il eut épuisé toutes ses ressources, il lui fallut vendre son théâtre, se défaire de ses meubles les plus précieux, du portrait même de sa femme, et mettre en gage jusqu'aux livres qui lui avaient été donnés. Vivement poursuivi par ses créanciers, il ne vit d'autre moyen d'échapper à leurs contraintes que de s'expatrier. Revenu en Angleterre, il ne fut pas plus économe. En vain le prince de Galles lui donna-t-il 4,000 livres sterling pour le mettre à l'aise. Shéridan fut arrêté dans la maison d'un huissier. Quand la débauche avança l'heure de son trépas, il était assiégé d'exploits. Des huissiers l'auraient emmené rendre le dernier soupir dans une prison, si son médecin ne les eût attendris sur son sort. C'est au milieu de ces disputes qu'il termina sa vie. Il passait pour l'un des plus mauvais payeurs. On fut étonné qu'il ne laissât que 500,000 livres sterling de dettes. Rien n'était plus connu que les singuliers expédients auxquels il recourait pour tromper ses fournisseurs et extorquer des guinées à ses amis [1].

Lord Holland avait été payeur des troupes. Il fut destitué à cause de ses exactions; il fut poursuivi

---

[1] *Mémoires sur la vie privée, politique et littéraire de Shéridan*, par Thomas Moore, traduits par Parisot, 1826, 2 vol. in-8°.

pour des millions par l'échiquier ; on réclama
200,000 livres sterling à sa succession. Quoique
rognée, elle s'éleva à des millions. Le troisième des
fils de lord Holland, Charles-James Fox, ne pardonna pas cette action au gouvernement. Il ne fut
pas moins indigné d'être privé d'un emploi lucratif
qui lui avait été donné de bonne heure à la trésorerie. Cependant il ne paraissait presque jamais
dans les bureaux ; quand on avait quelques papiers
à lui faire signer, il fallait les lui porter dans des
maisons de jeu ou aux courses. Il avait un manège de trente coursiers et suivait avec avidité
toutes les courses. Il ne fut pas moins passionné pour
tous les genres de jeux. Il pariait jusqu'à 1,000 guinées à croix ou à pile. Avant sa majorité, dans un de
ses voyages à Naples, il avait dissipé 384,000 francs.
Héritier d'un bénéfice honnête, d'un superbe château, de vastes propriétés, et jouissant d'un revenu
de 4,000 livres sterling, il contracta des dettes immenses et se mit en relations habituelles avec des
juifs, de sorte qu'il avait une chambre de Jérusalem
exclusivement consacrée à les recevoir. Ils y
affluaient. Quand Fox n'eut plus de garanties à leur
offrir, il fut obligé de leur abandonner tout ce qu'il
possédait. A trente ans, il était ruiné. Il recouvra
sa fortune au jeu et aux courses. Bientôt il fut
dépouillé de nouveau de tout ce qu'il avait gagné,
et resta absolument sans argent. Ses amis se cotisèrent et lui assurèrent une rente viagère de 3,000 livres sterling, constituée de manière à le mettre

dans l'impossibilité de la dissiper au jeu. Sans cette attention, il serait mort de misère, probablement [1].

Le jeu et la débauche firent connaître leurs suites funestes à Rodney. Pour échapper à ses créanciers, il se vit forcé de s'expatrier. Il passa même pour avoir été détenu à Paris pour dettes. Le duc de Biron lui prêta 60,000 francs ; ce qui lui permit de revenir occuper sa place dans les Chambres, car il n'avait pu obtenir aucun secours de ses amis, quoiqu'il les eût mis au courant de ses affaires, par l'intermédiaire de sa femme [2].

Le général John Irwin éprouva le même sort. Il avait occupé des emplois très lucratifs. Mais ses dépenses furent presque fabuleuses. Dans un festin, il servit une pièce montée qui avait coûté 1,500 livres sterling. Ses folies le réduisirent à s'expatrier pour échapper aux tracasseries de ses créanciers. Le roi lui envoya 1,000 livres sterling pour le secourir. Cela ne l'empêcha pas de mourir banqueroutier en Italie, après avoir joui cependant de toutes les faveurs de la cour [3].

Nelson ambitionnait une place à côté de ces illustres personnages. Il serait parvenu au terme de ses désirs, si une mort glorieuse n'eût point si tôt ter-

---

[1] *Vie politique, littéraire et privée de Charles-James Fox*, par Ralph Fell, traduite par Martinet, 1807, 1 vol. in-8°.
[2] Wraxall, tom. I, pag. 310. — *Mémoires secrets*, par le comte d'Allonville, 1828, tom. I, pag. 103. — *Souvenirs et Portraits*, par de Levis, 1813, pag. 193.
[3] Wraxall, tom. II, pag. 314 à 318.

miné sa carrière. Ses victoires lui avaient valu des aigrettes, des épées, de riches effets garnis de diamants, des pensions, et un beau duché de 3.000 livres sterling de revenu. Il touchait un fort traitement. Tout cela ne lui suffit pas. Il avait une femme qu'il aimait et estimait ; il la délaissa pour vivre avec une ancienne grisette qui le subjugua et lui fit contracter des dettes. Il n'eut pas le courage de la renvoyer, et lui sacrifia son bonheur, son honneur et son repos. Il devint triste et attendit presque avec impatience l'occasion de finir une vie dont il était honteux [1].

Gibbon aurait eu le temps de jouer un rôle pendant les huit sessions auxquelles il assista. Il jugea à propos de garder le silence, et justifia sa conduite par sa timidité. L'opposition espérait l'attirer sous ses drapeaux. Il avait déclaré publiquement que l'Angleterre ne pouvait espérer de salut qu'en faisant déposer les têtes de six des meneurs du conseil privé sur les bureaux des deux Chambres du Parlement pour servir d'exemple. Le roi, craignant qu'il n'écrivît l'histoire de la honte de la Grande-Bretagne, crut qu'il n'y avait pas de moyen plus sûr, pour paralyser sa plume, que de donner une place à cet historien. Gibbon se trouva heureux de devenir lord du conseil du commerce et de jouir pendant trois ans d'un traitement de 750 livres sterling.

---

[1] *Vie d'Horace Nelson*, traduite de Robert Southey, 1820, 1 vol. in-8°.

Telle est peut-être la véritable cause de son mutisme [1].

Que dirai-je du champion de l'opposition, du héros de la démagogie, du plus véhément, du plus insolent, du plus redoutable des libellistes? Il ne fut donné à aucun Anglais d'exciter plus de tumulte, d'inquiéter plus vivement le gouvernement, de fixer davantage l'attention publique, de recueillir plus de sympathies et d'applaudissements, de jouir d'une plus grande popularité. Pitt ne craignit pas de traiter Wilkes de blasphémateur de son Dieu, de calomniateur de son prince, d'être indigne d'appartenir à l'espèce humaine. Était-ce avec raison ? Wilkes était aux gages de la France, suivant la lettre d'Horace Walpole à Georges Montagu, du 29 mars 1763. Il avait été membre de la société des *Franciscains*, fondée par François Dashwood. Il dissipa dans des orgies toute sa fortune et celle de sa femme, et contracta une dette de 20,000 livres sterling. Une fois ruiné, il ne pouvait rien faire de mieux que de déblatérer contre les abus du pouvoir et de s'en faire acheter. Aussi, dans une des *Lettres de Junius*, du 31 juillet 1771, il lui fut reproché d'avoir demandé le gouvernement du Canada ou de la Jamaïque, ou l'ambassade de Constantinople, et, en cas de refus, d'avoir menacé de renverser par ses écrits le ministère ; d'avoir chargé Thomas

---

[1] *Mémoires de Gibbon*, traduits par Marinié, tom. I, pag. 204 à 207, 221, 239, et tom. II, pag. 242, 278, 355. — Fell, pag. 97. — Wraxall, tom. II, pag. 143.

Walpole de solliciter pour lui, sur l'établissement irlandais, une pension de 1,000 livres sterling pour trente ans, et d'avoir déclaré qu'il se montrerait satisfait de cette pension; d'avoir accepté une pension clandestine et précaire, une espèce d'aumône du ministère de lord Rockingham, et d'avoir extorqué 100 livres sterling de ce dernier, et pareille somme du duc de Portland pour retourner en France, comme ils le désiraient. Chassé plusieurs fois de la Chambre, il se vit autant de fois réélire membre de la Chambre des communes. On ouvrit une souscription pour payer ses dettes et une amende à laquelle il avait été condamné. Il fut comblé d'honneurs et porté en triomphe, et il finit par devenir lord-maire de Londres. Désormais satisfait, il vécut dans la plus grande obscurité, et n'eut d'autre préoccupation que de faire sa cour au roi.

C'est dans l'intimité de la plupart de ces membres du Parlement, et notamment dans la compagnie de Fox et de Shéridan, que le prince de Galles passa sa jeunesse. Il fut le compagnon de toutes leurs orgies, adopta toutes leurs folies, épousa tous leurs principes; il les accompagnait dans les tavernes, et se vit une nuit arrêté, pris de vin, par des hommes du guet et enfermé dans un corps de garde. Il ne manqua pas de contracter des dettes. Sa situation préoccupa vivement les Chambres, en 1787. Elles vinrent à son secours, parce qu'il promit de changer de conduite. Cependant, en 1795, il était obéré de 15 millions. Le Parlement le tira de nouveau d'embarras. En 1803, encore des dettes. A cette époque, le prince était marié, et avait dû par conséquent réformer sa maison. Le Parlement se garda bien de flétrir cette vie déréglée. Comme le prince de Galles n'avait eu de rapports qu'avec les orateurs les plus influents de l'opposition, ce fut par leur intermédiaire qu'il obtint trois fois les fonds nécessaires à l'acquittement de ses dettes. La princesse de Galles suivit son exemple, et fut poursuivie pour la somme de 75,000 livres sterling [1].

Peut-être ces documents aideront-ils à expliquer pourquoi, malgré la prétendue perfection de la *Constitution britannique*, les impôts et la dette publique ne firent qu'augmenter chaque année; pourquoi les États-Unis s'insurgèrent et se proclamèrent indépendants; pourquoi les Irlandais cherchèrent si souvent à suivre leur exemple, et pourquoi tant d'individus de tout âge et de toute condition s'expatrièrent pour trouver dans les pays étrangers la liberté et le bonheur que leur refusaient des rois et des ministres libéraux.

Du roitelet de Lunéville et des princes d'Allemagne.

Pendant trente ans, Stanislas fut maître de la Lorraine. Il vivifia cette province et s'y fit aimer de

---

[1] Fell, pag. 124. — Moore, tom. I, pag. 338, 346, et tom. II, pag. 196. — John Aikin, tom. II, pag. 44, 197 et 341. —

tous ses sujets. Il y mérita le surnom de Philosophe bienfaisant. Il eut des vertus qu'on ne saurait trop louer; mais il est difficile de concilier toutes ses pratiques de piété avec l'empire qu'il laissa prendre à la marquise de Boufflers, qui occupait une partie du château de Lunéville, où il résidait habituellement; elle paraissait jouir de toute la faveur d'une maîtresse nominale. Il est encore plus difficile d'excuser certains abus qui se commettaient presque sous les yeux de Stanislas, et qu'il ne pouvait ignorer. Ainsi, sur la fin de sa vie, il se retirait chaque soir à neuf heures. « Son départ, raconte William Wraxall, page 90 du tome Ier de ses *Mémoires,* était le signal pour commencer le faro. Toutes les personnes des deux sexes composant sa cour et sa maison s'occupaient alors de ce jeu, et le continuaient, sans interruption, jusqu'à une heure avancée. Une circonstance presque incroyable, c'est que la rage de ce jeu devint générale, et s'empara de tous les habitants du palais, y compris les marmitons et les valets. Assemblés autour de la table, ils jetaient leurs écus sur les cartes par-dessus les têtes des personnes de la société. Un tel fait prouve assez le relâchement de mœurs qui avait lieu à la cour de Lorraine sous Stanislas. »

L'Allemagne était pleine de princes aussi indépendants que Stanislas, mais moins vertueux que

---

Margrave d'Anspach, tom. II, pag. 301. — Allonville, tom. VI, pag. 73.

lui. Quelques-uns se permettaient de chasser leurs sujets de leurs possessions pour faire de la place à leurs cerfs et à leurs sangliers. La table ne leur coûtait pas moins que leur passion pour la chasse. Pour satisfaire toutes leurs convoitises, ils accablaient leurs peuples d'impôts et empruntaient continuellement de l'argent, partout où ils en trouvaient. Ils ne songeaient à réformer leur train que quand ils avaient perdu tout crédit et qu'ils étaient criblés de dettes. Le prince de Darmstadt avait un revenu de 2,760,000 livres ; il dut en consacrer une partie à acquitter d'anciennes dettes. Pour le même motif, le margrave de Bade se contentait d'un palais de bois, vendait les fleurs de son jardin, et poussait l'économie jusqu'à l'avarice, quoiqu'il jouît de 2,640,000 livres de rente. De folles dépenses avaient réduit à une gêne aussi grande presque toutes les cours d'Allemagne [1].

Ces cours étant trop nombreuses et trop peu connues pour qu'il nous soit permis de leur consacrer une mention, nous nous bornerons à parler du duc de Wurtemberg, de l'électeur palatin et du souverain de la Saxe.

Charles-Eugène, duc de Wurtemberg, était le prince le plus riche de l'Allemagne, après les électeurs. Il jouissait de 6,600,000 livres de revenu. Il ne sut jamais s'en contenter. Il voulut que sa cour

---

[1] *Voyages en Allemagne*, par le baron Riesbeck, 1788, tom. I, pag. 13 à 16, 29, 32, et tom. III, pag. 196.

de Stuttgard fût aussi brillante que celle de Versailles. Il la remplit d'un essaim de favoris et de maîtresses ; chaque jour, il leur offrait des bals, des concerts, des spectacles, des chasses, des festins ; il leur prodigua les trésors de l'État. Il dépensa ainsi des millions. Les états se permirent de lui faire des remontrances ; il les traita d'irrespectueuses et continua le même train de vie. Il fut même menacé d'être cité au ban de l'Empire. Cette fois, il rentra en lui-même. Il avait cinquante ans, quand il s'avisa de réformer sa maison et de notifier à ses sujets qu'il allait s'occuper de leur prospérité. Ses dissipations l'avaient entraîné à prendre de l'argent de toutes mains, à hypothéquer toutes ses propriétés. Quand il jeta un coup d'œil sur l'état de ses affaires, il s'aperçut qu'il lui restait 28,800,000 livres de dettes [1]. Voltaire fut un de ses créanciers. Il en obtenait difficilement ses rentes. Il fut forcé de recourir au roi de Prusse pour toucher les arrérages qu'il réclamait aussi éloquemment qu'inutilement au duc. C'est à cette occasion que Frédéric écrivit, le 13 auguste 1777, à Voltaire : « Ce prince, à l'exemple des grandes puissances, a embrouillé le système de ses finances de telle sorte que peut-être ses arrière-héritiers seront occupés à payer ses dettes. » Dans une autre lettre, du 19 février de la même année, il lui disait : « Je jouis de peu de crédit à cette cour,

---

[1] Riesbeck, tom. I, pag. 21 à 24. — *Mémoires* de la baronne d'Oberkirch, Paris, 1853, chez Charpentier, tom. I, pag. 27, et tom. II, pag. 240.

et Son Altesse Sérénissime, surchargée de dettes, a une fluxion d'oreilles qui l'assourdit toutes les fois qu'elle entend le mot *payez;* et, prononcé par ma bouche, ce mot lui répugnerait encore plus que par celle d'un autre. Il était réservé à votre éloquence victorieuse d'amollir le cœur de bronze dudit duc, et de le persuader à délier en votre faveur le cordon de sa bourse. »

Voici un autre débiteur de Voltaire : c'est Charles-Philippe-Théodore de Sultzbach, électeur palatin. Il était doux, modéré et même dévot. Il cultivait les sciences et les beaux-arts. Il s'appliquait à former de magnifiques collections de gravures et d'antiques. Il rendit son orchestre et son Opéra des plus célèbres de l'Europe. Il avait fixé sa résidence à Manheim; il avait une maison de plaisance à Schwetzingen. Il étalait un faste vraiment oriental. Quoiqu'il n'eût qu'un revenu de 7,040,000 livres, il consacrait annuellement 440,000 livres à son Opéra et à sa musique. Chaque année, l'entretien de ses jardins de Schwetzingen s'élevait à 80,000 livres, et celui des châteaux de Manheim et de Schwetzingen à 132,000 livres. La chasse lui coûtait 176,000 livres et ses écuries 220,000. Il n'abusait pas de son autorité, mais ses courtisans ne manquèrent pas de le faire. Ils étaient si nombreux qu'ils pullulaient dans les pièces de la cour; tous les grades étaient multipliés à l'infini; il y avait autant de chefs que de subordonnés. Comme le prince ne s'occupait pas du gouvernement, ses ministres vendaient leur faveur et trafiquaient de toutes les places. Les commis, à leur tour, se permettaient toutes sortes d'exactions. Leur luxe attestait les richesses qu'ils extorquaient au peuple. Ils ne négligèrent aucun moyen de le pressurer. Il n'est pas jusqu'au bois qui ne devint un sujet de monopole. La taxe s'étendit à tout; il fut impossible de faire quelques pas sans avoir des droits à payer à la douane. Aussi la moitié des sujets émigrèrent; le reste mourait de faim, parce qu'il succombait sous le poids des impôts. Il n'y avait personne pour plaider sa cause, car Charles-Théodore n'avait point d'états, et n'était en relation qu'avec des nobles qui ne vivaient que de friponneries. En 1777, il hérita du cercle de la Bavière. Il quitta incontinent Manheim pour se rendre à Munich, capitale de ses nouveaux États. Qu'y trouvat-il? Le dernier électeur, Charles-Maximilien-Joseph, venait de laisser 60 millions de dettes. Il avait cependant joui d'un revenu de près de 15 millions. Mais il n'avait jamais songé à mettre de l'ordre dans ses affaires, et avait semblé ne vivre que pour chasser. Il avait tout abandonné à un essaim de ministres, de conseillers, d'intendants; car à cette cour on ne voyait que des gens galonnés. Il y avait un amiral pour deux vaisseaux, un général pour chaque régiment, et, dans chaque compagnie, le quart des militaires portait les épaulettes d'officier. Les ministres multipliaient toutes les sinécures, parce qu'ils les vendaient. Ils favorisaient des loteries et augmentaient journellement les impôts. Ils n'encourageaient que les manufactures de porcelaines, de tapisseries, de soieries. Ils négligèrent l'agriculture et laissèrent de vastes terrains incultes. Tout le pays offrait un spectacle désolant. Il n'était pas donné à Charles-Théodore de le vivifier. Il n'y réforma aucun abus, quoiqu'il passât pour un philosophe éclairé [1].

De la cour de Munich, dont le dernier électeur payait des taux exorbitants à Voltaire, passons à la cour de Dresde, dont la détresse ne fut pas inutile à la fortune de Voltaire. Sous Auguste II, le palais de Dresde devint le sanctuaire des arts, des plaisirs et d'un faste scandaleux. Il y eut une galerie où l'on pouvait contempler pour quarante-quatre millions de porcelaines. Auguste III ne fut pas moins magnifique. Il porta le nombre de ses tableaux à douze cents ; l'un d'eux lui avait coûté 500,000 livres. Il n'hésita pas à donner plus de deux millions de la collection du duc de Modène. Il consacrait annuellement près de 800,000 livres à la musique, à l'opéra et à la danse. Il n'épargnait rien pour que sa table fût bien servie ; pendant ses repas, il s'amusait à laisser battre des bouffons. Toutes ces dépenses étaient encore surpassées par celles que lui occasionnait son goût pour la chasse. Il n'avait pas moins de quatre mille personnes employées à la garde de ses forêts. Uniquement préoccupé de

---

[1] Riesbeck, tom. I, pag. 80 à 118, et tom. III, pag. 246 à 253.

son plaisir, il fermait les yeux sur tous les abus qui se commettaient dans ses bureaux. Il était content de tout, pourvu qu'on lui fournît continuellement l'argent nécessaire pour mener une vie dissipée. Mais s'il ne manquait de rien, il n'en était pas de même de tous ses sujets. Les officiers passèrent jusqu'à quinze mois sans toucher leur solde. Le Trésor de l'État une fois épuisé, il fallut emprunter des capitaux à raison de dix pour cent d'intérêt : on chargea la banque de plus de billets qu'elle ne possédait de fonds. Les impôts furent augmentés, mais la cour ne changea rien à ses habitudes. Aussi, à sa mort, Auguste III laissa-t-il 62,400,000 livres de dettes, quoique le revenu de la Saxe fût de près de 15 millions. Tant qu'il avait vécu, il avait abandonné la direction de toutes les affaires au comte de Bruhl. Celui-ci ne se maintint au pouvoir que par le soin qu'il eut constamment de ne jamais rien refuser à la prodigalité de son maître. Il aima aussi l'ostentation et se permit des dépenses qui tenaient de la folie. Sa bibliothèque de 220 pieds de long, sa galerie de tableaux, ses jardins, ses châteaux, étaient dignes d'admiration. Il ne comptait pas moins de trois cents personnes à son service; il avait le même nombre de chevaux dans ses écuries. Personne n'avait plus d'habits, de montres, de dentelles, de bottes, de souliers et de pantoufles, a dit le roi de Prusse. En effet, il possédait trois cents habits complets et le duplicata de chacun d'eux, parce qu'il changeait de vêtement l'après-dîné, et qu'il ne voulait pas que son costume du soir fût différent de celui du matin. Tous ces habits, avec chacun leur canne et leur tabatière, étaient exactement représentés dans un grand livre que le valet de chambre de Son Excellence lui apportait le matin, afin qu'il déterminât l'habillement du jour. C'est en ruinant la Saxe que Bruhl parvint à éblouir les yeux par son luxe. Cependant il mourut banqueroutier, après avoir dépensé annuellement près de 1,400,000 livres [1].

Danemark.

Frédéric V était depuis longtemps le patron du génie, de la science et des lettres, et l'idole de son peuple. Tout à coup un changement extraordinaire se fit remarquer dans ses habitudes et dans ses manières : il perdit le goût qu'il avait eu pour les nobles travaux auxquels il s'était jusqu'alors livré. Il s'entoura de gens débauchés et leur prodigua ses trésors au milieu des orgies. Il s'abandonna à une ivresse excessive et continuelle; elle affaiblit ses facultés morales et physiques et hâta l'heure de son trépas. Son fils Christiern VII lui succéda. Il n'avait que dix-sept ans. Il était plein de grâces, affable, généreux. D'ignobles passions détruisirent

---

[1] Riesbeck, tom. II, pag. 163 à 165, 181 et 182. — Walpole, tom. II, pag. 535 à 541. — *Voyages de John Moore en France, en Suisse et en Allemagne*, traduits par Mlle de Fontenay, 1806, tom. II, pag. 200. — *Journal d'un voyageur en Allemagne*, par Guibert, 1803, tom. I, pag. 151. — *Histoire de l'anarchie de Pologne*, par Rulhière, liv. III.

les séduisantes qualités qu'il avait reçues de la
nature. Il donna son amitié à une foule de libertins
de son âge. Il prit plaisir à les suivre dans des maisons de débauche et dans les cabarets ; il y cassait
les vitres, battait les domestiques, brisait les meubles. Cette conduite lui valut d'être plusieurs fois
traîné la nuit dans des corps de garde. Il épousa la
princesse Mathilde ; elle était ravissante, elle devint
mère. Christiern continua de se vautrer dans la
fange. Il voulut visiter les pays étrangers ; en
six mois, il y dissipa cinq millions. Il avait parcouru
la Hollande, l'Angleterre et la France. Quel fruit
tira-t-il de toutes ces courses ? A Amsterdam et à
Londres, ce fut dans les guinguettes et les lieux de
prostitution qu'il passa les heures dont il put disposer. De Paris il rapporta une maladie honteuse
qu'il communiqua à la reine. Il revint dans ses États,
étiolé, presque épuisé. Il s'appliqua à forcer la
nature. Il recourut à des restaurants et à des stimulants. Il s'adonna de plus en plus au vice. Rien
ne le retint. La présence de ses domestiques ne
l'empêcha pas une fois de s'avilir. Bientôt il passa
de la puberté à la décrépitude la plus dégoûtante.
A vingt-cinq ans, c'était un vieillard. Il était mort
virilement, physiquement et moralement. Il tomba
dans l'imbécillité la plus complète. Il ne savait plus
ce qu'il signait, ou plutôt ce qu'on lui apportait à
signer. Il fut gardé à vue ; ses domestiques eurent
ordre de ne jamais lui adresser la parole ; on se
contenta de lui laisser des vitres à casser, des por-

celaines à briser. La seule compagnie qu'il eût, ce fut un chien, nourri comme lui, traité comme lui, au point qu'il y avait un carrosse destiné à recevoir ce chien à la suite du carrosse où on flanquait le roi quand il voyageait. Pendant ce temps-là, la reine Mathilde se soigna. Le médecin Struensée lui avait rendu la santé. Par reconnaissance la reine s'attacha à lui. Struensée obtint son cœur, et avec ce cœur les rênes du gouvernement. Il était aussi athée que dissolu ; il eut soin de pervertir sa royale maîtresse, afin de régner despotiquement. La cour se déprava. Mathilde abdiqua toute pudeur, et n'appela autour d'elle qu'un essaim de jeunes prostituées. Son palais se transforma en temple de la volupté. Chaque jour fut un jour de fête, les affaires furent sacrifiées aux divertissements ; les trésors ne servirent qu'à alimenter toutes les passions. Le scandale fut porté si loin que toutes les femmes qui se respectaient affectèrent de déserter la cour. On éloigna tous les gens austères. Cependant, de toutes les mesures ordonnées par Struensée, il en est qui méritent d'être louées. Il avait tout à redouter des nobles, qui ne voyaient pas sans jalousie son élévation si rapide et son empire absolu. Or, comme ces nobles étaient criblés de dettes, il autorisa leurs créanciers à les arrêter. Cette ordonnance obligea presque tous les mécontents de se retirer dans leurs provinces. On ne lui pardonna pas de froisser ainsi les esprits. Une conspiration éclata. La reine fut précipitée du trône, répudiée et condamnée à un exil perpétuel. Struensée avait pour ami intime Brandt, qui partageait et ses principes et ses inclinations. Ils furent arrêtés. Une commission fut chargée de les juger; elle avait le pouvoir et le désir de les tuer. Elle les tua en vertu d'une sentence aussi insensée que longue, appuyée sur des motifs avec lesquels on pourrait envoyer à l'échafaud tous les fonctionnaires publics. L'exécution des deux potentats ne doit être regardée que comme un assassinat juridique. Le peuple respira et attendit des jours meilleurs. La reine douairière avait excité cette révolution; elle avait été soutenue par des ambitieux qui, en se prêtant à ses bassesses, espéraient s'emparer du pouvoir. Mais elle jugea à propos de le conserver pour elle. Elle paya quelques dettes, elle réforma quelques abus, elle diminua quelques dépenses; mais elle prétendit avoir le droit de ne relever de personne, quoiqu'elle se fût servie de ce prétexte pour renverser Struensée. Elle succomba à son tour. Les affaires furent ainsi dirigées par plusieurs personnages intrigants qui parvinrent à s'arracher les uns aux autres l'autorité qu'ils convoitaient. Le roi n'était dérangé dans l'isolement où il croupissait, que quand il fallait apposer son nom sur des parchemins qui annonçaient un coup d'État. Il passa le reste de sa vie dans l'inertie à laquelle l'avait réduit sa précoce dépravation [1].

[1] *Mémoires authentiques et intéressants ou Histoire des comtes Struensée et Brandt*, 1789, pag. 243. — *Mémoires*

Suède.

Rien n'égalait l'autorité que les grands avaient usurpée ; rien n'était plus connu que l'usage qu'ils en faisaient. Sur 900 membres dont se composait l'assemblée de la noblesse, il n'y en avait pas 100 qui fussent exempts de corruption. Ils vendaient leur crédit et leur bassesse, et ne subsistaient que de ces honteux trafics. Ils étaient redoutés du roi ; ils n'étaient pas moins odieux au peuple. Quand Gustave III les eut renversés et dispersés, et qu'il leur eut arraché le levier avec lequel ils opprimaient la Suède, il se vit aimé et béni de ses sujets. Il ne sut pas profiter de la position nouvelle où il s'était placé pour inaugurer une ère de bonheur. Sur les débris de l'oligarchie, il n'établit qu'un despotisme presque aussi dangereux et funeste. Il composait des drames, des comédies ; il était en correspondance avec d'illustres personnages ; il s'exerçait à traduire *la Henriade ;* il se nourrissait des écrits modernes ; il écrivait des éloges et des discours pompeux ; il visita les pays étrangers. Il était donc instruit, il parlait avec éloquence, il séduisait par ses manières. C'était un philosophe accompli. A quoi lui servirent toutes ces connaissances et toutes ces qualités si précieuses ? Il se glorifia de mépri-

---

de l'abbé Roman, 1807, pag. 13 à 103.—*Les Cours du Nord*, traduites de John Brown, par Cohen, 1819, tom. I.

ser les préjugés; il brava toutes les convenances; à Rome, suivant Gorani, il affecta, un vendredi saint, de donner un repas composé de toutes sortes de viandes ; dans son palais, il se piqua d'irréligion. Il permettait l'incrédulité, mais il voulait être honoré comme un dieu. Aussi exigeait-il que tous ses sujets se découvrissent à son aspect, et que ceux qui étaient en voiture en descendissent pour le saluer, quand il traversait les rues de sa capitale. Qu'avait-il donc fait pour mériter tant d'attention? Il avait une femme pleine de grâces; il la négligea et n'eut jamais de rapports intimes avec elle. Il essaya de la corrompre ; il l'engagea, il la pressa de choisir un amant. Pour lui, il n'était entouré que de mignons efféminés. Il passait ses jours avec eux dans des habitudes infâmes. Pour leur complaire, il afficha un luxe scandaleux. Il leur donnait tous les jours des bals, des festins; il se livra à des dépenses immenses, dont la conséquence la plus naturelle fut une augmentation d'impôts. Sa mère lui reprocha ce scandale; il lui défendit de se mêler de ses affaires. Les paysans se plaignirent; il se moqua de leurs requêtes. Il s'attribua le monopole de l'eau-de-vie ; cette tyrannie excita partout des séditions. Il punit les rebelles et profita du gain qu'il faisait de son nouveau commerce pour gorger d'or tous ses courtisans. Une disette survint ; le peuple mourait de faim. Gustave ferma les yeux sur cette misère et ne réforma pas sa maison. Le trésor étant épuisé, il emprunta partout de l'argent ; mais il ne paya pas les intérêts, ne satisfit pas à ses engagements. Aussi les usuriers eux-mêmes refusèrent-ils de traiter avec lui, et ils exigèrent des garanties des gens qu'il chargeait de trouver des capitaux. Il en vint à diminuer d'un tiers la valeur du papier-monnaie. Cette ordonnance ruina une multitude de familles. Il se rit de leur désolation. Il ne vivait que pour se divertir. Ce fut dans un bal qu'un assassin sut le frapper à mort. Ce régicide crut venger la morale et l'humanité en tuant un philosophe couronné qui outrageait la morale et l'humanité, et jusqu'à la volupté elle-même [1].

Pologne.

Auguste III était électeur de Saxe et roi de Pologne. Il résida constamment à Dresde, afin de se livrer plus facilement à sa passion pour la chasse. Il ne fit à Varsovie que quelques apparitions toujours très courtes. Comme il avait besoin d'un allié puissant, il se mit sous la dépendance de la Russie. Toutes les affaires de la Pologne se ressentirent et de l'absence et de l'alliance du roi. Il y avait une multitude de places à donner ; ce fut le cabinet de

---

[1] *Mémoires secrets et critiques des cours, des gouvernements et des mœurs des principaux Etats de l'Italie*, par Gorani, 1793, tom. I, pag. 348. — Levis, pag. 120. — Brown, tom. II et III.

Pétersbourg qui en disposa, de concert avec Bruhl. Elles furent toutes mises à l'encan, et exploitées par ceux qui les avaient chèrement achetées. Comme ils n'avaient aucun compte à rendre, aucun maître à craindre, ils ne cessèrent d'opprimer le peuple pour amasser des richesses immenses. Les impôts furent souvent augmentés, mais les folles dépenses ne furent jamais diminuées. Pour satisfaire aux prodigalités de la cour, on réforma la moitié de l'armée, et le pays resta ainsi sans défense. Quand le trésor était épuisé, on falsifiait la monnaie. Tel fut jusqu'à la mort d'Auguste III le triste spectacle qu'offrit la Pologne.

Stanislas-Auguste Poniatowski était un gentilhomme frivole, ne dévorant de la littérature que les vers les plus orduriers, sachant par cœur toute *la Pucelle* de Voltaire, n'ayant de goût que pour les arts du luxe, recherchant toutes les femmes sans s'attacher à aucune. De bonne heure, cette vie dissipée l'avait ruiné. Dans un voyage à Paris, sa détresse fut si grande, qu'il fut poursuivi par ses créanciers et enfermé dans la prison pour dettes. Madame Geoffrin lui offrit sa bourse et le rendit ainsi à la liberté. Cette aventure était si publique que les *Mémoires de Bachaumont* la constatèrent, le 4 mai 1766. Un autre voyage fit la fortune du prisonnier déshonoré. Il eut occasion d'aller en Russie. Il plut à Catherine et devint son amant. Cette faveur décida de son avenir et lui valut le trône de Pologne vacant à la mort d'Auguste III.

Ce fut donc uniquement à la protection de la Russie qu'il fut redevable de son élévation. Au lieu de prendre à cœur les intérêts de ses sujets, il les sacrifia à la Russie. Il lui laissa la disposition de toutes les dignités et de toutes les places; il lui abandonna les rênes du gouvernement. Il ne songea qu'à donner des fêtes, s'accointer avec toutes les femmes légères et qu'à dissiper tout l'argent qu'il percevait. N'ayant ni énergie, ni caractère, ni moralité, il fut bientôt aussi abhorré que méprisé.

Les magnats ne lui pardonnèrent pas de les avoir contraints de l'accepter pour roi. Ils travaillèrent à secouer ce joug étranger. Stanislas devait ou se les attacher ou les abandonner. Il flatta tous les partis et les trahit, quand il le jugea à propos. Il n'avait qu'un désir, c'était de conserver la couronne à tout prix. Menacé d'être détrôné, il invoqua l'appui de la Russie.

Ce perpétuel asservissement du roi à une puissance étrangère aigrit de jour en jour les nobles. Ils s'insurgèrent tous comme un seul homme. Ils étaient braves, et courageux jusqu'à l'héroïsme. Mais ils étaient ambitieux; ce fut ce qui fit échouer tous leurs projets. La plupart étaient ruinés; ils avaient dissipé leur patrimoine avec leurs maîtresses dans les bals, les festins et les chasses. Ils avaient opprimé tous leurs serfs, et n'avaient aucun dévouement à attendre de leur part. En prenant les armes, ils espéraient s'emparer de toutes les dignités, après s'être enrichis dans les pillages. De là leurs efforts pour usurper le commandement. Ils voulaient tous être chefs ; aucun d'eux ne consentait à jouer un rôle obscur. Ils devaient travailler à l'affranchissement de leur pays, et cependant ils ne cherchèrent qu'à s'arracher les uns aux autres une portion de leur patrie. Des partis nombreux se formèrent. Des confédérés marchèrent contre des confédérés ; des magnats se battirent contre des magnats. Remportaient-ils quelque avantage, ils opprimaient les paysans, les dépouillaient au lieu de les enrôler et de les gagner à leur cause. Ils leur enlevaient tous leurs biens et refusaient ensuite de les partager entre ceux qui les avaient secondés dans leurs labeurs. Il y en eut qui gagnèrent ainsi plusieurs millions qu'ils s'approprièrent. Aussi voyait-on des maréchaux gorgés d'or, et à côté d'eux d'autres maréchaux qui manquaient d'habits et d'armes. Tout le butin ramassé dans de périlleuses excursions ne servait qu'à entretenir le luxe, la table des vainqueurs. Il en fut de même des subsides et des pensions que leur envoyait la France. La cupidité éteignit donc tout sentiment de patriotisme et causa la perte de tant d'hommes prêts à mourir pour la liberté.

Le prince Henri de Prusse passa trente-cinq ans sans adresser la parole à sa femme, et lui préféra la compagnie de mignons avec lesquels il se permettait tous genres d'abominations. Il se piquait de philosophie, au point qu'il n'entra jamais dans un temple et qu'il voulut être enterré sans aucune cérémonie religieuse, absolument comme un chien. Il fut criblé de dettes presque toute sa vie. Tel fut l'être qui d'un mot fixa le sort de la Pologne. Il proposa à la Russie de s'entendre avec la Prusse et l'Autriche pour partager ce royaume. Cette idée parut merveilleuse et fut bientôt goûtée. Des hordes de Russes, de Prussiens et d'Autrichiens se ruèrent sur les confédérés, les traquèrent comme des bêtes fauves, les dispersèrent, les égorgèrent ou les envoyèrent en Sibérie. Ils incendièrent ou pillèrent tous les villages ; ils se rendirent maîtres de tous les châteaux. Ils ramassèrent un butin immense. Un ambassadeur russe sortit de la Pologne avec cent cinquante mille livres de rente. Chefs et soldats se distinguèrent et par leur férocité et par leurs brigandages. Quand ils furent rassasiés de sang et gorgés d'or, ils attendirent un dernier ordre. La Pologne fut rayée de la liste des nations ; Stanislas conserva la couronne, mais resta préfet du pays ; il n'eut plus de sujets ; il toucha annuellement un million d'écus pour entretenir une cour de Russes qui le méprisaient. Il vécut ainsi dans l'avilissement jusqu'au jour où la main qui l'avait élevé le précipita du trône pour lui laisser finir ses jours dans l'abjection, tardive punition de son incurable frivolité [1] !

---

[1] *Voir*, sur la Pologne : Rulhière ; la *Vie et les Mémoires* de Dumouriez, 1822, tom. I, pag. 166 à 209 ; les *Lettres Particulières* du baron de Vioménil, 1808, pag. 73, 135 et 155 ; et sur le prince Henri de Prusse : *Vie privée, politi-*

Quand la Prusse, la Russie et l'Autriche eurent subjugué, égorgé tous les confédérés, elles se vantèrent d'avoir pacifié la Pologne. Elles ne tardèrent pas à se dédommager de leurs sacrifices. La Russie s'appropria 3,444 lieues carrées contenant 1,500,000 âmes; l'Autriche eut pour sa part 2,700 lieues carrées, peuplées de 2,500,000 âmes; à la Prusse échut un lot de 900 lieues carrées, occupées par 800,000 habitants.

Suivons donc dans leurs gouvernements ces bourreaux d'une si belle province.

Russie.

Pour apprécier le caractère de l'impératrice Catherine II, et comprendre pourquoi Voltaire lui-même la signalait, le 26 juillet 1773, à Dalembert comme la puissance la plus despotique qui fût sur la terre, il est à propos de démasquer le feld-maréchal prince de Potemkin lequel, pendant seize ans, fut son favori, son conseiller, son Richelieu, pour ainsi dire. Toutes les croix qu'il pouvait porter, il les étala sur sa poitrine; toutes les dignités qu'il convoita, il les obtint; toutes les provinces qu'il voulut gouverner, il s'en empara; tous les sujets

---

que et militaire du prince *Henri de Prusse*, par Bouillé fils, 1809, pag. 147, 157, 173, 238 et 345; *Correspondance inédite de Voltaire avec de Brosse*, pag. 31; et *Nouvelle Revue encyclopédique*, tom. V, pag. 438.

qu'il détestait, il les humilia. Parvenu au faîte des honneurs, il se montra dur, hautain, brutal, injuste, inabordable ; son joug fut un joug de fer pour tous ceux qui l'entouraient. A son aspect les Russes gémissaient et tremblaient comme des hommes ivres. Les étrangers eux-mêmes maudirent son élévation. Ainsi, raconte Thiébault, il avait un cheval malade, cheval superbe, le plus beau peut-être de l'empire, que Joseph II lui avait envoyé, et qu'aucun Russe ne pouvait guérir. Alors arriva de Vienne Pierre Lafosse, célèbre et savant écuyer. Il fut bien reçu, il eut ses entrées libres, dès qu'on lui eut mis le cheval malade entre les mains. Il construisit un hangar pour traiter cet animal si rare avec tous les soins dont il était capable ; au bout de quelques mois, il parvint à le rétablir ; on l'en remercia avec toute l'exagération d'une fausse reconnaissance, mais on ne lui remboursa point ses dépenses, on ne lui envoya aucune gratification, on refusa même de l'écouter, et il partit comme il était venu, quoiqu'il n'eût entrepris ce voyage que sur de pressantes sollicitations et des promesses positives. Cette aventure n'étonna personne. Le prince affichait un luxe oriental qu'aucun souverain du monde n'aurait osé imiter ; il portait des habits tout étoilés de diamants, et estimés huit cent mille livres ; il habitait un palais qui valait près de trois millions ; il donnait des repas qui ne lui coûtaient jamais moins de douze cents livres ; mais il croyait au-dessous de sa position de s'abaisser à payer ses dettes. Tout le monde criait au miracle, quand il achetait un domaine ou un objet au comptant. Il envoyait en Sibérie les créanciers qui se permettaient de réclamer le montant de leurs mémoires. Cependant il puisait dans le trésor public comme dans sa cassette privée ; il y prenait, à chaque instant, des sommes considérables affectées à des travaux urgents ; ces déprédations causaient des torts irréparables. On s'en plaignait souvent, mais toujours inutilement. Catherine lui pardonnait tout ; elle tolérait jusqu'à ses impertinences, ses caprices, ses mépris. Il l'avait de bonne heure trouvée trop vieille pour qu'elle lui tint lieu de maîtresse ; il la força à n'agréer pour amants que ceux qu'il préférait, et à les renvoyer dès qu'il s'apercevait qu'elle les aimait trop, et il ne lui en procurait un nouveau que moyennant une aubaine de quatre cent mille francs, et quelquefois de huit cent mille. Elle le visitait souvent, elle assistait à toutes ses fêtes ; à certaines époques fixes, elle lui remettait une bourse de quatre cent mille livres. Elle défrayait sa maison, elle se chargeait de remplir sa cave de vins généreux, elle lui fournissait des équipages magnifiques, elle lui allouait, chaque année, quatre cent mille livres pour l'entretien d'une table de vingt-quatre couverts, et, chaque mois, elle lui abandonnait quarante-huit mille livres pour ses menus plaisirs, comme elle l'accordait à chacun de ses Priapes à partir du jour où elle leur avait cédé quatre cent mille livres à titre de joyeux avénement.

Elle ne lui demandait aucun compte de tous les fonds dont il disposait, quoiqu'il en abusât à tel point qu'il y eut des années où le numéraire disparut des provinces, et qu'on fut réduit à recourir aux emprunts dans les pays lointains. Elle finissait par satisfaire et ses fournisseurs et ses créanciers, car il ne s'en occupait pas, bien que chaque acte diplomatique devînt pour les cours étrangères une occasion de le gorger d'or, et que ses charges et ses propriétés lui rapportassent un revenu énorme, indépendamment des faveurs dont nous venons de parler. Telles furent les profusions de la maîtresse et les dilapidations du favori que, quand il mourut, sa succession fut évaluée à environ deux cents millions. Voilà Potemkin d'après Mme de Cerenville, qui a écrit sa vie avec beaucoup d'impartialité et de réserve. Ses calculs concordent avec ceux de Castéra, biographe de Catherine.

Comme Potemkin ne fut pas seul convié à partager la couche impériale, toute souillée de sang, nous allons emprunter à Castéra la liste de tous les favoris en titre d'office de la lascive Catherine, et le montant des sommes et des présents dont elle récompensa leur complaisance sans bornes.

Or, dit Castéra :

Les cinq frères Orloff ont reçu 45,000 paysans, et en terres, palais, bijoux, vaisselle et argent.	68,000,000 liv.
Wissenski, officier des gardes, environ deux mois en faveur.	1,200,000

Wasielitschikoff, simple lieutenant des gardes, reçut en vingt-deux mois qu'il fut en faveur :

Une terre, avec 7,000 paysans, estimée...............	2,400,000 liv.
En argent...............	400,000
En bijoux...............	240,000
En vaisselle.............	200,000
Un palais meublé.........	400,000
Une pension de 80,000 livres de rente, à peu près......	800,000
L'ordre de Saint-Alexandre-Newsky.	
	4,440,000 liv.

Potemkin reçut, dans les deux premières années, environ 36,000,000 de livres. Il accumula ensuite des richesses immenses. Il avait de grands biens en Pologne et dans toutes les provinces de la Russie. Une de ses armoires était remplie d'or, de diamants et de billets des banques de Londres, d'Amsterdam, de Venise. Sa fortune était estimée............ 200,000,000

Zawadoffsky reçut, en dix-huit mois, des terres en Pologne avec 2,000 paysans, en Ukraine avec 6,000, en Russie avec 1,800. Ces terres étaient estimées............ 4,000,000
Il reçut en argent.......... 600,000
En vaisselle............. 200,000
En bijoux............... 320,000
En une pension du cabinet de 40,000 livres............. 400,000
Le cordon de l'Aigle blanc de Pologne.
                                                           5,520,000

Zoritz reçut, en un an, le cordon de l'ordre de l'Épée de Suède et celui de l'Aigle blanc de Pologne.
Une terre en Pologne de..... 2,000,000
Une en Livonie de........ 400,000

Une commanderie en Pologne, valant 48,000 livres, estimée......	480,000 liv.	
En argent.............	2,000,000	
En bijoux.............	800,000	
		5,680,000 liv.

Korzakoff reçut, en seize mois, le cordon de l'Aigle blanc en Pologne, le palais de Wasielitschikoff, qui avait été racheté......... 400,000
Une terre avec 4,000 paysans... 1,600,000
En argent et en bijoux...... 600,000
L'acquittement de ses dettes.... 400,000
Pour s'équiper et pour voyager.. 400,000
Gratifications pendant son voyage. 280,000
          3,680,000

Lanskoï reçut en terres et en argent................ 12,000,000
En diamants............ 320,000
Pour payer ses dettes...... 320,000
Un palais estimé.......... 400,000
          13,040,000
En outre, sa sœur et sa cousine furent admises au nombre des demoiselles d'honneur de l'impératrice, et reçurent beaucoup de présents non évalués.

Yermoloff reçut, en seize mois, le cordon de l'Aigle blanc de Pologne.
Une terre estimée........ 400,000
Une autre avec 3,000 paysans... 1,200,000
En argent............. 600,000
          2,200,000

Momonoff reçut, en vingt-six mois, en terres............... 2,400,000
En argent............. 800,000
En bijoux............. 320,000
          3,520,000

Platon Zouboff fut décoré du titre de prince et de divers cordons, et nommé grand-maître de l'artillerie. Il reçut de grandes terres en Russie, en Pologne et en Courlande. Sa for-

tune, non compris le mobilier et les bijoux, s'éleva à environ 400,000 liv. de revenu, et conséquemment estimée.	10,000,000 liv.
Son mobilier et ses bijoux. . . .	800,000
	10,800,000 liv.
Valérien Zouboff reçut beaucoup d'argent, des terres en Pologne et en Courlande, et une pension de 48,000 livres payable en or. Le tout peut être estimé	3,200,000
TOTAL.	321,280,000 liv.
Il faut ajouter à ces dons la dépense du favori évaluée à 5,000,000 de livres par an, ce qui fait pendant trente-quatre ans qu'a duré le règne de Catherine II.	170,000,000
	491,280,000 liv.

Quelque énorme que paraisse cette somme, elle n'est pas exagérée ; il convient de la tripler, d'après des renseignements plus exacts, fournis à Masson. Il était persuadé que les cadeaux et les bienfaits que tous ces favoris en titre reçurent publiquement, à titre de récompenses, n'équivalaient pas aux dons secrets dont ils furent comblés. Comme Potemkin, les Orloff et les Zouboff puisaient dans le trésor impérial, sans rendre de compte. Zouboff, le dernier favori, mettait 120,000 livres sur une carte en jouant au pharaon, et il eut des propriétés encore plus considérables que celles de Potemkin.

Tous ces favoris vendaient les emplois, les rangs, la justice et l'impunité, même les alliances, la guerre et la paix. Il fallut aussi gorger d'or toute leur famille. Le père de Zouboff reçut, en un seul jour, un cadeau de 240,000 livres de rente ; devenu procureur général du sénat, il fit de la justice un trafic scandaleux. Il achetait les procès, quels qu'ils fussent, et donnait gain de cause à la partie qui avait eu soin de lui payer d'avance ses épices. Tout homme qui avait directement ou indirectement la protection d'un favori, tous les agioteurs de sa signature, les directeurs de ses menus plaisirs parvenaient à la fortune par les voies les plus honteuses. Ils bravaient leurs supérieurs, écrasaient leurs subordonnés et ne connaissaient d'autres lois que leurs caprices et leurs intérêts.

« Chaque général, chaque gouverneur, chaque chef de département, dit Masson, était devenu un despote particulier. Les rangs, la justice, l'impunité se vendaient à l'enchère : une vingtaine d'oligarques, sous les auspices d'un favori, se partageaient la Russie, pillaient ou laissaient piller les finances, et se disputaient les dépouilles des malheureux. On voyait leurs plus bas valets, leurs esclaves même, parvenir en peu de temps à des emplois et à des richesses considérables. Tel avait douze à seize cents livres d'appointements qu'il ne pouvait augmenter sans malversation, qui bâtissait autour du palais des maisons de cinquante mille écus. Catherine, loin de rechercher la source impure de ces richesses éphémères, se glorifiait de voir la capitale s'embellir sous ses yeux, et applaudissait au luxe désordonné des coquins, qu'elle prenait pour une preuve de la prospérité de son règne. Quiconque voyait passer par ses mains une somme de la couronne pour exécuter quelque entreprise, en retenait effrontément la moitié, et faisait ensuite des représentations pour obtenir davantage, sous prétexte que la somme était insuffisante : on lui accordait ce qu'il demandait, ou l'entreprise était abandonnée. Les grands voleurs partageaient même les vols des petits, et en étaient les complices. Un ministre savait à peu près ce que chacune de ses signatures rapportait à son secrétaire, et un colonel n'hésitait pas à s'entretenir avec un général du gain qu'il faisait sur ses soldats. A commencer par le favori en titre et à finir par le dernier employé, tous regardaient le bien de l'État comme un cocagne à conquérir. En général, rien n'a été si petit que les grands ; durs comme des bachas, exacteurs comme des péagers, pillards comme des laquais, et vénaux comme des soubrettes de comédie ; on peut dire qu'ils étaient la canaille de l'empire. Leurs complaisants, leurs créatures, leurs valets, leurs parents même, ne s'enrichissaient pas de leur générosité, mais des exactions qu'ils commettaient en leur nom et du trafic de leur crédit : d'ailleurs on les volait eux-mêmes comme ils volaient la couronne. Les services qu'on leur rendait, même les plus vils, étaient payés par l'État ; souvent leurs domestiques, leurs bouffons, leurs musiciens, leurs secrétaires particuliers, et le gouverneur de leurs enfants, étaient salariés par quelque caisse de la couronne dont ils avaient le maniement. »

La rapine était permise aux soldats dans les pays ennemis ; ils la regardaient comme un de leurs droits dans le sein de l'empire ; on vit un régiment qui allait joindre l'armée de Perse traiter les provinces russes comme des pays conquis par des barbares. Les colonels favorisaient ces pillages, qui leur permettaient de garder les sommes allouées pour l'entretien de leurs régiments. Grâce à ces moyens, leurs appointements, qui n'étaient que de deux à trois mille livres, s'élevaient quelquefois à quatre-vingt mille.

Catherine connaissait ces désordres, mais elle les tolérait. Elle répondit une fois à un ministre qui la sollicitait pour un pauvre officier : « C'est sa faute s'il est pauvre, il a eu longtemps un régiment. » Une autre fois, elle ne voulut pas même qu'on jugeât des trésoriers de l'empire qui avaient détourné l'argent de leurs caisses à leur profit, crime dont la mort devait être le châtiment.

Si ce régime convenait singulièrement aux fonctionnaires publics, il ne pouvait manquer de plonger le peuple dans la misère. On la vit s'accroître de jour en jour, en même temps que le prix des marchandises quintuplait. Dans les palais, on était ébloui à l'aspect du mobilier et des habillements tout étincelants de pierreries ; mais dans les rues on n'apercevait qu'une multitude à peine couverte de haillons. L'argent devint très rare. Alors on multiplia les assignats. Catherine en créa même une nouvelle espèce sous le nom de *billets de cabinet*. Ces billets étaient destinés au payement des dettes particulières de l'impératrice; mais ils ruinèrent un grand nombre de familles aisées qui avaient fait des avances à la cour, et à la fin personne n'en voulait plus accepter. Ce n'étaient proprement que des lettres de change à un an d'échéance, et à raison de six pour cent d'intérêt. Ce terme échu, le cabinet se souciait peu de payer, et on a vu des marchands, dans un besoin pressant, les négocier à quarante pour cent de perte. Le cabinet poussa l'injustice jusqu'à refuser les intérêts qui allaient au delà d'une année, et exigea un sacrifice de ceux qu'il remboursait. Cette mauvaise foi, qu'on attribuait personnellement à Catherine, lui ravit le reste de confiance que ses sujets lui conservaient, et que les étrangers lui avaient retiré depuis longtemps. On tripla le prix de tout ce qui fut vendu à la couronne; et comme il y eut toujours un grand nombre d'intrigants et de corrupteurs protégés par les valets, les femmes de chambre et les chefs du cabinet, qui se faisaient payer en partageant leur immense profit, il y eut autant de fortunes scandaleuses qu'on avait vu de ruines déplorables. Les coffres de l'État étant épuisés et les assignats n'ayant plus de cours, l'altération générale des monnaies de cuivre, d'argent et d'or fut décidée. On se hâta d'en fabriquer une grande quantité. Catherine n'eut pas le temps d'en profiter. Elle mourut au moment où elle se disposait à les répandre. Elle laissa les finances dans le plus grand désordre. Elle engloutit donc tout l'argent du royaume, après avoir, dès le commencement de son règne, dépouillé son clergé de toutes ses richesses. Elle ne régna ainsi que pour le bonheur de ses favoris et de ses panégyristes. Familière avec eux, pleine d'attentions pour eux, elle les gorgea d'or, les combla d'honneurs et leur permit même de la tutoyer, comme on le voit dans les *Œuvres* du prince de Ligne. Cruelle pour ses sujets, impitoyable pour ses ennemis, dure pour sa famille, elle refusa de payer les dettes de sa mère, morte insolvable à Paris ; elle fit étrangler son mari ; elle ne put souffrir son fils, elle se plaisait à l'humilier, à le tenir éloigné de la cour ; elle tâcha de le tuer moralement. Quant aux turpitudes de sa vie privée, elles sont si dégoûtantes, qu'elles ne peuvent être racontées dans aucune langue. Telle fut Catherine, tant prônée par les encyclopédistes [1].

---

[1] *Frédéric le Grand, ou mes Souvenirs de vingt ans de séjour à Berlin*, par Thiébault, 1826, tom. III, pag. 350. — *Vie du prince Potemkin*, par Mme de Cerenville, 1808, 1 vol. in-8°. — *Vie de Catherine II*, par Castéra, 1797, tom. II. — *Mémoires secrets sur la Russie*, par Masson, 1800, 3 vol. in-8°. — *Histoire de Pierre III*, par Laveaux, an VIII, tom. I, pag. 96. — *Histoire de la Russie*, par Levesque, 1812, tom. V, pag. 37.

Prusse.

Il n'est pas difficile de saisir l'esprit de cette cour. Le baron de Poellnitz, en qualité de chambellan, y avait ses entrées. Ruiné de bonne heure, il fit argent de tout ; il changea trois fois de religion par intérêt ; il quitta la France, après y avoir dérobé un écrin ; accueilli de Frédéric Ier, il vendit et sa faveur et son crédit. Il se vengeait de la manière la plus barbare de tous ceux qui rejetaient ses demandes : c'est ainsi qu'un Français perdit deux millions, pour avoir refusé de lui prêter une somme considérable. Mais la monnaie coulait comme un torrent entre ses doigts ; jusqu'à sa mort, il fut aux expédients et ne vécut que d'emprunts, ou plutôt d'escroqueries, car il avouait qu'il ne recevait qu'à fonds perdus. Frédéric le Grand convenait de ces faits ; il reprochait au baron d'avoir vendu de l'argent faux pour du fin, et le félicitait de n'avoir été ni voleur de grand chemin ni coupeur de bourses. Néanmoins il le garda et l'admit même dans son intimité, quoique tout le monde sût à quoi s'en tenir sur la moralité et l'honneur du *roué*.

Certaines anecdotes de la vie du philosophe couronné nous expliquent et cette indulgence et cette liaison. Lorsqu'il était, dans sa jeunesse, détenu à Custrin dans la plus grande gêne, une famille honorable prit pitié de ses malheurs, avoue Thiébault, et s'imposa les plus étonnants sacrifices pour lui procurer 22,400 francs. Une fois monté sur le trône, non seulement il ne remboursa point cette somme, mais même il n'accorda aucune faveur aux divers membres de cette généreuse famille. Plusieurs autres personnes qui lui avaient rendu des services du même genre, n'en furent pas mieux récompensées, si nous en croyons Laveaux et les *Mémoires* de Voltaire. Il n'aima jamais à payer ses dettes; il passait des années entières sans vérifier les factures de ses fournisseurs impatientés. Il se laissa réclamer pendant dix ans le traitement qu'il avait promis à Thieriot à l'occasion d'une correspondance littéraire. Il contribua avec Voltaire à frustrer et ruiner le libraire Van Duren. Durant la guerre de Sept Ans, il se trouva sans aucun fonds; il confia quatre millions d'écus d'Angleterre au riche juif Ephraïm pour lui en fabriquer dix millions. Cette opération donna lieu à des pièces de vingt-quatre sous qui ne valaient en argent que le tiers de leur cours habituel. Frédéric les répandit dans le public, mais il défendit à ses trésoriers de les recevoir pour le compte de l'État. Lors du premier partage de la Pologne, il mit de nouveau en circulation pour quinze millions de très beaux ducats chargés d'un tiers de mauvais alliage. Rulhière l'accuse d'avoir eu recours sept fois à cette altération des monnaies polonaises. Il abusait aussi de sa position pour ses caprices. Il avait appelé auprès de lui le fameux Duport. Ayant appris que ce premier violoncelle de l'Europe se disposait à partir, raconte Mme de Genlis, il chargea quelques-uns de ses musiciens de lui donner une petite fête et de l'enivrer. Lorsque Duport eut perdu la raison, on l'amena à signer un engagement par lequel, prenant du service dans un régiment, il y restait au nombre des tambours, de sorte qu'il n'aurait pu sortir de la Prusse sans s'exposer à la peine de mort comme déserteur. Quand il eut cuvé son vin, il tomba dans le plus profond désespoir; on essaya de le consoler à l'aide d'une pension et d'un bon mariage. Il se fixa donc dans le Brandebourg, et ne revint en France qu'après la révolution. Négociants, artistes, philosophes eurent plus d'une fois occasion de s'apercevoir combien il fallait peu compter sur les paroles et les contrats d'un roi.

Il était impossible de moins rétribuer tous ceux qui étaient sous sa dépendance. Ses agents diplomatiques en étaient réduits à vendre leur crédit et leur faveur. Son clergé végétait dans un dénuement si grand que, dans les campagnes, il n'était pas rare de voir un pasteur quitter le temple pour passer à un comptoir, vendre du vin ou des chansons, arracher les dents sur les places publiques ou jouer du violon dans les cabarets. Il préférait toujours l'homme qui demandait le moins à celui qui était le plus capable; s'il construisait une maison à Berlin, il ne s'enquérait que du prix qu'elle lui coûterait, sauf à la laisser tomber, parce qu'il ne lui avait pas donné la solidité convenable. Il n'était pas jusqu'à ses soldats qui n'eussent à gémir de ses principes. Quels que fussent leur mérite et leurs actions d'éclat, ils étaient condamnés à passer leur vie dans les exercices les plus fatigants, sans toucher une solde forte et sans espérer d'avoir jamais d'avancement. Toutes les épaulettes étaient réservées aux nobles ; si par hasard un roturier était parvenu par son mérite à être mis dans le cadre des officiers, le roi le congédiait aussitôt qu'il avait connaissance de cette promotion. Aussi chassa-t-il impitoyablement de ses régiments grand nombre de militaires qui lui avaient rendu de grands services, et qu'il avait été forcé de laisser momentanément à la tête des compagnies qu'ils avaient commandées avec succès à une époque où il n'y avait pas assez de gentilshommes pour occuper les postes distingués. Leur défaut de naissance fut la cause de leur retraite. Les soldats étaient chaque jour tentés de déserter ; il fallut prendre les mesures les plus sévères pour les contenir sous le joug, et menacer de châtiments exemplaires quiconque aurait quitté les drapeaux.

Terrible pour son armée, Frédéric ne lui donnait pas toujours l'exemple d'un grand courage. Il nous apprend dans ses lettres qu'il était déterminé à se suicider le jour où il aurait été battu. Victorieux, il n'est pas d'atrocités qu'il ne laissât commettre à ses troupes en Pologne. Loin de mettre un frein à leur brigandage, il s'adjugeait le butin qu'elles avaient amassé à force de crimes. En Saxe, il se conduisit avec la barbarie d'un Attila. Poussé par une basse vengeance, il inaugura l'ère du vandalisme. Il ordonna d'incendier les châteaux du comte de Bruhl, de mutiler ses statues, de briser ses meubles, de lacérer ses tableaux, de couper ses arbres, de dévaster ses jardins, et il tressaillit d'allégresse quand il contempla les flammes et entendit les coups de marteau qui anéantissaient tant d'objets d'art !

Le voici bourreau de sa famille. Il s'appliqua à humilier son frère Henri et son neveu Frédéric-Guillaume ; il les entoura d'espions qui lui rapportaient tous leurs propos et lui apprenaient toutes leurs démarches. Il les éloigna de sa présence, les enferma dans des maisons de plaisance, ne les instruisit jamais des affaires, et les laissa dans une gêne si grande qu'ils furent amenés à contracter des dettes, parce qu'ils n'avaient pas de quoi soutenir leur rang. Afin de les empêcher de se faire des créatures par leurs libéralités et d'excéder la faible pension qu'il daignait leur octroyer, il défendit, en 1769, à tous ses sujets de prêter de l'argent à tout membre de la famille royale. Il n'eut pas plus d'égards pour la reine. Il l'estimait, mais il ne pouvait la souffrir. Il ne la voyait que très rarement et toujours en public. Il parait qu'il ne consomma jamais son mariage. La première nuit de ses noces, il affecta de jouer de la flûte à une fenêtre jusqu'au matin. Depuis il n'eut pas de rapports d'intimité avec la reine. Il ne lui accordait pas même le nécessaire, de sorte que, dans les repas qu'elle était forcée d'offrir, les convives se hâtaient de la quitter pour aller manger ailleurs. Sa table était servie de façon qu'il était difficile d'y attraper quelque morceau de viande ou un fruit. La reine se permit une fois de remettre au roi une lettre où elle le suppliait de la secourir : il déchira la lettre sans la lire.

Quelle était la cause de la continence du roi? Il avait eu des maîtresses dans sa jeunesse ; mais ces liaisons lui valurent une maladie honteuse qui le rendit impuissant pour le reste de ses jours, au dire de Laveaux. Aussi marqua-t-il toujours un profond dégoût pour toutes les femmes. Cette aversion est, aux yeux de tout moraliste, la preuve la plus forte de passions ignobles. Frédéric s'est-il conduit de façon à forcer l'historien de mépriser des témoignages qui ne seraient pas favorables à ses mœurs? Malheureusement non. Voltaire, dans ses *Mémoires*, et Palissot, dans des vers commandés par Choiseul et destinés à être envoyés à l'accusé, lui reprochent d'infâmes privautés avec ses familiers. Un prêtre de l'Oratoire, qui eut occasion de séjourner à Berlin vers 1752, n'est pas moins positif. Dans des pages insérées, en 1847, dans le tome V de la *Nouvelle Revue encyclopédique*, il raconte que rien n'était plus connu que le goût du roi pour six mignons qui ne le quittaient pas à Potsdam ; que là se commettaient des abominations si révoltantes qu'on avait inventé le mot de *potsdamie* pour les caractériser, de sorte que cette expression de *potsdamite* était devenue synonyme de *sodomite*. Il se pourrait que le roi ne pût pas être convaincu de s'être permis les crimes qui se multipliaient dans ses antichambres ; mais il poussait en tout le cynisme si loin, qu'il est difficile de croire qu'il ait été calomnié. Nul ne brava davantage et la pudeur et les convenances. Il peupla ses jardins de statues immodestes ; il exposa dans son boudoir un tableau d'une lubricité sans exemple, suivant les détails fournis par les *Mémoires* de Voltaire. Il fit peindre, dans le salon du marquis d'Argens, une scène dégoûtante, tant elle était obscène. Il ne se servait que des mots les plus orduriers de la langue française. Pour familiers, il eut constamment des philosophes criblés de dettes, épuisés de débauches, infectés d'athéisme et fiers de leur abjection, et plus fiers encore d'avoir été bannis de leur pays pour la perversité d'ennuyeuses amplifications. Il les invitait à souper et ne leur abandonnait qu'un plat de poisson pour les accoutumer à la tempérance. Il causait sans gêne avec eux, afin de saisir plus facilement leurs ridicules et de s'en moquer. Il recherchait la singularité en tout. Il montait dans un carrosse qu'un bourgeois eût dédaigné, quoiqu'il fût traîné par sept chevaux gris et un cheval noir. Il avait des meubles qui tombaient de vétusté ; il ne les réparait pas. Il traînait des bottes éculées ; il s'affublait de vêtements si usés, si rapiécetés, si sales, qu'on ne distinguait pas leur couleur primitive. Il se lavait rarement, et plus rarement encore il changeait de chemise ; il n'en avait pas une qui ne fût en loques. Il avait une collection de quinze cents tabatières de prix, et il manquait de tout, n'étalant sur lui et chez lui que la malpropreté. Il n'y avait que pour sa nourriture qu'il ne regardait à rien. Il mangeait avec moins d'avidité que de gloutonnerie. Il dévorait des mets indigestes et surtout des pâtés d'Amiens dont le port seul coûtait de quarante à cinquante écus. Il ne sortait de table que quand il était repu à ne plus respirer. Pour faciliter la digestion, il lui fallait plusieurs cafetières de café, suivant les *Mémoires* de Valori. Entre ses repas, il se jetait sur des pyramides de fruits. Il voulait qu'il y en eût sur les consoles de toutes les chambres qu'il traversait ; il ne dépensait pas moins de cent mille écus pour se passer ce caprice ; il avala plus d'une fois des cerises d'un écu. C'était lui qui écrivait la carte de tout ce qu'on devait lui apporter. Il lui est arrivé quelquefois de souffleter ses valets de chambre ; mais il chantait ses cuisiniers, il les payait généreusement, et les choisissait lui-même. Il consommait prodigieusement. Déjà entre les bras de la mort, il dégusta des crabes, des morceaux de pâté qu'un estomac robuste aurait eu peine à soutenir, et il goûta de plusieurs sortes de vins. Il s'éteignit sans croire en Dieu et sans craindre le diable, n'ayant lu et patronné toute sa vie que des ouvrages aussi impies qu'immoraux.

Plus une accusation est grave, plus elle doit être motivée, puisqu'il est de la nature d'un fait de se prouver et non de se présumer. Mais il est des matières délicates où la certitude est impossible ; on les éclaire au flambeau des probabilités. Aucune charge péremptoire ne s'élève contre la mémoire de Frédéric, quant à la question qui nous occupe ; toutefois les témoignages de deux philosophes et d'un prêtre ne laissent pas de donner à penser à ceux qui se rappelleront jusqu'à quel point il poussa le cynisme. Toutes les présomptions tendent à accréditer l'opinion qui le plaça à la tête de ses *potsdamites*. Il me semble téméraire d'affirmer que cette rumeur ne reposait sur aucun fondement, car *on ne prête guère qu'aux gens riches*, suivant une expression de ce temps-là.

Si Frédéric a frustré tant de personnes, s'il a si peu rétribué tous les gens dont il avait besoin, il doit s'ensuivre qu'il fut le père du peuple. Mais il déclare dans son ouvrage sur la *Politique depuis* 1763 *jusqu'à* 1775, qu'il ne voyait dans *le peuple qu'une masse imbécile faite pour être menée par ceux qui se donnent la peine de la tromper*. Il ne parla jamais la langue de son peuple ; il ne lisait aucune production de son peuple ; il n'achetait aucun tableau de son peuple ; il n'accueillait aucun musicien de son peuple ; il n'encourageait aucun talent de son peuple. Si, dans l'armée, il réservait toutes les épaulettes pour les nobles, dans ses bureaux et son académie il ne plaçait que des étrangers. Il les considérait comme ses compatriotes, et voulait qu'ils brillassent partout. Il leur défendit même de recevoir à l'académie des Mémoires qui auraient été écrits en allemand. Il ne regardait et ne méprisait comme des étrangers que tous ceux qui étaient nés dans ses États. Il ne demandait à son peuple que de l'argent et des enfants. Que faisait-il de l'argent de son peuple ? Il l'entassait dans les caves de son palais ; il en prenait pour empêcher de mourir de faim quelques philosophes qui lui tenaient lieu de bouffons ; il s'en servait pour commander à Berlin de superbes façades qui s'écroulaient quelquefois sous ses yeux ; il en employait aussi à payer les dettes ou soulager la misère de ses nobles poursuivis par des créanciers. Quant aux enfants du peuple, il les parquait dans des casernes, il les fatiguait et les assommait dans ses manœuvres, il les usait sur les champs de bataille, et quand ils n'étaient bons à rien, il les reléguait dans quelque poste obscur dont ils ne pouvaient tirer aucun parti, à cause de leur défaut d'instruction. C'est avec un sceptre de fer qu'il gouvernait tout son peuple ; c'est par le moyen de ses espions qu'il connaissait la situation de son peuple. Il le pervertit par les exemples d'incrédulité qu'il lui donna et par la multitude de livres obscènes et impies qu'il lui laissa dévorer. Il le décima et le ruina par ses guerres continuelles. Dans ses *Mémoires*, il a peint tous les maux qu'elles occasionnèrent. Il montre des terres abreuvées de sang, des pays déserts, des familles détruites, le crédit épuisé, le commerce languissant ; partout c'est le désespoir et la détresse. C'est à ce prix qu'il parvint à usurper une place parmi les conquérants et les fléaux de l'humanité. Il faut convenir qu'il en coûta un peu cher à la Prusse pour fournir à son roi l'occasion d'écrire des pages sèches, incorrectes, ennuyeuses.

Quand il était las de tyranniser son peuple, de maltraiter sa famille, de fatiguer son armée, d'égorger et de piller ses ennemis, de se moquer de ses bouffons, de violer la langue française, que faisait-il pour se distraire ? Il allait caresser des singes ou des levrettes. Il eut d'abord une compagnie de singes. Quand il en fut dégoûté, il s'attacha à des levrettes. Il en avait toujours une douzaine. Il les laissait courir dans son appartement, déchirer et salir son lit et tout son ameublement. Il en emmenait avec lui dans ses voyages ; il les nourrissait bien et pourvoyait à toutes leurs commodités. Étaient-elles malades, elles étaient soignées le jour et la nuit ; il voulait qu'un courrier lui en apportât à chaque instant des nouvelles, si par hasard il était éloigné. Si elles périssaient en son absence, dès qu'il était de retour, il les faisait déterrer pour les contempler une dernière fois et gémissait sur leur sort. Vivantes, il les chantait ; jetées dans une fosse, il leur élevait un monument. Il chérissait tellement ses levrettes qu'il finit par partager tous leurs goûts. Il n'accueillait que les personnes que ces levrettes s'empressaient de lécher ; il retirait sa confiance aux gens dont la présence avait provoqué l'aboiement de ces levrettes. Aussi c'est au milieu de ces levrettes qu'il désira être enterré.

Laissons-le donc au milieu de ces bêtes ; c'est la seule place qui convienne à ce coureur de femmes pourries, à ce mari sans épouse, à ce père de la potsdamie, à ce banqueroutier, à ce faux monnayeur, à ce bourreau de sa famille, à ce pourceau d'Épicure, à ce contempteur de ses courtisans, à ce fanfaron de malpropreté, à ce fléau de ses ennemis, à cet ennemi de son peuple, à cet assassin de sa langue maternelle, à ce tyran de son armée, à ce protecteur de l'athéisme, à cet Attila de la Pologne, à ce Néron de la Saxe, à ce ricaneur de tous les hommes. Il ne se servit du bon sens qu'il avait reçu de la nature que pour juger ses contemporains avec sévérité. Il fut impitoyable pour les autres, parce qu'il n'est rien qu'il ne se permît. Esclave de toutes les passions, il s'est glorifié d'étouffer en lui tout ce qu'il avait de l'homme pour devenir semblable aux bêtes. Écrivain, il ne semble avoir pris la plume que pour forcer ses lecteurs à le planter sur le dernier échelon de l'échelle sociale..... à un pas de distance de la brute.

Voyez : ses vers sont si mauvais qu'ils ne peuvent être lus de personne ; mais ils doivent être examinés par l'historien, car ce qui n'est qu'une platitude aux yeux du littérateur devient un crime devant le tribunal de l'historien. Ces mauvais vers que tout le monde dédaigne, c'est cependant tout Frédéric.

Un jour donc il étend sa main décharnée sur son

Dictionnaire français ; il en extirpe avec soin les solécismes, les trivialités, les inconvenances, les jurons, les grossièretés, les obscénités, les blasphèmes ; il les rapproche, les sépare, les aligne de façon à composer un vers, puis un autre vers, puis bien d'autres. Un chant s'achève ; un deuxième chant l'accompagne ; à la fin, un sixième chant se trouve bâclé. Frédéric tressaille d'allégresse ; il croit avoir chanté, il n'a fait que beugler à réveiller toutes les bêtes dans leurs antres ; il est fier d'avoir étalé son érudition, et il a démontré qu'il ne connaît pas seulement les éléments d'une proposition. Il se vante d'avoir attrapé la plaisanterie, et il n'est que lourd et stupide. Néanmoins c'est à la face de la papauté qu'il lui tarde de jeter ce tas de chancres et de pustules qu'il a coupés et rangés comme on accouple des forçats.

Il était réservé à Frédéric de chanter la plus grande iniquité qu'il ait pu commettre. Ce qu'il a voulu tourner en ridicule, c'est la Confédération des Polonais. Dans tous leurs courageux efforts pour recouvrer leur liberté et conserver leur nationalité, il ne voit que des farces ; des prêtres ont pris part à cette lutte qui devait décider de l'avenir du catholicisme, il les regarde comme des esprits échappés de l'enfer ; la papauté intervient dans cette grave affaire et la recommande aussi éloquemment qu'inutilement à tous les rois de la chrétienté, il méprise cet appel généreux comme une inspiration de la folie ; il traite de badauds cette foule de Français

4.

qui ont quitté leur famille et leur patrie pour venir combattre et mourir à côté de leurs frères en religion. Il s'applique bassement à flétrir et les nobles sentiments, et les sublimes dévouements, et les admirables sacrifices, et les actions glorieuses qu'enfanta cette cause. Une horde de Russes tombe sur les confédérés, les pille, les disperse, les égorge, il leur décerne la palme de l'héroïsme et magnifie leur férocité.

Il allait beugler pour la septième fois : la langue française n'eut plus d'ordures à lui fournir ; il les avait épuisées d'un seul trait. Les cordes de sa lyre se détendirent sous ses mains ruisselantes de sang ; sa voix se brisa ; sa langue épaissie par tant d'infamies s'attacha à son palais, son cœur cessa de battre quand il eut vomi tous les excréments que peut contenir le cœur d'un roi philosophe. Une monstruosité en morale avait engendré une monstruosité en littérature [1].

En vérité, cet être appelé Frédéric le Grand ne méritait-il pas d'être jeté à côté de ses bêtes ?

---

[1] Thiébault, tom. I, II et III. — Rulhière, liv. IV et V. — Guibert, tom. I, pag. 140 à 238, et tom. II, pag. 232. — Viomenil, pag. 135. — *Nouvelle Revue encyclopédique*, tom. V, pag. 434. — *Mémoires* du marquis d'Argens, 1807, pag. 61. — *Mémoires* de Mme de Genlis, 1825, tom. V, pag. 9. — *Portrait de Frédéric le Grand*, par Bourdais, 1788, pag. 51 et 167. — *Mon voyage en Prusse*, par le marquis de Langle, 1807, pag. 92 à 180. — *Quelques traits de la vie privée de Frédéric-Guillaume II*, par Dampmartin, 1811, pag. 15 à 278. — *Vie de Frédéric II*, par Laveaux, 1788, 4 vol. in-8º.

Autriche.

Charles VI mourut banqueroutier, mandait Frédéric à Voltaire, le 25 octobre 1740. Il n'en fut pas de même de François Ier. La veille de sa mort, il remit à la princesse d'Aversberg, sa maîtresse, une ordonnance de 440,000 livres. Il avait eu un grand nombre de maîtresses et n'avait pas été moins généreux avec elles. Cela ne l'empêcha pas de laisser à ses héritiers plus de 2 millions. Il avait toujours travaillé avec une ardeur infatigable à remplir ses caisses. Il disputa opiniâtrément à la nature ses secrets, et mit ses connaissances en ce genre au service de sa passion pour l'or. Sous sa direction, des chimistes poursuivaient sans cesse la pierre philosophale, et, à l'aide de verres ardents, il cherchait à former de petits diamants dans un caillou. Il ne perdit pas de vue les affaires plus sûres et plus lucratives. « Il se jeta dans celles du négoce, raconte Frédéric dans son *Histoire de la guerre de Sept Ans*, chap. Ier. Il ménageait tous les ans de grosses sommes de ses revenus de Toscane, et les faisait valoir dans le commerce. Il établissait des manufactures et prêtait sur gages ; il entreprit la livraison des uniformes, des armes, des chevaux et des habits d'ordonnance pour toute l'armée impériale. Associé avec un comte Boltza et un marchand nommé Schimmelmann, il avait pris à ferme les douanes de la Saxe, et, en l'année 1756, il livra même le fourrage et la farine à l'armée du roi, qui était en guerre avec l'impératrice son épouse. Durant la guerre, l'empereur avançait des sommes considérables à cette princesse sur de bons nantissements. Il était, en un mot, le banquier de la cour. » Il était à la fois banquier, marchand et fournisseur. A son instigation, les plus grands seigneurs suivaient ce fâcheux exemple, et les particuliers, faute de capitaux suffisants, n'osaient aborder la concurrence. Pour comprendre ces occupations des nobles, il n'est pas inutile de remarquer qu'ils étaient tous criblés de dettes, et que, dans tous les manoirs de la Bohême et de l'Autriche, on n'aurait peut-être pas trouvé un homme qui mît de l'ordre dans ses affaires et qui ne fût réduit à opprimer et ruiner ses vassaux pour payer les folles dépenses qu'occasionnait le séjour de Vienne.

François 1er avait raison de ne pas se fier à la parole de son épouse. Marie-Thérèse était ferme, courageuse jusqu'à l'héroïsme dans les moments de danger; mais elle manquait de caractère et d'énergie dans son cabinet. Elle assistait tous les matins à la messe, elle allait tous les soirs au salut, et néanmoins elle laissait commettre tous les crimes. Elle croyait que le remords suffisait pour les justifier. Elle pleurait sur les maux qu'elle occasionnait, et elle ne faisait rien pour les empêcher ou les réparer. Elle avait répugné à se mêler du démembrement de la Pologne, et ce fut elle qui exigea le plus gros lot, lorsqu'on partagea les dépouilles de cette nation. Elle n'avait aucun reproche à faire aux Jésuites ; elle n'avait personne pour les remplacer, et néanmoins elle n'hésita pas à les détruire et à mettre la main sur les cinquante millions de biens qu'ils possédaient, suivant feu Crétineau-Joly. Elle s'adjugeait aussi les legs faits à des couvents ; elle ne diminua le nombre des maisons religieuses que pour s'emparer de leurs richesses. Elle avouait que les officiers étaient las de la guerre, et que son peuple ne pouvait pas payer les impôts dont elle l'avait accablé ; cependant elle ne recula devant aucune guerre injuste. Victorieuse, elle abusait de son pouvoir. Ainsi, lorsqu'elle fut maîtresse de Gênes, remarque Adam, elle exigea qu'on lui rendît gratuitement les joyaux qu'elle avait remis à la république à titre de gage d'une somme considérable que celle-ci lui avait prêtée. Était-elle défaite, elle augmentait les impôts, et croyait avoir bien mérité de son peuple, lorsqu'elle versait des larmes sur l'inutilité de la pureté de ses intentions. Elle reçut des sommes immenses pour protéger l'empire de Constantinople ; elle l'abandonna pour soutenir ses ennemis. Malgré les éloges donnés à toutes ses qualités, elle laissa un déficit de trois cent cinquante-deux millions. Quelques victoires, quelques actes de piété ne pourront jamais la laver de la tache hideuse dont son front restera souillé. La confédération polonaise avait compté sur sa protection ; la Turquie avait acheté chèrement son alliance ; la

France l'avait gorgée de millions de subsides et lui avait demandé une reine comme un gage d'inaltérable amitié. Marie-Thérèse avait à sa disposition son fils le duc de Toscane, et son gendre le roi de Naples. D'un mot, elle aurait pu décider du bonheur de la Pologne, puisqu'elle disposait de forces assez considérables pour tenir tête à la Russie et à la Prusse. Elle abandonna lâchement la Pologne ; elle trahit la Turquie ; elle cacha ses manœuvres à la France, à la Toscane et au roi de Naples. Par là elle influa le plus sur le malheur de la Pologne ; c'est ce qui explique pourquoi elle obtint de la Russie et de la Prusse tout ce qu'elle exigea. Elle sacrifia sa gloire, son devoir à son ambition. Elle fut la cause principale de l'anéantissement d'une nation catholique encore pleine de vertu et de vigueur. Que tous les Polonais, les catholiques, les politiques et les honnêtes gens s'unissent donc comme un seul homme pour l'exécrer et la reléguer, à côté de Frédéric et de Catherine, parmi les fléaux de l'humanité !

Maudissons aussi Joseph II, qui s'est lavé les mains dans le sang des Polonais, et qui a excité sa mère à entreprendre des guerres injustes !

On attendit de grandes choses à son avénement au trône. C'était à tort. Jusque-là il n'avait cherché qu'à faire du tapage pour attirer sur lui l'attention publique. Il n'avait pas été moins inconséquent que sa mère. Il communiait et il se piquait de philosophie. Il avait dédaigné de visiter le patriarche de Ferney, et il avait déjeuné avec Raynal et visité tous les encyclopédistes. Sa mère, au dire de Georgel, s'était abaissée jusqu'à traiter la Pompadour de cousine dans une lettre autographe, parce qu'en flattant cette *royale catin*, elle était sûre d'obtenir tout ce qu'elle demanderait à la France ; et lui, il alla sans nécessité passer deux heures chez la Dubarry, à Luciennes. Il s'efforçait d'être poli, familier avec toutes les classes de la société, et il s'oublia une fois au point de casser sa canne sur les épaules d'un vieillard qui lui servait de guide dans une course au mont Vésuve.

Maître de ses actions, il s'enferma dans un cercle de contradictions dont il ne put jamais sortir. Il avait parcouru une partie de l'Europe, et il défendit à ses sujets de voyager avant l'âge de vingt-sept ans, et confisqua les biens de ceux dont l'absence se prolongeait trop longtemps. Il voulait être clément, et il n'était qu'imprudent. Ainsi, un employé avait enlevé de la caisse confiée à sa gestion plus de douze cents francs pour soutenir sa nombreuse famille ; Joseph arrêta l'instruction criminelle, pardonna au coupable et le maintint dans sa place en doublant ses appointements. Il brûlait de récompenser le mérite, et quand il avait une charge à donner, il en disposait habituellement en faveur du postulant le moins capable. Il tâchait de favoriser les découvertes utiles, et il frustra et ruina ceux qui en faisaient. Born, minéralogiste distingué, avait présenté à Joseph un projet d'amélioration pour l'exploitation des mines dont il était directeur, raconte Gorani. Ce monarque, frappé des avantages qui lui étaient offerts avec cette assurance qui tient à la persuasion intime d'une réussite infaillible, agréa le projet. Il exigea qu'il y eût un acte passé entre lui et Born. Celui-ci s'engageait à faire les frais nécessaires pour les expériences premières, et Joseph lui assurait pour toute sa vie le tiers du produit net annuel, que l'on obtiendrait par ses procédés, en sus du bénéfice ordinaire que rapportaient les mines de Hongrie dont il avait l'inspection. Ce produit était fondé sur une nouvelle méthode inventée par le minéralogiste pour séparer les métaux d'une manière moins dispendieuse que celle dont on s'était servi jusqu'alors. L'acte ayant été passé devant notaire, en présence des officiers du collège des mines, et revêtu des formalités imposantes, Born s'empressa de commencer ses opérations. Pour y parvenir, il retira des fonds publics tout l'argent qu'il y avait placé et l'employa à l'exploitation des mines de Kremnitz. Il dépensa jusqu'à cent trente-six mille livres, se croyant assuré du remboursement qui avait été stipulé dans l'acte, et qui devait être effectué, dès que le produit aurait été constaté valablement. La méthode de Born eut le plus heureux succès. L'accroissement du bénéfice et la diminution des frais ne laissaient aucun doute sur la réussite. Lorsque la vérification eut été faite et que Joseph eut sous les yeux le rapport des commissaires, il ne s'en tint plus à l'acte qu'il avait signé. Il accorda une légère gratification à Born, et refusa de lui rembourser ses avances et de lui payer, chaque année, l'intérêt dont ils étaient convenus. Il rechercha des philosophes tout à fait exempts de préjugés pour travailler sous ses ordres ; il en remplit tous les bureaux de ses États. Il s'aperçut bientôt, remarque Barruel, que ces esprits d'élite détournaient les deniers de l'État, et qu'ils n'étaient que des escrocs et des jongleurs ; car les friponneries étaient devenues si nombreuses, si criantes, si publiques, qu'il fut réduit, dit Rioust, à autoriser les dénonciations et à écouter et récompenser les dénonciateurs pour purger son administration.

Il avait été fier d'honorer l'agriculture, en labourant solennellement un champ de ses propres mains en Moravie, et il dépeuplait les campagnes, en en arrachant les paysans pour les parquer dans des casernes et les immoler dans des guerres injustes.

Il voulait détruire tous les abus, et il les augmenta. Il s'ingénia à tout réformer, et il ne fit que tout bouleverser. Ce qu'il élevait le matin, il le détruisait le soir. Il ne signa pas un édit qu'il ne fût forcé de rapporter. Il se crut un homme d'État, et il n'était qu'opiniâtre, taquin quand il n'était pas niais. Il désirait agrandir son empire, et il en perdit la moitié. Il visait au despotisme, et il ne donna que des preuves d'impuissance. Il brûla de jouer un grand rôle, et il resta un sujet de risée pour les étrangers, de mépris et de haine pour tous ses sujets. Il les accoutuma à regarder son sceptre comme un bilboquet. Il avait juré de les gouverner à sa guise, mais à force de les opprimer, de les persécuter, de les torturer, il les entraîna dans des insurrections qui l'auraient peut-être conduit à l'échafaud ou à l'exil, s'il n'eût succombé de chagrin, en punition de son impitoyable témérité.

Il abolit les dîmes, les corvées, les droits seigneuriaux. Par là il s'aliéna tous les nobles. Il révolutionna les paysans en les accablant d'impôts plus onéreux que ceux qu'il détruisait. Il méprisa toutes les constitutions, renversa tous les privilèges, ne reconnut point d'états provinciaux, et voulut que tout dépendît de son unique plaisir, et fût régi par des commissaires qui ne recevaient d'ordre que de son cabinet. En même temps il publia un édit de tolérance. Il n'y eut qu'une poignée de juifs et de protestants qui en profitèrent. Quant aux catholiques, il s'appliqua à les régenter avec toute la haine d'un sectaire. Il leur imposa un catéchisme, il leur interdit les pèlerinages, les processions, les offrandes, diminua le nombre de leurs fêtes, dépouilla les statues de leurs églises de leurs ornements. Il rompit tout rapport avec Rome, de sorte que les bulles n'étaient promulguées que s'il le permettait, et qu'il accordait lui-même toutes les dispenses. Il défendit à tous les évêques de communiquer avec le pape ; il défendit aussi aux couvents d'avoir des généraux à l'étranger. Mais comme la fortune de tous les couvents était évaluée à six cent soixante millions, il ne lui fut pas difficile d'imaginer un prétexte pour s'en emparer. Alléguant l'inutilité et le danger de la multitude de ces religieux qui avaient défriché une partie de l'Allemagne, et couvert tout le pays d'édifices majestueux, il leur arracha leurs livres pour en remplir ses bibliothèques, leurs tableaux pour les exposer dans ses musées, leurs meubles pour les vendre et s'en réserver le prix, leurs maisons pour les transformer en hôpitaux, en écoles ou en casernes. Sur 2,024 couvents, il n'y en eut que 700 qu'il respecta, et sur 36,000 religieux des deux sexes, il n'en conserva pas 3,000. Le reste fut chassé et réduit à la misère, car il n'accorda qu'une faible pension à tous ceux qu'il renvoya des maisons qu'ils avaient enrichies de leur patrimoine. Et comme il aimait la simplicité pour lui, il en fit un précepte pour les autres. Il ordonna que tous ses sujets seraient ensevelis dans un sac, et enterrés sans aucune pompe. Pie VI vint à Vienne pour l'attendrir et lui représenter le péril que courait la religion au milieu de toutes ces innovations. Joseph communia de sa main, et affecta de continuer le même train. Tous les catholiques se plaignaient ; Joseph resta sourd à toutes leurs remontrances. Il était persuadé que pour rendre son peuple heureux, il n'y avait pas de moyen plus sûr que de pousser sa patience à bout. C'est ainsi qu'il entendait la liberté, la justice et le catholicisme [1].

---

[1] Viomenil, pag. 119. — Guibert, tom. I, pag. 249. — Wraxall, tom. I, pag. 242. — Riesbeck, tom. I, pag. 240 et

Quand Léopold II lui succéda, il se vit obligé de rapporter tous les édits de son prédécesseur, de rétablir tout ce que celui-ci avait aboli. Il ne resta pas longtemps sur le trône. Des excès de débauche l'avaient épuisé et rendu presque imbécile.

Italie.

Léopold avait été quinze ans grand-duc de Toscane. Il y avait passé ses jours dans les bals, les fêtes et les festins. Il s'était livré aux plaisirs jusqu'à y perdre la santé et la raison. Néanmoins il eut la prétention de tout réformer dans ses États. Il voulait être législateur comme Joseph II ; il ne fut qu'un révolutionnaire comme Joseph II. Il fut obligé de défaire presque tout ce qu'il fit, de rapporter presque tous les édits qu'il publia. Il ne cessa de changer

---

306, et tom. III, pag. 95 et 105. — Gorani, tom. I, pag. 444. — Rulhière, liv. XIII. — *Histoire d'Espagne*, par Adam, traduite par Briand, 1808, tom. IV, pag. 230. — *Clément XIV et les Jésuites*, par Crétineau-Joly, 1847, pag. 372. — *Lettres inédites de Joseph II*, 1822, pag. 64 et 101. — *Mémoires pour servir à l'histoire du Jacobinisme*, par Barruel, 1803, tom. V, pag. 223. — *Joseph II peint par lui-même*, par Rioust, 1816, tom. II, pag. 121. — *Mémoires* de Georgel, 1817, tom. I, pag. 234. — *Histoire de la maison d'Autriche*, par William Coxe, traduite par Henry, 1809, tom. V, pag. 234 à 537. — *Histoire de Joseph II*, par Camille Paganel, 1853, pag. 229 à 505. — *Mémoires historiques et philosophiques sur Pie VI*, par Bourgoing, an VII, tom. I, pag. 225 à 372. — *Précis historique de la vie et du pontificat de Pie VI*, par Blanchard, 1800, pag. 99 à 122.

les tarifs des douanes et approuva et modifia plus de cinquante plans de régie. Il accorda la tolérance aux juifs, mais il s'ingénia à berner, taquiner et opprimer les catholiques. Il adopta toutes les innovations de Joseph II et chargea Ricci de les imposer à ses sujets. Il ... surtout à supprimer un grand nombre de ..., afin de jouir de leurs dépouilles. Il intercepta aussi des sommes immenses, envoyées au pape à titre d'honoraires pour des dispenses. Il convoqua un synode pour y demander l'approbation de toutes ses mesures. Mais presque tous les évêques protestèrent contre son despotisme, et refusèrent de se soustraire à l'obédience du Saint-Siège. Dans un pays où la religion est un besoin pour le cœur, où les cérémonies de l'Église sont placées au nombre des jouissances, où les arts sont le charme de l'existence, une Église nationale ne pouvait pas prendre. Le peuple eut l'esprit de comprendre que la ruine du culte entraîne la ruine du dogme, que la rupture avec Rome n'enfante que le schisme, et que le schisme a été dans tous les siècles la perte du clergé, puisque partout où la voix du pape ne trouve pas d'écho, il n'y a que des valets du pouvoir, obligés de ne prêcher que la doctrine du pouvoir, de n'observer que la liturgie du pouvoir. Léopold n'eut pas le temps de réparer tout le mal qu'il avait commis. Il fut réservé à son successeur de pacifier tous les esprits irrités, en laissant au pape sa juridiction, au clergé sa liberté, au peuple ses fêtes et à tous leur indépendance. Chassé de son siège, l'intrigant Ricci resta un objet de risée, après avoir été la terreur des catholiques, à cause de l'autorité sans bornes qu'il avait usurpée sous Léopold [1].

A la cour de Parme nous remarquons la même dissipation qu'à la cour de Léopold. L'infant don Philippe ne rêvait que fêtes. Il y consacra des sommes immenses. Il se trouva de bonne heure dans la gêne. Il fut obligé de s'adresser au roi d'Espagne ; il en obtint des fonds considérables. Il ne se corrigea point. En vain il touchait de l'Espagne une pension de cinq cent mille livres, suivant Georgel ; en vain il retirait de son duché un revenu de deux millions trois cent mille livres. Il ne sut jamais régler ses dépenses sur ses recettes. Il vécut et mourut endetté. Son successeur don Ferdinand marcha sur ses traces. Il était toujours entouré d'un troupeau de jeunes filles, et donnait des fêtes somptueuses, sans s'occuper de les payer. Avait-il de l'argent, il le prodiguait. En était-il dépourvu, il en empruntait à tout prix. Mais comme il ne remboursait pas et ne faisait pas honneur à sa signature, il se vit réduit à donner des gages, à offrir tous ses diamants en nantissement pour attraper de quoi mener une vie joyeuse. Quand il ne trouva plus de crédit, il mit la main sur les biens des communes. Son épouse suivit son exemple. Elle se prostituait à tous ses valets ; quand

---

[1] Wraxall, tom. I, pag. 284. — Gorani, tom. III, pag. 97 à 122. — Bourgoing, tom. II, pag. 1 à 28. — Blanchard, pag. 80 à 99.

elle recherchait des amants dans la classe bourgeoise, c'était pour extorquer de l'argent, car elle ne rendait rien de ce qu'elle leur arrachait. Elle recourait aussi à la bourse de ses domestiques. Le prince et la princesse contractèrent des dettes qu'il fut impossible d'acquitter, car elles surpassaient la valeur de leur duché [1].

Si François III fut moins prodigue, il ne fut pas moins dissipé. Il ne résidait pas dans son duché de Modène. Il préférait le séjour de Milan, dont il était gouverneur. C'est là qu'il dépensait tous les revenus qu'il retirait de son État, et les sommes considérables qu'il recevait de l'Allemagne. Afin d'étaler un plus grand luxe, il se défit de sa galerie de tableaux ; il vendait toutes les grâces, toutes les faveurs, toutes les places dont il disposait. Il s'entendit aussi avec des fermiers pour que tous les impôts fussent portés au plus haut chiffre possible. Tous ses ministres et tous ses courtisans trafiquaient de même de leur crédit et recevaient de toutes mains. En vain le peuple se récriait, François fermait les yeux sur ses plaintes, et les fermiers étaient aussi impitoyables que lui. Comme ils ne pouvaient mener grand train à Milan qu'à force d'argent, ils ne cessaient d'opprimer les sujets et de les ruiner. Quand François III fut mort, son successeur Hercule Re-

---

[1] Georgel, tom. I, pag. 113. — *L'Espagne sous les rois de la maison de Bourbon*, par William Coxe, traduite par Muriel, 1827, tom. IV, pag. 122. — Gorani, tom. III, pag. 97, 287, 297 à 306.

naud s'empressa de livrer à la justice tous les fermiers, et leur fit restituer toutes les sommes qu'ils avaient indûment perçues. Il fut juste, éclairé, mais il poussa malheureusement l'économie jusqu'à l'avarice. Il fut moins aimé qu'estimé de ses sujets. Il ne songea qu'à thésauriser ; il plaçait ses épargnes à l'étranger, afin de laisser à sa mort une bonne succession à sa maîtresse et à son bâtard. En attendant, il les laissait dans la gêne, ainsi que toutes les personnes qui étaient sous sa dépendance.

Quant à lui, il se refusait aussi tout, vendait tous les objets et les meubles qui pouvaient se vendre, et donnait des preuves d'avarice à amuser un parterre, quoiqu'il eût trois millions de revenu. C'est ainsi qu'il abattit ses forêts, détruisit ses parcs, démeubla toutes les chambres de ses palais, et dégarnit même jusqu'à ses fauteuils pour en tirer profit. Il ne faisait pas de feu dans son salon. Son père et tous ses voisins s'étant crus autorisés à supprimer des couvents, il ne fut pas moins empressé de profiter de cette nouvelle occasion d'augmenter sa fortune [1].

Avant de passer à une autre cour, reposons-nous un instant à Gênes. Dans toutes les rues et sur toutes les portes était écrit le mot *liberté*. Cependant le gouvernement s'était réservé le monopole de toutes les denrées, et il n'eut aucun scrupule de s'emparer

---

[1] Gorani, tom. III, pag. 182, 205, 234 à 244, 277.

de la république de San-Remo et de vendre l'île de Corse à la France [1].

De Gênes, rendons-nous à Naples. Là règne Charles III. A quoi pense-t-il? à la chasse et à la pêche. Il ne vit que pour chasser ou pêcher. Il n'abuse de son pouvoir que pour se livrer sans gêne à ces exercices. Il punit des peines les plus graves les contraventions aux règlements sur les chasses royales. Il rendit des édits si sévères qu'il fut obligé de les révoquer. C'est ainsi qu'après avoir choisi l'île de Procida pour la chasse aux faisans, il ordonna d'y détruire tous les chats, dans la crainte qu'ils ne diminuassent son gibier. Un habitant de l'île, convaincu d'avoir gardé son chat, fut fustigé par le bourreau et ensuite envoyé aux galères. Bientôt les taupes, les rats et les souris multiplièrent si prodigieusement qu'ils dévoraient jusqu'aux enfants. Les insulaires ne purent y tenir; ils étaient déterminés à s'expatrier, lorsque Charles III s'avisa de rapporter son absurde ordonnance. Tous les travaux qu'il entreprit rappellent sa passion. Il redoutait comme les autres les éruptions du Vésuve, et néanmoins à Portici, sans cesse menacé d'être consumé par les laves, il édifie une immense *villa* afin d'être plus à portée de pêcher sur les côtes d'une mer très poissonneuse, et de tomber à propos sur des cailles qui abondent deux fois par an dans ces campagnes. Il a remarqué que les becfigues pul-

[1] *Idem*, tom. III, pag. 370, 372, 443 et 451.

lulent au mois d'août dans le voisinage de Capodimonte. Afin de ne pas perdre une minute pour les surprendre, il construit un palais sur la colline, sans en sonder le terrain creusé et miné par les carrières, de sorte que pour soutenir cette villa il fallut faire des fondations qui coûtèrent trois fois plus que les constructions extérieures, qui ne furent jamais assez solides pour être habitées. L'accès en était difficile ; on ne pouvait s'y procurer de l'eau. C'est pourquoi le roi abandonna un monument où il avait enfoui des sommes immenses. Pour réparer sa bévue, il trace le plan d'un autre palais qui doit éclipser Versailles. Il en pose la première pierre dans un endroit insalubre et triste, et dépourvu de sources d'eau. Il ouvrit de magnifiques routes, mais elles n'aboutissaient qu'à des rendez-vous de chasse. C'est au milieu de ces occupations qu'il fut appelé au trône d'Espagne. Il laissa sa couronne des Deux-Siciles à son fils Ferdinand IV. Celui-ci était encore enfant. Grâce aux écus donnés à la reine mère, Saint-Nicandre devint son gouverneur. Il vendit les grâces, les emplois, les titres, et ne songea qu'à s'enrichir et s'amuser. Il ne donna aucune instruction au jeune roi, l'entoura de gens ignorants et débauchés qui s'empressèrent de le pervertir et d'étouffer toutes les qualités qu'il avait reçues de la nature. Il resta ignorant et grossier. Il prit plaisir à se mêler avec les derniers de ses sujets, à lutter contre le premier venu, à assommer des lapins, des chiens et des chats, à maltraiter tous les gens qu'il rencontrait.

Il passait une partie de son temps sur les côtes de la mer à harponner des poissons. Il les transportait dans un marché, les vendait lui-même le plus cher qu'il pouvait, et sans accorder le moindre crédit à ses chalands. Il n'était pas moins passionné pour la chasse. Il abattait avec une grande habileté les daims, les sangliers et les cerfs, et les dépeçait avec encore plus de joie qu'il ne les renversait. Il écrivait chaque jour l'histoire de ses expéditions dans ses forêts, et n'entretenait de correspondance que sur ce sujet avec le margrave d'Anspach et Charles III. Il n'y avait que la pluie qui l'empêchât de sortir. Dès qu'un seigneur lui annonçait l'apparition d'un volatile ou d'une bête fauve, il quittait brusquement son palais pour courir à l'endroit désigné. Il avait eu l'attention d'élever dans toutes ses forêts des cabanes où l'attendaient de jeunes filles pour le délasser de ses fatigues. La reine se consolait de son absence au milieu de ses amants. Elle n'était pas plus difficile que le roi. Elle choisit pour sa confidente lady Hamilton, ancienne prostituée. Elle donna sa confiance au général Acton, qui devint son premier ministre du jour où il fut son amant. Jusque-là, c'était Tanucci qui avait tenu les rênes de l'État. Il avait joui d'une autorité sans bornes. Il ne s'en servit que pour détruire les Jésuites, fermer quatre-vingt-huit monastères, chasser les religieux, piller leurs biens, opprimer les évêques et le clergé, fixer le nombre des ordinations, essayer de rompre tout rapport avec Rome afin d'avoir une Église qu'il gouvernerait, suivant son bon plaisir. Il alla si loin que Ferdinand fut obligé plus tard de revenir sur toutes ses mesures. Il rappela les Jésuites et fut fier de laisser à Pie VI toute sa juridiction. En dehors de toutes ces tracasseries et de ce brigandage qu'il considérait comme des preuves infaillibles d'un esprit d'élite, Tanucci n'obtint aucune considération. Duclos, dans son *Voyage en Italie*, Gorani, Colletta ont renversé la statue qu'il s'était élevée dans l'opinion publique. Ils ont noté qu'il n'avait aucune teinture des connaissances indispensables à un homme d'État. En même temps qu'il prétendait réformer le clergé en s'emparant de ses richesses, et en le détachant de Rome, il n'entreprenait rien pour diminuer les abus dans toutes les administrations qui étaient sous sa dépendance. Il en multiplia le nombre au lieu de le diminuer. C'est ainsi qu'il porta si haut les droits d'exportation qu'il nuisit au commerce et à l'agriculture, et poussa à la contrebande. Après lui, le mal empira. Il avait donné l'exemple de la spoliation, on le suivit. On supprima encore des couvents, et leur argenterie fut convertie en monnaie. On confisqua une somme considérable destinée à une canonisation. On saisit tous les trésors déposés à la banque nationale. On emprisonna tous les citoyens dont on convoitait la fortune. Tous ces fonds étaient censés être versés dans les caisses de l'État, mais les deux tiers étaient volés par les administrateurs. Les commis et les ministres s'entendaient à merveille pour cela. S'ils ne négligeaient aucun moyen pour extorquer de l'argent, ils profitaient aussi de toutes les occasions de garder les sommes qu'ils avaient à distribuer. Lors des tremblements de terre qui occasionnèrent tant de désastres dans la Calabre, le roi avait recommandé à ses ministres de secourir les malheureux, de leur offrir tout ce dont ils avaient un besoin urgent. Mais ses ministres se partagèrent entre eux les sommes qui leur avaient été livrées, et occasionnèrent ainsi le trépas de soixante mille personnes. Le peuple n'eut donc pas moins à souffrir que le clergé sous un règne qui se ressentait du passage de Tanucci à la cour. Le sort des sujets fut toujours le même. Ferdinand continua de chasser et de pêcher, et la reine de se prostituer à ses courtisans, pendant que tous les ministres se gorgeaient d'or. Tel est le tableau de la cour de Naples [1].

Espagne.

Philippe V régnait, mais ne gouvernait pas. Ce fut Alberoni qui tint les rênes de l'État. Quoique d'une naissance infime et étranger, il parvint en

---

[1] Gorani, tom. I, pag. 18 à 239. — Wraxall, tom. I, pag. 237 à 243. — Bourgoing, tom. II, pag. 28 à 101. — Blanchard, pag. 122 à 151. — Southey, pag. 265. — *Mémoires historiques, politiques et littéraires sur le royaume de Naples*, par le comte Grégoire Orloff, 1819, tom. II. — *Histoire du royaume de Naples*, de 1734 à 1825, par Colletta, traduite par Lefèvre, 1825, tom. I, pag. 125 à 325.

très peu de temps aux plus hautes fonctions civiles et ecclésiastiques. Était-il digne de tant d'honneurs ? Quand il fut nommé cardinal, tout le sacré collège protesta contre son élévation. Il toucha les revenus de l'évêché de Malaga et de l'archevêché de Séville. Un pape le menaça de sa colère ; Alberoni se rit de lui. Maître absolu, il voulut bouleverser toute l'Europe, mais toutes les puissances se réunirent pour demander sa chute. Chassé de Madrid où tout lui avait obéi, il emporta de la cour des papiers de la plus haute importance. On s'en aperçut à temps. Il fallut courir après lui. Heureusement on trouva dans son bagage ce qu'on cherchait avec impatience. A Rome les cardinaux refusèrent d'entrer en relation avec lui. Innocent XIII nomma une commission pour instruire son procès et prononcer un jugement. Alberoni fut condamné à se retirer pendant trois ans dans un couvent. Ses ennemis ont avancé qu'il avait pillé les deniers de l'État, et que c'est avec ces rapines qu'il avait mené grand train le reste de sa vie à Rome. Il est certain au contraire qu'il aurait été extrêmement gêné, si le cardinal de Polignac n'avait pas cherché à attirer sur lui la bienveillance des cours. Le duc de Riperda hérita du despotisme d'Alberoni. Il avait été l'espion et l'agent de plusieurs puissances ; il ne manquait pas de talents, mais l'ambition le dévorait. Pour arriver à son but, il se crut tout permis. Son élévation avait été aussi rapide que celle d'Alberoni ; il tomba aussi vite, méprisé pour son insolence, abhorré pour ses friponneries et ses exactions. La reine disposa depuis de tous les emplois et de toutes les grâces. Philippe V ne sortait que pour chasser ; retiré dans son cabinet, il ne s'occupait jamais des affaires ; il était toujours silencieux, mélancolique, exigeant que la reine fût sans cesse à ses côtés. La maladie de vapeurs qui le tourmentait augmenta chaque jour ; il finit par devenir presque fou, de maniaque qu'il avait été perpétuellement. Il mourut endetté de cent soixante millions, qu'il avait consacrés à la construction du château de Saint-Ildefonse, dans un emplacement tout rocailleux et stérile.

Ferdinand VI ne se fit point un honneur de payer les dettes de ses prédécesseurs et ruina ainsi les créanciers de l'État, sans que les impôts fussent diminués. Il ne songea qu'à amasser des sommes immenses qui ne lui servaient à rien. En mourant il laissa dans ses coffres plus de cent soixante-cinq millions. Tout le temps qu'il fut sur le trône, il fut sujet à la même maladie de vapeurs que son père ; il ne fut ni moins maniaque ni moins insensé. La musique et la chasse furent ses uniques occupations. Il laissa tous les soins du gouvernement à la reine et à ses ministres. La reine était douée de grande capacité, très spirituelle, passionnée pour la musique et la danse, mais atteinte du même mal qui rongeait le roi. Elle compromit sa dignité en acceptant des présents de la part des ambassadeurs et même de ses ministres. Ceux-ci ne se gênerent point pour s'en dédommager de leurs propres mains. Il est facile d'en juger par Ensenada, qui avait été tout-puissant. Quand il fut disgracié, on acquit des preuves de ses trahisons et de ses friponneries. Il avait étalé un luxe oriental, il possédait des richesses immenses, il avait un mobilier aussi considérable que celui du fameux Bruhl. Tout le monde savait qu'il n'avait pas eu de patrimoine. Il continua le reste de ses jours à vivre comme un ministre. Ce fut la reine qui empêcha ses ennemis de le mettre en accusation, persuadée qu'Ensenada aurait péri sur l'échafaud pour l'abus qu'il avait fait des deniers de l'État.

Voici un troisième roi sans maîtresses et sans favoris : c'est Charles III, que nous avons vu à Naples. Il n'y a que deux jours de la semaine sainte qu'il ne chasse point ; aussi ces deux jours-là, il est de mauvaise humeur. La pluie, la grêle, la neige, le tonnerre, rien ne le retient. Malheur à qui se permet quelque dégradation dans les forêts ! Il condamna à six ans de prison un malheureux qui avait ramassé six glands dans un parc. Ce n'est que la nuit qu'il rentre. La soirée, il ne parle que de ses exploits, et il écrit le journal de ses bonnes fortunes. A sa mort il était fier d'avoir tué de sa main cinq cent trente-neuf loups et près de cinq mille quatre cents renards. Il avait deux cents mules employées pour les relais de poste de la chasse. Il avait autant d'hommes uniquement occupés à pousser le gibier devant lui. Les jours de grande chasse, il y avait toujours deux mille hommes chargés de faire la battue; la dépense de chacune de ces chasses dépassait soixante mille francs. Afin de vaquer à la chasse sans gêne, il ne s'inquiétait nullement des affaires. Il laissait une autorité sans bornes à ses ministres. Il en était quelquefois mécontent, mais il préférait les garder, pour s'éviter l'ennui de les remplacer. Aussi quelques mesures qu'ils prissent, il les autorisait toujours. Il ne prévoyait pas les suites des décrets qu'il rendait. Le bien et le mal lui étaient indifférents. Il restait étranger à tout ce qui ne concernait pas la chasse. Esprit entêté parce qu'il était étroit, féroce quelquefois parce qu'il était incapable de réflexion, et qu'il ne voyait rien au delà de ses plaisirs ou des manœuvres de ses ministres. C'est ce qui explique sa conduite envers les Jésuites. Néron n'en eût pas fini plus vite avec eux. Il les arrêta, les maltraita, les proscrivit, sans examiner leur conduite ni leurs écrits. Il mit la main sur les deux millions et demi de revenu qu'ils possédaient en Espagne, comme l'a appris le P. Theiner, et n'accorda à chaque religieux qu'une pension de cinq cents livres, menaçant toute la société de n'accorder d'indemnité à aucun de ses membres dans le cas où il y en aurait un seul qui lui donnerait sujet de se plaindre. Il exigea que les cours de Parme et de Naples suivissent son exemple. Quels motifs allégua-t-il pour justifier cette grande iniquité, dont il n'y avait pas eu d'exemple depuis les persécutions des premiers siècles de l'Église? Il a déclaré qu'il en avait de justes et de légitimes, mais il a jugé à propos de les garder dans les profondeurs de son cœur. Cet aveu seul suffirait pour lui mériter une place distinguée parmi les tyrans et les fous. Quel nom donner aux ministres philosophes qui n'ont pas même pu trouver un prétexte pour pallier leur barbarie et leur brigandage[1]?

France.

Rentrons enfin à Paris, ce sanctuaire d'où surgirent tant d'idées regardées comme des oracles par tous les gouvernements, ce volcan d'où s'échappèrent tant de laves qui brûlèrent toutes les intelligences.

Le 15 août 1760, Voltaire écrivait au roi Stanislas : « Il n'y a point en France de meilleurs citoyens que les philosophes ; il n'est aucun d'eux qui ne contribuât avec joie de la moitié de son revenu au soutien du royaume. » Cet éloge est assurément magnifique ; mais n'est-il pas exagéré?

Mettons la vertu des philosophes à l'épreuve du pouvoir. Tâchons de découvrir si leur gouvernement

---

[1] Adam, tom. IV, pag. 154 à 278. — *L'Espagne*, par Coxe, les 6 vol. — *Tableau de l'Espagne moderne*, par Bourgoing, 1807, tom. I et II. — *Histoire du pontificat de Clément XIV*, par le père Augustin Theiner, 1853, chez Didot, tom. I, pag. 72. — *Mémoires de Saint-Simon*. — *Mémoires secrets sur les règnes de Louis XIV et de Louis XV*, par Duclos.

fut le gouvernement à meilleur marché, le gouvernement de l'honneur et de la probité.

Le régent inaugura cette nouvelle ère, qui devait être le triomphe de la philosophie. Il fit appel à toutes les passions; toutes les passions s'empressèrent de lui servir de cortège. Il fut fier de se vautrer dans la fange de tous les vices. Afin de s'y livrer sans remords, il s'ingénia à détruire en lui toute notion de la divinité; il se piqua d'irréligion au point de lire Rabelais à une messe de minuit; il poussa l'impiété jusqu'au sacrilège, en communiant publiquement à Saint-Eustache. Plein de mépris pour les mystères chrétiens, il cultivait néanmoins toutes les sciences occultes et leur demandait le moyen de se ménager une entrevue avec le diable. Il se rendit plusieurs fois la nuit dans les carrières de Vanvres pour l'évoquer. Il choisit pour familiers des gens tellement avilis qu'il les appelait ses *roués*, parce qu'il les jugeait dignes de la roue. Il passait une partie de son temps avec eux, dans des festins qui ne finissaient que quand tout le monde était ivre. Comédiennes, comtesses, grisettes, tout lui était bon pour la nuit. Il recherchait toutes les femmes, mais sans se laisser subjuguer par aucune. Il n'aima véritablement que sa fille, la duchesse de Berri. Il ne se lassait pas de la voir, parce qu'elle était corrompue, et un modèle accompli de dépravation; elle ne se mettait à table que pour boire jusqu'à perdre connaissance, et manger avec une telle gloutonnerie qu'elle était forcée de rendre tout ce qu'elle prenait, n'importe où elle se trouvait ; elle enrichissait des libertins, mais elle ne payait pas ses domestiques, quoiqu'elle eût un revenu de six cent mille livres. Le régent ne se signala pas moins par son indélicatesse que par son immoralité. Ainsi la duchesse de Berri allait quitter la vie avec quatre cent mille livres de dettes. Elle appela la marquise de Mouchi, sa compagne de débauches, et elle lui ordonna de lui apporter son baguier, qui valait deux cent mille écus, puis le lui donna en souvenir. La marquise, l'ayant reçu sans témoin, craignit d'être accusée de l'avoir volé. Elle se hâta de le déclarer, pendant que la princesse vivait encore, et alla avec son mari en rendre compte au régent. Au lieu d'interroger sa fille sur cette donation, le duc demanda le baguier, le prit, et après avoir remarqué qu'il n'y manquait rien, il le serra dans un tiroir et mit aussitôt les époux Mouchi dans l'impossibilité de retourner auprès de la moribonde se plaindre de cette conduite.

Dans son administration, le régent fut aussi blâmable que dans sa vie privée. Il fit profession de regarder la probité comme une hypocrisie : il accoutuma ses courtisans à ne compter pour rien ses paroles les plus positives, ses promesses les plus solennelles, et il abandonna les rênes du gouvernement à un Dubois, regardé alors comme un être n'ayant pour dieux que l'avarice, la débauche, l'ambition ; pour moyens que la perfidie, la flatterie, le servage ; et pour principes que l'impitié et l'opinion que l'honnêteté n'était qu'une chimère. Pour président du conseil des finances, il choisit le duc de Noailles, qui passait pour être peu scrupuleux en affaires, et, après lui, d'Argenson, accusé de malversations et de péculat, et sur le point d'être poursuivi à la requête du procureur général de la chambre de justice. Il favorisa de tout son pouvoir le système de Law, qui n'était propre qu'à ruiner le commerce et la bourgeoisie au profit de quelques intrigants, lesquels ne se débarrassaient de leurs créanciers et n'achetaient des domaines qu'avec des billets qui baissaient bientôt de prix. L'agiotage devint si général qu'à la cour on ne citait que le chancelier, les maréchaux de Villeroi et de Villars, les ducs de Saint-Simon et de La Rochefoucauld, qui se fussent préservés de la contagion ; le prince de Conti y gagna trois fourgons d'argent ; le duc d'Antin en retira soixante-dix millions ; le duc de Bourbon s'y enrichit assez pour rebâtir Chantilly avec une magnificence extraordinaire, y former une ménagerie plus complète que celle du roi, et offrir des fêtes où parurent cent cinquante coureurs anglais, dont chacun avait coûté de quinze à dix-huit cents francs. Tous les grands s'en ressentirent. La fortune de Le Blanc s'éleva à dix-sept millions, celle de Fargès à vingt, celle de Verrue à vingt-huit. Le duc de La Force prit tant de goût à ce commerce qu'il se détermina à se servir de ses actions pour établir des magasins d'épiceries pour lesquels il fut poursuivi comme monopoleur. Le prince de Carignan finit par attirer tous les agioteurs dans son jardin, et obtenir une ordonnance qui leur interdisait de conclure aucun pacte ailleurs; ce privilège lui rapporta cinq cent mille francs par an. Le régent ne pouvait pas manquer de prévoir dans quel abîme il précipitait le royaume. Loin d'arrêter ce torrent dévastateur qui engloutissait tant de fortunes, il antidata, de concert avec Law, des arrêts du Conseil pour couvrir la nullité d'une création de plus de douze cents millions de billets de banque. Pour prévenir toutes réclamations, il gorgea d'or le parlement d'abord opposé au système, et donna une fois cent mille livres au procureur général, et à diverses reprises plus de cinq cent mille au président de Mesmes, qui lui vendit, en maintes occasions, son crédit, ce qui ne l'empêchait pas de transiger avec l'Espagne, car il fut convaincu de s'être entendu avec Alberoni pour lui livrer sa compagnie au besoin. La fuite de Law sauva l'honneur du régent. Il eût été facile à Law de prouver qu'il n'avait été que l'instrument du duc d'Orléans dans des opérations si malheureuses pour les classes laborieuses, et heureuses seulement pour les roués et leurs domestiques ou amis. Telle fut la prospérité de la France sous le régent. Il avait gratifié d'un million l'Hôtel-Dieu, l'Hôpital général et les Enfants trouvés; il avait consacré quinze cent mille livres à payer les dettes de plusieurs prisonniers; il avait remis un paquet de cent mille livres d'actions à Nocé, à de la Mothe, à Roie, ses favoris;

il prodigua des millions et des centaines de mille livres à toute sa cour. Aussi mourut-il endetté de sept millions exigibles.

Cependant on avait attendu de grandes choses de son gouvernement. Il avait entrepris de juger et de châtier tous ceux qui avaient contribué à la ruine de la France dans les dernières années du règne de Louis XIV. Une chambre de justice fut établie pour examiner tous leurs registres. Défense fut faite à tous les inculpés de s'absenter ; les dénonciations furent autorisées, encouragées et même récompensées ; les transports d'argent furent interdits ; les perquisitions ne furent pas épargnées ; les coupables furent menacés des derniers supplices, Ces mesures n'aboutirent qu'au brigandage. Ceux qui avaient amassé des millions, en gardèrent une partie ; ceux qui s'étaient contentés de dérober quelques billets de mille francs, furent obligés de tout donner. Les juges transigeaient avec les riches, et n'étaient impitoyables que pour les pauvres. Les innocents furent confondus avec les scélérats. Il n'y eut que ceux qui n'avaient pas de puissants protecteurs et des sommes considérables pour séduire leurs commissaires, qui furent traités avec une rigueur sans exemple. Les mêmes scandales se renouvelèrent à l'occasion de la chambre de justice chargée de réprimer tous les abus occasionnés par le système.

La régence ne fut que le triomphe du libertinage, de la crapule, de la mauvaise foi enfantés par l'impiété. C'est un corps dont tous les pores suent le crime et la débauche [1].

Revenons à Dubois. La duchesse d'Orléans avait demandé comme une grâce au régent de ne le jamais employer, et l'avait signalé à son mépris comme le plus grand coquin du monde. Le régent partageait cette opinion ; il n'en laissa pas moins régner son précepteur. Madame indignée ne cessa de gémir sur cette élévation. Dubois, au faîte des grandeurs, ne lui apparut plus que comme un archi-fripon. Tous ses contemporains ont confirmé ce jugement. Dubois n'ignorait pas la réputation dont il jouissait ; mais il bravait la rumeur publique. Il crut qu'il pouvait aspirer à toutes les dignités civiles et ecclésiastiques. Il eut l'audace de les solliciter, et l'avantage de les obtenir en peu de temps. En 1716, il fut nommé conseiller d'État ; en 1717, il alla à La Haye en qualité d'ambassadeur plénipotentiaire, et fut créé secrétaire de la chambre et du cabinet. En 1718, il conclut à Londres le fameux traité pour la pacification de l'Europe. A son retour, il eut le département des affaires étrangères. En 1720, il fut sacré archevêque de Cambrai. Il ne lui manquait que le chapeau de cardinal ; il le convoita. Ses *Mémoires secrets*, publiés en 1815 par Sevelinges, nous

---

[1] Saint-Simon ; Duclos. — *Lettres* de la princesse Palatine. — *Mémoires de la régence,* par Poissens, 1736, 3 vol. in-12. — *Vie de Philippe d'Orléans*, par Lamothe, dit la Hode, 1736, 2 vol. in-12. — *Law, son système et son époque*, par Cochut, 1853, chez Hachette, 1 vol. in-18.

apprennent ce qu'il lui coûta. Lettres de change, livres, estampes, cadeaux de tous genres, pensions, promesses, démarches, bassesses, menaces, il n'oublia rien pour réussir. Il corrompit tous les cardinaux influents. Il fit écrire au pape par le régent ; il l'accabla de lettres dictées par le roi d'Espagne, l'empereur d'Allemagne, le souverain de la Grande-Bretagne et le prétendant. Irrité des lenteurs de la cour de Rome, il y envoya Laffiteau pour plaider sa cause et acheter au poids de l'or ce qui ne devait être donné qu'à la vertu. Il pria le cardinal de Rohan de ne rien épargner pour cela. Dans la crainte que Laffiteau ne fût pas assez actif, il expédia à Rome un autre émissaire dont il espérait beaucoup, parce qu'il s'était montré digne d'une pareille commission par une audace sans exemple.

Il s'agit de l'abbé Tencin. Il passait pour vivre dans un commerce incestueux avec sa sœur ; il friponnait au jeu et il avait recueilli des sommes considérables du système, pour avoir reçu l'abjuration de Law. Au moment où il s'acheminait vers l'Italie, sur les ordres de Dubois, auquel il finit par livrer la barrette tant désirée, à force d'intrigues, il venait, raconte Saint-Simon, de donner à la capitale un des scandales les plus étranges. Il avait dédaigné d'accommoder un procès qui lui était intenté par l'abbé de Veissière, en simonie et de plus en friponnerie, pour avoir dérobé une partie du marché qu'il avait fait d'un prieuré. Dans la faveur où il se trouvait, il ne put soupçonner que sa partie adverse osât le pousser à bout, et que le parlement imaginât de le condamner. Ce brillant même l'aveugla et n'effraya point son adversaire, qui porta le procès à la grand'-chambre. Tencin le soutint ; tout le monde se préoccupa d'une affaire si singulière. La cause étant venue à l'audience, on remarqua des princes, des pairs et beaucoup de grands dans l'auditoire. Aubry, avocat de Veissière, ayant paru faiblir dans ses allégations, l'avocat de Tencin se hâta de s'en prévaloir, cria contre une accusation vague et destituée de preuves, et nia effrontément l'existence d'un contrat. Aubry feignit d'être embarrassé. Tencin se croyait sauvé. Il se leva, demanda la permission de parler et l'obtint. Il s'exprima avec beaucoup d'éloquence, se plaignit de l'injure et de la calomnie, protesta qu'il n'avait jamais traité du prieuré dont il était question, négative qui emportait la friponnerie qu'on lui reprochait, puisqu'elle ne pouvait porter que sur un marché qu'il assurait être faux, et il déclara enfin qu'il était prêt à lever la main, s'il plaisait à la cour. C'était le piège que sa partie lui avait tendu. Alors l'avocat Aubry l'arrêta et produisit le marché en original, qui passa bientôt sous les yeux de toute la cour. A la vue de ce trait de scélératesse et de hardiesse, l'auditoire frémit et poussa des huées. C'est au milieu de cette confusion que le président alla aux voix et prononça un arrêt sanglant contre Tencin avec dépens et amende, ce qui était alors une flétrissure ; puis l'ayant forcé de s'avancer, l'admonesta cruellement sans épargner les termes fâcheux, et le condamna à une aumône, peine infamante. Les huées recommencèrent, et Tencin ne put s'échapper de la foule, qui le reconduisit bien loin en l'accablant d'outrages. Tel fut l'agent qui contribua le plus à extorquer à Rome la barrette pour Dubois, de concert avec Laffiteau et le cardinal de Rohan.

Une fois cardinal, Dubois devint bientôt premier ministre avec 150,000 livres d'appointements; il obtint la surintendance des postes, place qui valait 100,000 livres. Il retirait 324,000 livres de son archevêché et de ses sept abbayes. Il fut à la fois gorgé d'or et accablé d'honneurs. Il fut le maître absolu de la France, le régent ne songeant qu'à ses plaisirs et ne consacrant que quelques heures du matin aux affaires. On ne cessait de lui reprocher son inertie et le despotisme qu'il avait laissé prendre à Dubois. Nocé disait qu'on pourrait faire tout ce qu'on voudrait de Dubois, mais qu'on n'en ferait jamais un honnête homme. Tous les courtisans partageaient cette opinion, et se plaisaient à flétrir et à noircir le parvenu.

La postérité doit-elle être aussi sévère pour Dubois? Il me semble qu'il vaut mieux que sa réputation. S'il avait été le bâtard ou le fils de quelque grand seigneur, il aurait rencontré moins d'ennemis, ou plutôt moins d'envieux. Sa naissance infime lui a plus nui que son immoralité. Il faut le louer de n'en avoir point rougi et de n'avoir jamais cherché à s'anoblir, car une basse extraction était alors la seule chose qu'on ne pardonnât à personne. Plus on affectait de mépriser tous les préjugés et de préférer les mérites personnels à l'avantage de la noblesse, plus on achetait les titres honorifiques au poids de l'or ; on les demandait avec instance, on les recevait avec ivresse, on les usurpait sans scrupule. On modifiait son nom de famille, on le changeait ou on y ajoutait des surnoms pour se donner plus de relief. Montbarey nous apprend dans ses *Mémoires*, qu'il passa des années entières à postuler la grandesse d'Espagne, et qu'il acheta cent mille livres le diplôme de prince du Saint-Empire ; le même individu porta successivement le nom de Phelippeaux, de comte de Saint-Florentin et de duc de La Vrillière ; le duc de Choiseul n'avait été longtemps que le comte de Stainville ; Duclos et Gresset acceptèrent des lettres de noblesse avec autant de fierté que de reconnaissance ; Grimm ne fut pas fâché d'être bombarbé baron ; de Villette convoita le titre de marquis, et il l'obtint ; Pierre-Augustin Caron fut autorisé à se métamorphoser en M. de Beaumarchais ; je ne sais si c'est à tort que Burcke reprocha à Condorcet de se dire marquis. Pour un Montesquieu qui s'attache à son nom, parce qu'il a deux cent cinquante ans de noblesse prouvée, voici M. Sartine, né Sardine ; M. Le Bovier de Fontenelle, dont le père signait : Le Bouvier de Fontenelle ; l'acteur Lekain, dont toute la famille garde le nom de Cain ; M. François de Neufchâteau, qui n'est que M. François, natif de Neufchâteau ;

M. Regnault de Saint-Jean-d'Angely, qui ne fut baptisé à Saint-Jean-d'Angely que sous le nom de Michel-Louis-Étienne Regnault; M. de Chamfort, qui n'est que le bâtard Nicolas; ce Jacques qui a illustré le mot Delille est un autre bâtard reconnu par l'avocat Montanier, qui lui a légué une rente viagère de cent écus; cet autre enfant exposé sur les marches de l'église Saint-Jean-le-Rond se nommait d'Alembert dans les salons et les académies; Fabre a pour prix une églantine d'argent aux jeux floraux de Toulouse, et vite il prend le surnom d'Églantine; le philosophe de Volney n'est ni plus ni moins que Constantin-François Chassebœuf; de ces quatre garçons que le paysan Paris est content d'employer dans son auberge, l'un s'appellera M. Paris La Montagne, un autre M. Paris du Vernei, et un troisième M. Paris de Montmartel; Masson se qualifie effrontément de marquis de Pesai, et Rovère de marquis de Fonvielle; Georges-Louis Leclerc n'était qu'un fort gaillard des plus vulgaires, peu méchant, peu espiègle, plus sensuel qu'artiste; il ne commença à avoir de l'esprit qu'à l'époque où son père acquit une petite seigneurie à une lieue de Montbard; Georges-Louis Leclerc, devenu M. de Buffon, mérita d'être visité par des rois, des princes et lu du monde entier; François-Marie Arouet s'affubla du substantif de Voltaire, et se servit de ce génitif pour se faufiler dans les hôtels et les palais, régenter la république des lettres et bafouer tous les pauvres hères qui n'avaient pas eu

6.

la bassesse et l'audace de détacher quelque domaine du royaume des chimères.

Dubois n'avait ni une haute naissance, ni un nom illustre, ni un surnom magique qui fît la fortune de tant de sots et de tant d'intrigants ; il s'en passa, et n'en parvint pas moins vite au timon des affaires. Y était-il tout à fait déplacé ? Voltaire, qui s'y connaissait, a loué son esprit ; la princesse Palatine, qui le méprisait souverainement, ne lui contestait pas beaucoup de moyens ni une capacité peu commune ; c'est ce qui explique peut-être pourquoi l'Académie française, l'Académie des sciences et l'Académie des inscriptions et belles-lettres s'empressèrent de se l'agréger. Archevêque de Cambrai, il ne donna point de scandale à ses fidèles, puisqu'il ne les visita jamais ; il leur adressa des mandements qui n'étaient pas sans mérite. Je ne sais s'il officia jamais à Paris. Il est certain qu'il allait tous les dimanches à la messe du roi ; puisqu'il avait une chapelle superbe, je conclus qu'il y disait la messe. Tous les biographes conviennent que depuis son sacre, il se montra constamment digne et réservé dans toutes les cérémonies religieuses et publiques. Les occupations immenses sous le poids desquelles il succomba, et le mal dont il était atteint, permettent de révoquer en doute les rapports secrets qu'il aurait eus avec quelques-unes de ses anciennes connaissances, au dire de Mongez. C'est le moins mauvais de tous les prélats philosophes. Comme cardinal, il est supérieur à Fleury, puisqu'il lui fraya le chemin ; il travailla avec une ardeur incroyable à apaiser les troubles excités par le jansénisme ; le cardinal de Noailles et les chefs du parti, et tous les parlementaires, encore plus entêtés que ces prêtres, souscrivirent à toutes les conditions qu'il leur dicta ; il rendit à l'Église des services incontestables que Louis XIV n'aurait jamais osé demander. Aussi, par reconnaissance, l'assemblée du clergé n'hésita-t-elle pas un instant à lui offrir le fauteuil de la présidence. Dans ses relations politiques, il n'est pas moins étonnant. On dirait qu'il est né pour gouverner. Ses *Mémoires* publiés par Sevelinges, attestent la souplesse de son esprit, la sûreté de son jugement, les ressources de son imagination, la finesse de son tact, la haute portée de sa raison, l'opiniâtreté de sa volonté. Lemontey a retrouvé les mêmes qualités dans toutes ses dépêches. C'est le Voltaire des hommes d'État. Il fut un diplomate consommé, car à ce génie qui est une illumination soudaine, suivant Bossuet, il joignait cet autre génie que Buffon définissait la patience. Ce qu'il ne sait pas, il le devine ; il apprécie le passé, il juge le présent, il scrute tout l'avenir. Ce qu'il veut, il faut que cela se fasse. En vain les obstacles se multiplient sous ses pas, les choses et les hommes, tout lui sert d'instrument ; on est tenté de croire qu'il avait la faculté d'ensorceler quiconque était en contact avec lui. Il triomphe de la répugnance de la papauté, du mépris de la duchesse d'Orléans, de l'inconstance du régent, de la froideur du roi, des railleries des courtisans, des sarcasmes des beaux esprits, de l'astuce de toutes les puissances étrangères. Tout s'insurge contre lui, il attire tout à lui. Il s'identifie avec l'État, ne vit que pour l'État, et absorbe tout pour l'État. Le jour de sa mort, les actions de la Compagnie des Indes baissèrent de trois cents francs. Alberoni a révolté les princes du sang et révolutionné toute l'Europe pour le renverser; et lui, il chasse Alberoni de Madrid et amène Philippe V à donner une reine à la France, et à recevoir une fille du régent pour partager la couche nuptiale du prince des Asturies. Il signe des traités d'alliance avec l'Angleterre, la Hollande et l'empereur, et par là il pacifie le monde entier. Il est le seul et le premier qui ait compris que l'Angleterre est l'alliée la moins onéreuse, la plus naturelle et la plus utile pour la France, et que de l'union de ces deux voisines doit résulter le sort des autres nations. L'Angleterre, étant bornée par les mers, ne peut pas s'agrandir, et par conséquent son alliance n'entraine dans aucune guerre. Toutes les autres nations, au contraire, peuvent empiéter les unes sur les autres; des subsides et des guerres sans fin doivent être la conséquence de la préférence accordée à l'une d'elles. La rupture de Louis XV avec l'Angleterre fut suivie de la capture de tous nos vaisseaux, de la perte de tous nos comptoirs et de presque toutes nos colonies, de la déconfiture de la Compagnie des Indes, de la ruine du commerce, de l'épuisement de nos finances, de désastres nombreux, de victoires aussi funestes que des défaites, qui n'aboutirent qu'à une paix humiliante. Louis XVI brûla à son tour de lutter contre l'Angleterre ; sa témérité lui coûta un milliard, la couronne, l'honneur et la vie. Quels avantages Louis XV et Louis XVI ont-ils tirés de leurs alliances ? aucun. Ils ont ruiné leurs sujets pour le plaisir de secourir des rois qui ont affermi leur trône ou reculé leurs frontières, puis nous ont abandonnés ou trahis, ou nous ont été absolument inutiles. Éclairé par les malheurs de Louis XIV, Dubois prévit tous ces dangers, et estima qu'on ne les éviterait qu'en se rapprochant de l'Angleterre. Il changea la face des relations étrangères. On ne toucha jamais à l'édifice qu'il construisit avec tant d'habileté, sans que la monarchie en fût ébranlée. Maître absolu, il n'abusa ni de son crédit, ni de son pouvoir. Tous ses ennemis eux-mêmes conviennent qu'il n'était point méchant. Il se contenta de purger la cour de quelques roués indiscrets et insolents ; il faut l'en louer plutôt que l'en blâmer, puisqu'il en restait encore assez. Sans appui et sans entourage, il dédaigna les flatteries des philosophes et l'obséquiosité des courtisans ; aussi son talent fut-il méconnu et son caractère noirci. Inaccessible aux importuns, terrible pour les jansénistes, contempteur des beaux esprits, les jansénistes ne lui pardonnèrent point de les avoir réduits au silence, les courtisans et les beaux esprits de négliger de leur donner la becquée et des pensions. Il n'obtint donc pas cette célébrité que les distributeurs de la renommée n'ont jamais manqué d'accorder à tous les ministres qui ont prodigué les deniers de l'État aux grands seigneurs et aux philosophes. Sans ses soupers et sans ses aumônes, Necker ne serait pas arrivé au contrôle général. Choiseul n'a été le plus prôné de tous les secrétaires d'État, que parce qu'il a eu soin d'offrir chaque semaine des dîners excellents aux courtisans, et des gratifications à tous les philosophes, depuis Voltaire jusqu'à La Harpe. L'impératrice Catherine et le roi Frédéric n'ont-ils pas dû toute leur réputation à une poignée d'écus qu'ils envoyèrent à Voltaire, à Dalembert, à Diderot et compagnie? Dubois devina que des soupers et des pensions qui n'ont jamais empêché un ministre d'être exilé et d'être ensuite bafoué ou oublié par ses créatures, n'aveugleraient pas le biographe qui n'en aurait pas joui. Son économie est donc la preuve de son intégrité et de son discernement; sa mauvaise réputation devient la source des louanges que lui réservera la postérité. Je cherche vainement, dans tout ce siècle, des ministres que je puisse comparer à cet aventurier dont les Français ne prononcent le nom qu'avec horreur, les catholiques qu'avec indignation, les habitants de Brive qu'avec répugnance; je ne vois plus après lui que des marionnettes qui ne remuent les bras et les jambes, ne lèvent ou ne baissent la tête qu'autant que les catins de Versailles tirent la ficelle. Aucun n'a su captiver l'apathie de Louis XV, ni l'indolence de

Louis XVI. Une plaisanterie de la Dubarry renversa pour toujours Choiseul du piédestal que lui avait élevé cette nuée de courtisans et de philosophes qu'il avait enrichis des deniers de l'État.

Ayant tant fait pour la gloire, mais n'ayant pas songé à la gloire, Dubois ne pouvait manquer d'être regardé comme un avare. Il voulut instituer le régent son légataire universel; ce désir atteste qu'il n'était point étranger à tous les nobles sentiments de l'humanité. Il avait tout obtenu parce qu'il avait tout demandé; il avait tout demandé parce qu'il lui suffisait de demander pour obtenir. Qui donc n'eût pas agi de même à sa place? Tous les historiens conviennent qu'il était d'une grande sobriété, et qu'il poussait l'avarice jusqu'à la lésinerie. De pareilles habitudes permettent d'amasser. Dubois ne laissa pourtant à sa mort que trois millions, soit en argent, soit en mobilier. Or, une partie de ce mobilier lui fut donnée; Mongez remarque que, le 1er janvier 1720, le régent lui fit cadeau d'un million en actions et de cent mille livres d'argent comptant, et qu'il avait alors en portefeuille pour seize cent mille livres d'actions. Il est possible que ces dernières actions aient été le fruit de la munificence du régent, à la cour duquel il était depuis longtemps. Dubois fut constamment logé, soit au Palais-Royal, soit aux Tuileries, soit à la Surintendance des postes; il toucha aussi constamment de forts appointements, et n'eut que sur la fin de sa vie une maison montée. Il n'est donc pas étonnant que ses économies, jointes aux présents du régent, aient atteint le chiffre de trois millions. Il faut même s'étonner que Dubois ne fût pas plus riche. Son avarice et l'état de sa succession sont une preuve péremptoire qu'il ne gagna rien au système, comme tous ses ennemis l'ont avancé, et comme tous les biographes l'ont répété depuis; car s'il avait agioté, sa fortune s'en serait ressentie, et nous en aurions trouvé des traces. Ce qui a porté à supposer que Dubois avait immensément extorqué du système, ce sont les sommes qu'il avait dû consacrer à acheter la barrette. Or le *Journal* de l'abbé Dorsanne et Lemontey affirment que ce n'est pas de sa bourse que Dubois paya ces démarches. Son élévation fut une affaire d'État, ce fut avec les deniers de l'État qu'on la termina. Lemontey était persuadé que le chapeau de Dubois avait coûté huit millions à la France; la situation de nos finances à cette époque et le caractère de Dubois se concilient difficilement avec cette allégation. L'abbé Dorsanne certifie que Dubois en fut quitte pour quinze cent mille livres. Cette assertion est plus facile à admettre, quand on étudie les *Mémoires* de Dubois. On y voit clairement qu'il marchandait avec les gens qui l'exploitaient, et qu'il attendait beaucoup du temps, puisqu'il était impossible qu'il ne triomphât point, ayant pour lui l'appui de l'Allemagne, de la France, de l'Espagne et de l'Angleterre, et étalant comme des titres incontestables les services qu'il avait rendus à l'Église. Rien ne paraît donc moins illicite que l'opulence de Dubois. On sera tenté de le regarder comme l'un des hommes les plus désintéressés, les plus scrupuleux de son époque, si l'on parcourt la liste de tous les princes, de tous les courtisans, de tous les philosophes, de tous les roturiers enrichis par le système. On sera même amené à le placer au nombre de ces quelques natures d'élite qui eurent le courage d'échapper au torrent de la coutume. S'il négligea la plus belle occasion d'accumuler des trésors, comme sa position et l'entraînement universel l'y poussaient, on en conclura que les accusations de friponnerie dont il fut l'objet ne reposent sur aucun fondement.

Les courtisans furent scandalisés de le voir arriver au conseil de régence, le jour de son ordination; mais les mêmes courtisans ne le blâmèrent point de leur avoir offert un dîner splendide, après son sacre. N'y a-t-il pas de la niaiserie à reprocher à un homme d'État de s'être acquitté de son devoir? Saint François de Sales n'eût pas assurément désapprouvé la conduite du jeune prêtre.

A la vérité, on lui reproche d'avoir jusqu'à son dernier soupir fait un usage immodéré des s..., des b..., des f... Ces expressions étaient malheureusement déjà devenues et restèrent l'argot du grand monde. Il y a peu de lettres et de poésies, et même de journaux de cette époque, qui n'en soient souillés. Le régent s'en servait sans scrupule dans les audiences qu'il accordait au parlement, Frédéric le Grand à la tête de ses troupes, Voltaire

7

dans la société des princesses de Berlin, Duclos dans les séances de l'Académie française, Calonne dans ses réceptions de dames, Louis XVI dans le conseil de ses ministres. Dubois était encore plus brusque que cynique dans ses propos ; c'était un vrai porc-épic : n'est-ce point un peu l'effet de sa mauvaise éducation ?

J'arrive au reproche le plus grave qu'on lui ait fait. Saint-Simon et Duclos ont avancé qu'il touchait de l'Angleterre une pension de 960,000 livres; Mongez la réduit à 24,000 ; le maréchal de Tessé, dans une lettre au comte de Morville, ministre des affaires étrangères, la porte à 50,000 écus, en remarquant que Dubois ne la recevait qu'avec l'agrément du régent. Quelles preuves donnent tous ces personnages à l'appui de leur assertion ? aucune. Il est avéré qu'il n'en exista jamais ni en France ni en Angleterre ; il est encore avéré que les avantages que ces deux puissances tirèrent de leur union sont égaux ; il n'est pas moins avéré que ce fut Dubois qui fit les premières démarches ; qu'il eut mille peines à triompher de la répugnance du roi Georges Ier, qui ne vit d'abord qu'un piège dans les propositions qu'on développait sous ses yeux. Il est enfin avéré que le régent fut obligé de donner deux millions à Pitt afin d'acheter les membres du Parlement, opposés à tout traité d'alliance avec la France. Ce fut donc la France et non l'Angleterre qui eut à corrompre. Dubois ne s'est par conséquent point vendu au roi Georges Ier. Si l'on admet, sur de simples soupçons dénués de fondement, qu'il fut autorisé par le régent à accepter une pension, on ne doit pas la regarder comme une trahison, mais comme une de ces gratifications dont toutes les puissances ont l'habitude de combler les diplomates qui leur ont rendu de grands services. Qu'on se rappelle l'inutilité de tout le sang et de tout l'argent répandus avant et depuis Dubois par la France pour imposer à l'Angleterre un roi catholique, et les lois terribles contre les catholiques, dont ces vains efforts ont été le prétexte ou la cause dans le Parlement, et l'on sera persuadé que Dubois n'a pas sacrifié la religion à la politique. Bien plus, on sera tenté de présumer que, si la France avait conservé l'amitié de l'Angleterre, elle en aurait facilement obtenu en faveur des catholiques des concessions dont ils furent privés à cause de nos guerres. De l'argent, et toujours de l'argent, et rien que de l'argent, voilà tout ce qu'il fallait au prétendant. Dubois ne marchanda pas avec lui [1].

Telle est l'idée que je me suis faite de Dubois, en méditant ses *Mémoires* et Lemontey, assurément plus dignes de foi que la princesse Palatine, Saint-Simon et Duclos. La princesse Palatine se hâtait d'enregistrer toutes les nouvelles, vraies ou fausses,

---

[1] Saint-Simon; Duclos; princesse Palatine. — *Vie privée du cardinal Dubois*, par Mongez, 1789, in-8°. — *Mémoires secrets* de Dubois, 1815, 2 vol. in-8°. — *Histoire de la régence et de la minorité de Louis XV jusqu'au ministère du cardinal de Fleury*, par Lemontey, 1832, 2 vol. in-8°.

qu'on lui racontait, et, sans les examiner, elle les envoyait à ses correspondants dans des lettres qu'on croirait dictées par un vidangeur ou par une catin de la rue des Marmousets. Saint-Simon est le premier de nos peintres d'histoire, mais il était aussi crédule que la princesse Palatine, et presque toujours aveuglé par la passion : son témoignage n'est donc pas d'un très grand poids. Duclos s'est contenté d'abréger Saint-Simon ; il l'a fait sans jugement et sans goût. Il ne s'est pas donné la peine, quoiqu'il s'en soit vanté, de feuilleter les archives des affaires étrangères, de remonter aux sources ni de contrôler son guide. Il s'est dépêché de redire tout ce qu'avait dit Saint-Simon. Il devait s'identifier avec son style, et conserver toutes ces expressions de génie, tous ces traits de maître que tout artiste doit savoir par cœur. Il s'est plu, au contraire, à barbouiller ces toiles majestueuses. Chaque fois que j'ai comparé un tableau de Saint-Simon à une page de Duclos, je me suis rappelé cette dame Geoffrin qui passa niaisement le rabot sur toutes les sculptures de son appartement, et j'ai été entraîné à traiter Duclos comme cet Italien qui appelait ses traducteurs des assassins.

Sans doute Dubois n'aurait pas été si heureux sous Louis XIV. Ce roi honorait singulièrement le talent, mais il lui préférait la vertu. Il s'appliqua constamment à ne donner à l'Église que des prélats irréprochables, et n'hésita pas à déposer ceux qui oubliaient leurs devoirs. Je suis persuadé que la réputation de galanterie qu'on avait faite à Massillon fut ce qui l'empêcha d'être nommé évêque sous Louis XIV. Le régent n'y regarda pas de si près. Il n'obtint pas facilement de Rome des bulles en faveur des abbés qu'il voulait élever sur des sièges épiscopaux. Il ne présenta que des individus suspects ou scandaleux. Tous ceux dont les philosophes appuieront ou célébreront la promotion, ne vaudront pas mieux.

Après la régence, le prince de Condé ne parut au timon du gouvernement pendant trente-trois mois, que pour se faire mépriser et détester. Il abandonna toutes les affaires à sa maîtresse, la marquise de Prie. Elle était ruinée ; elle songea donc à amasser des trésors. Elle vendit toutes les places, toutes les faveurs. Chamfort, dans ses *Caractères et Anecdotes*, l'accuse d'avoir fait un accaparement de blé, et d'avoir par là causé un soulèvement dans la capitale. Dupuy-Demportes (t. I, p. 222) lui reproche aussi d'avoir reçu 300,000 livres de l'ambassadeur d'Espagne pour empêcher le départ de l'Infante, qui n'en fut pas moins renvoyée, le lendemain de ce marché. Heureusement Fleury parvint à exiler le duc de Bourbon et à le remplacer. Il devint aussi puissant que Dubois, et marcha sur ses traces. Pendant sa longue administration, il travailla à payer les dettes de l'État, à réformer tous les abus. Il imposa sa probité à la cupidité d'une cour effrénée. S'il n'eut pas tout le génie de l'homme d'État, il cultiva du moins toutes les vertus du sage, poussa l'amabilité jusqu'à la séduction, et rappela maintes fois le désintéressement d'un Romain, la modestie d'un prêtre de la primitive Église, la frugalité d'un moine de la Thébaïde. Il fut pendant dix-sept ans maître absolu de la France ; il vécut sans dettes, et ne laissa qu'une succession qui ne s'élevait pas à 10,000 écus. Il avait même consommé son patrimoine ; 60,000 livres que lui valaient ses deux bénéfices, 20,000 que lui rapportait sa place du conseil, et 15,000 qu'il touchait comme surintendant des postes, lui avaient suffi. Il fut aussi parcimonieux pour lui-même que pour les autres. L'intérieur de sa maison rappelait à tous l'ordre qu'il chercha à mettre dans les finances et les dépenses de l'État. On le vit un jour, lit-on au tome III des *Mémoires* de Maurepas (1792), éteindre lui-même des bougies inutiles, allumées dans l'appartement du roi. De telles particularités peignent un homme et le célèbrent plus que des phrases pompeuses.

Après Fleury, il n'y eut plus que des encyclopédistes. Ils exercèrent un empire absolu et disposèrent de toutes les places. Les libraires propagèrent leurs livres ; les comédiens déclamèrent leurs maximes ; tous les grands adoptèrent leurs principes. Qu'en résulta-t-il ?

Les *Mémoires de Bachaumont*, du 14 mai 1778, nous apprennent que le libraire Lacombe fit faillite de 500,000 livres. Il n'y eut qu'un très petit nombre de libraires qui furent réduits à déposer leur bilan. La plupart s'enrichirent, mais par des friponneries ;

les éditeurs du *Dictionnaire encyclopédique* furent convaincus d'avoir extorqué aux souscripteurs la somme de 634,307 livres. Presque tous les libraires volaient les auteurs, s'emparaient de leurs ouvrages, les imprimaient et les réimprimaient sans accorder d'honoraires aux auteurs ni de dédommagements aux premiers éditeurs.

Les comédiens n'étaient guère plus scrupuleux. Lekain laissa une succession de 400,000 livres[1]; peu d'acteurs furent aussi économes : les actrices surtout déposaient des bilans dont le chiffre étonnait. La Raucourt s'expatria pour ne pas payer 200,000 livres de dettes[2]. Le roi avançait quelquefois de fortes sommes pour tirer les comédiens d'embarras; cela ne suffisait pas. En vain les auteurs célébraient les acteurs et les actrices, leur dédiaient des tragédies ou des comédies, et cherchaient à les faire regarder comme les apôtres de la civilisation, du goût, de la morale; acteurs et actrices excellaient à tromper les auteurs, à les frustrer, et se conduisaient envers eux avec autant d'audace que les libraires. Les caissiers, à leur tour, volaient les comédiens; les *Mémoires de Bachaumont*, du 29 septembre 1774, annoncèrent que le caissier de la Comédie italienne avait pris la fuite et fait aux acteurs

---

[1] *Correspondance secrète, politique et littéraire* ou *Mémoire pour servir à l'histoire des cours, des sociétés et de la littérature en France, depuis la mort de Louis XV*, 1788, tom. VI, pag. 32.

[2] *Correspondance secrète*, tom. III, pag. 95.

une banqueroute d'environ 50,000 livres, et qu'un receveur particulier emporta 10,000 livres. Ajoutons que les comédiens se ruinaient entre eux : témoin ces lignes écrites, en avril 1755, par Collé : « Les comédiens ont trouvé le moyen de se ruiner, eux et ceux qui leur succéderont ; et l'on n'a découvert que cette année la route qu'ils prenaient pour cela. Les plus jeunes et les derniers entrés dans la troupe se sont plaints aux gentilshommes de la chambre que, depuis onze à douze ans, leur compagnie empruntait solidairement une somme qu'elle se répartissait entre elle, et dont l'intérêt se paye, en sorte que depuis 1743 jusqu'au jour de Pâques dernier, la troupe doit 400,000 livres de compte fait, de laquelle somme elle paye les intérêts ; ces dettes, qui regardent les comédiens collectivement pris, ne sauraient retomber que sur les derniers qui seraient restés dans la troupe, chacun de ces histrions, en quittant, retirant le fonds qu'il y a, que celui qui entre lui rembourse. Messieurs les gentilshommes de la chambre font travailler à un arrangement sur tout cela, qui puisse ne pas écraser les comédiens qui resteront [1]. »

Que dire des grands ? Montesquieu avouait que dès qu'il en eut fait connaissance, il passa presque sans milieu jusqu'au mépris. L'auteur d'*Émile* ne leur préférait que leurs valets. Beaumarchais prouva que les maîtres ne valaient pas mieux que

---

[1] *Mémoires*, 1805, tom III, pag. 95

les valets. On éprouve autant de honte que d'étonnement, quand on est amené à rappeler l'abjection de ces grands, n'accueillant que des écrivains qui les bafouaient, ne dévorant que des livres qui les ridiculisaient. Ce fut Malesherbes qui remit exactement à Rousseau les épreuves d'*Émile* ; ce fut le maréchal de Luxembourg qui en répandit le plus d'exemplaires ; ce fut le prince de Conti qui en protégea le plus l'auteur. Voltaire ne composa *la Pucelle* que pour les grands ; c'est avec les grands qu'il passa toute sa vie, et qu'il fut le plus longtemps en correspondance. Il n'y a pas un poète, pas un prosateur qui n'ait été nourri et pensionné par les grands ; il n'y a pas un échappé de la Bastille qui n'ait été reçu en triomphe chez les grands. Les salons et les châteaux s'ouvraient pour des écrits qu'on eût brûlés dans une boutique. La baronne d'Oberkirch raconte (t. II, p. 82) qu'au château de Brunoy le comte de Provence jouait des pièces si licencieuses qu'on ne pouvait y assister sans être déshonoré ; le roi n'y alla qu'une fois et dut s'en repentir, car deux dames qui s'y trouvèrent ce jour-là, furent obligées de partir ; la reine affecta de n'y mettre jamais les pieds. On conserve encore à la bibliothèque natioale trente-trois volumes in-folio du *Recueil de chansons, vaudevilles, sonnets, épigrammes, épitaphes et autres vers satiriques et historiques* ramassés par Maurepas avant et pendant son ministère. Malesherbes savait par cœur tous les vers de *la Pucelle* ; le comte d'Artois avait eu soin de réunir dans un carton toutes les chansons les plus graveleuses. La pièce la plus immorale devait être la plus applaudie. Le *Mariage de Figaro* eut plus de cent représentations, parce que c'était la peinture la plus fidèle, la plus crue de cette société. La famille royale, la cour, les cordons bleus, les ministres, tous les grands ne se lassèrent pas de la voir et de rire à leurs dépens. Ils étaient contents de présenter la joue à ceux qui les souffletaient, et de tendre le front à la main qui leur imprimait une marque à laquelle on les reconnaîtrait comme des victimes destinées à tous les supplices. On dirait qu'ils avaient peur de n'être pas aussi méprisés qu'ils étaient méprisables, tant ils étaient empressés de se jeter entre les bras de leurs bourreaux! Ils étaient arrivés à ce degré de perversité où le scandale plaît plus que le vice, où le cœur endurci et aveuglé reste sourd à toute leçon, même à celle du ridicule. Ce fut le dernier avertissement que la Providence leur ménagea. Après Beaumarchais la Convention, après *la Folle journée* la Terreur; Figaro avait longuement prononcé et motivé son réquisitoire; personne ne répliqua, tant s'en faut; le bourreau ne tarda pas à se présenter.

Il y avait longtemps que tous les grands avaient perdu tout sentiment d'indépendance, de délicatesse, d'honneur, de probité. Ils étaient à la merci de tout leur entourage; ils se jetaient sous la griffe de tous les usuriers. Aucun ne pouvait se contenter de son patrimoine, de ses appointements, ni régler ses dépenses sur ses revenus. Ils empruntaient tout, jusqu'à l'esprit ; partout où ils trouvaient de l'argent, ils le prenaient ; ils l'acceptaient à toutes conditions, et n'importe pour quelle cause. Mais ils ne le rendaient pas aussi facilement qu'ils le recherchaient. Aussi l'auteur des *Lettres persanes* regardait-il les dettes comme un de leurs traits caractéristiques ; leur négligence à satisfaire à leurs engagements dégénéra en mauvaise foi. On s'accoutuma à ne tenir aucun compte de leur parole, à mépriser leur signature ; on refusait leur seing-privé ; on ne voulut plus traiter avec eux que par-devant notaire ; le contrat devint indispensable, l'hypothèque nécessaire, car les huissiers marchaient derrière les créanciers, le jour de l'échéance ne faisant qu'ouvrir un cours complet de procédure qui ne finissait que par l'emprisonnement du débiteur, ou la vente de ses meubles et immeubles. Ce n'est qu'à force d'exploits, d'instances ou d'importunités, qu'on retirait ou la rente, ou le capital, ou le montant d'un mémoire. Tous les grands avaient un compte ouvert chez des banquiers ; ils avaient aussi une commission nommée d'office par les tribunaux pour liquider leurs affaires. Ils songeaient bien à emprunter, mais peu à rembourser ou solder. Aussi presque tous leurs fournisseurs eurent à se repentir du crédit qu'ils leur accordaient. C'est peut-être ce qui explique pourquoi Mlle Bertin, la marchande de modes la plus en vogue, fit une faillite de deux millions, suivant les *Mémoires de*

Bachaumont, du 2 février 1787. Les grands frustraient toutes les classes; ils volaient jusqu'à leurs plaisirs. Manuel a constaté que le prince de Lambesc se servit de l'autorité du duc de Penthièvre pour ravoir une paire de girandoles qu'il avait donnée à une catin, et qu'il n'en récompensa une autre qu'à coups de pied. Il a également constaté que le duc de Chartres, le duc et le chevalier de Cogny, M. de la Vaupalière, M. d'Etrehan, le comte de Noailles, le prince de Ligne, le baron de Besenval, le comte de Vaudreuil, le marquis de Laval et le comte d'Estinville, et bien d'autres n'allaient chez les petites filles que pour leur laisser des preuves de leur avarice et de leur mauvaise foi[1]. Rien n'était plus connu que ces désordres. Empruntons aux *Mémoires de Bachaumont*, du 21 janvier 1785, quelques vers attribués à de Champcenets, qui peignent assez bien la plaie que nous avons à sonder :

> Quel bien est solide aujourd'hui ?
> Le plus sûr est celui qu'on mange.
> Eh ! qui ne doit pas maintenant ?
> C'est la chose la plus constante ;
> Et le plus petit intrigant
> De cent créanciers se vante.
> En vain ces derniers sont mutins,
> Jamais leur nombre ne m'effraie :
> Ils ressemblent fort aux catins ;
> Plus on en a, moins on en paie.

Telle était la situation de tous les grands. Ils

---

[1] *La police de Paris dévoilée*, par Pierre Manuel, l'an II, tom. I, pag. 331.

vivaient endettés et mouraient endettés. On fut surpris que le dauphin, qui n'avait que six mille francs à sa disposition chaque mois, ne laissât que 80,000 livres de dettes, suivant Collé (t. III, p. 232). A la page 22 des *États de comptant de l'année et des restes de l'année* 1783, publiés à l'imprimerie royale en 1790, je trouve ces mots : « Au sieur d'Harvelay pour être employées par lui au payement de partie des dettes de feue Mme Sophie, tante du roi, 446,346 livres. » Les filles de France avaient été les débitrices de Beaumarchais. Ces rapports le gênèrent plus d'une fois. C'est ce qu'atteste ce mémoire qu'il envoya à Mme d'Hoppen, intendante de Mesdames, inséré par M. de Loménie dans la *Revue des Deux-Mondes*, du 15 octobre 1852 : « Je vous prie de vouloir bien faire attention que je suis engagé pour le payement de 844 livres restantes, n'ayant pu les avancer, parce que j'ai donné tout l'argent que j'avais, et je vous prie de ne pas oublier que je suis en conséquence absolument sans le sol. Outre les 1,852 livres, Mme Victoire me doit, d'un reste 15 livres, plus d'un livre de maroquin à ses armes, et doré, 36, et pour le copiste de musique dudit livre, 36; total général : 1,939 livres. Je ne compte point toutes les voitures qu'il m'en a coûté pour courir chez les différents ouvriers, non plus que les messages que cela a occasionnés, parce que je ne l'ai point écrit et que je ne suis pas dans l'usage de le compter à Mesdames. N'oubliez pas aussi que Mme Sophie me doit

5 louis. » Le *Livre rouge* révéla qu'en 1783, le comte d'Artois était poursuivi pour une somme de 14,600,000 livres qu'il devait depuis six ans ; il apprit aussi que la même année, le comte de Provence toucha plus de douze millions, destinés probablement à éteindre des dettes. Louis XV acheta l'hôtel du prince de Condé, et lui remit en outre une somme de 1,500,000 livres pour l'aider à payer ses dettes [1]. C'est également pour le tirer d'embarras que Louis XV, suivant une lettre de Mme du Deffand à Walpole, du 6 juin 1770, acquit du prince de Condé des domaines de 250,000 livres de rente, car le prince était excessivement prodigue, et par conséquent souvent gêné : Manuel (t. I, p. 331) remarque qu'il jetait des rouleaux de 800 ou de 1,000 louis aux catins ; il en avait un troupeau dans son hôtel, où il vivait en vrai pacha, quand il trouvait de l'argent ou que ses créanciers le perdaient de vue. Pour les fuir, il s'enfermait des années entières à l'Ile-Adam, et n'en sortait qu'accompagné d'un harem [2]. Aussi voluptueux et aussi prodigue, le duc d'Orléans dissipa presque toute sa fortune dans les orgies et les intrigues. Il n'empruntait que par millions qu'il éparpillait de tous côtés, quoiqu'il eût onze millions de revenu [3].

---

[1] *Anecdotes sur la comtesse Dubarry*, par Mairobert, 1775, pag. 284.

[2] *L'Espion anglais*, 1784, tom. IV, pag. 95. — Besenval, tom. II, pag. 183.

[3] *Correspondance entre le comte de Mirabeau et le comte La Marck*, 1851 ; tom. I, pag. 73, et tom. II, pag. 67.

Sans la générosité du roi, la plupart des princes auraient été poursuivis et déclarés banqueroutiers. Les grands qui n'avaient pas la clef du trésor royal, finissaient ordinairement par une banqueroute. Les banqueroutes étaient devenues si communes qu'elles n'entraînaient plus la flétrissure. On ne cite guère que le père de Mme de Genlis qui, après avoir dissipé toute sa fortune, mourut de regret d'avoir été arrêté au For-l'Evêque pour une lettre de change de 600 livres qu'il n'avait pu retirer [1]. Après avoir été le plus fastueux, le plus magnifique, le plus galant des courtisans, le comte de Lauraguais, mal vêtu, mal peigné, simple comme le paysan du Danube, avoua au comte de Ségur qu'il se trouvait le plus heureux des hommes, indépendant, tranquille, délivré de toute inquiétude et de tout souci, depuis qu'il était complètement ruiné [2]. Le marquis de Louvois montra la même insouciance toute sa vie, dont chaque période fut signalée par une nouvelle banqueroute. A l'âge de dix-huit ans, n'ayant ni argent ni crédit, à Brest, il se résigna à vendre tous ses habits pour retourner chez son père. Il sollicita vainement des secours. Le père fut inflexible. Cependant le jeune marquis fut obligé de paraître dans une fête ; il ne possédait plus qu'un frac usé, râpé, taché, tout en loques, et il avait plaidé sa cause avec trop d'éloquence pour espérer d'atten-

---

[1] Mme de Genlis, tom. I, pag. 78 et 148.
[2] *Mémoires* de Ségur, 1827, tom. I, pag. 138.

drir son père. Dans cette extrémité, il détacha de vieilles tapisseries de son appartement et s'en fit faire un habillement complet. C'est dans cet accoutrement qu'il présenta sa main à toutes les dames. A cette vue, le père étouffa d'indignation ; mais toute la compagnie éclata de rire, quand elle connut la cause de cette métamorphose. Rien ne semblait plus naturel. A cette époque, le marquis avait déjà dépensé soixante mille livres chez les tailleurs et les brodeuses, et emprunté deux cent mille chez les usuriers. Une riche succession, la dot de quatre mariages avantageux, il dévora tout, et mérita, à cause de sa perpétuelle insolvabilité, d'être chassé de la cour de Louis XVI. Un de ses créanciers s'étant permis de lui demander un jour avec humeur quand est-ce qu'il prétendait le payer ; le marquis répondit sur le même ton : « Vous êtes bien curieux, monsieur [1]. » Les banqueroutes des grands étaient aussi considérables que nombreuses. Celle du prince de Rohan-Guéménée fut appelée la sérénissime banqueroute, parce qu'elle était la plus forte : on la porte généralement à trente-trois millions. Les époux Guéménée, remarque Besenval (t. II, p. 274), n'avaient cessé jusqu'au moment fatal d'acheter et d'emprunter pour donner des spectacles et des dîners, qui les ruinèrent et répandirent la consternation dans une multitude de familles.

---

[1] Mme de Genlis, tom. I, pag. 312. — Mme d'Oberkirch, tom. I, pag. 188.— *Mémoires de Bachaumont,* du 11 mai 1783.

Les grands étaient si incurablement frivoles, si accoutumés aux folles dépenses que les malheurs de la révolution ne purent les faire rentrer en eux-mêmes. Dans ses *Mémoires d'Outre-Tombe*, Chateaubriand nous les peint sur la terre étrangère attendant dans les plaisirs le moment de la victoire, mangeant en quelques jours des sommes considérables qui les auraient fait vivre pendant plusieurs années, regardant dédaigneusement leurs compatriotes qui arrivaient sans argent, s'affublant de riches uniformes, s'entourant de cuisiniers, de valets, d'aides de camp, et laissant dans la misère et l'abandon leurs compagnons d'infortune, séparant les nobles des roturiers, ne se résignant à travailler que quand ils eurent épuisé toutes leurs ressources et perdu tout crédit, et alors aussi joyeux qu'auparavant, et leurs enfants aussi insouciants et aussi gais que leurs pères. Ils ne contractèrent pas moins de dettes pendant l'émigration qu'ils n'en avaient eu en France ; les payer fut le dernier de leurs soins sous la Restauration. M. de Montalivet a constaté, dans sa *Liste civile*, que, sans la générosité du roi Louis-Philippe, l'ex-roi Charles X aurait été emprisonné en Angleterre pour quelques centaines de mille francs que le comte d'Artois n'avait pas remboursés.

Toutes les places étant exclusivement données aux grands, il n'est pas hors de propos de rappeler comment ils s'y comportaient, et quels abus ils s'y permettaient. Nous verrons comment ils spéculaient sur les disettes, sur toutes les faveurs, sur la liberté des citoyens. Montrons ici quel parti ils tiraient des hôpitaux, des prisons, et des diplômes de charlatan. « Le hôpitaux militaires, raconte Mallet du Pan, page 474 du tome II de ses *Mémoires*, sont en France l'objet de la plus honteuse prévarication. M. le comte de Muy, dans une tournée qu'il avait faite pour les inspecter, arriva à Toulon, où l'hôpital était sous la direction de M. de H..., aujourd'hui un des chefs de ces mêmes hôpitaux militaires. Il y avait un dépôt fermé que M. de Muy voulait visiter : on lui dit que M. de H... en avait la clef; ce qu'il avait vu dans l'hôpital lui donna des soupçons; il fit enfoncer la porte par six grenadiers : on trouva dans ce magasin *trente corps morts* dont on recevait depuis sept jours la pension du roi, et que par cette raison on avait suspendu d'enterrer. Chaque malade revient de huit à dix francs au roi par jour. M. Leclerc fut chargé par M. de Montbarrey de faire une tournée pour le même objet : il trouva des abus énormes, donna un plan pour sauver au moins 500,000 livres, fit une très belle ordonnance, et finit par être éconduit par les intrigues de tous les fripons qu'il avait démasqués. » Dans les prisons, les prévarications étaient encore plus scandaleuses, car il n'y entrait pas d'inspecteur, et aucun prisonnier ne pouvait y adresser des plaintes. Les *Mémoires de Latude* et les *Lettres de cachet* de Mirabeau attestent que les gouverneurs retenaient un tiers du bois; et ne

dépensaient pas les cinq sixièmes des sommes
allouées par le roi pour le chauffage et l'entretien
des prisonniers, qu'ils ne donnaient que des aliments dont la vue seule répugnait, et qu'ils profitaient du moindre prétexte pour enfermer les prisonniers dans des cachots, et les condamner au pain
et à l'eau, afin de gagner davantage. Quant aux
diplômes de charlatan, c'était la propriété de Senac,
premier médecin du roi. Mme Senac se les adjugea.
Elle avait le département des charlatans, et jouissait des profits y attachés, que son extrême avarice
voulait pousser aussi loin qu'ils pouvaient aller,
raconte Grimm, dans sa *Correspondance littéraire*,
de janvier 1771. Tout coquin qui payait grasse-
ment, était sûr d'avoir une permission du premier
médecin, délivrée par sa femme, pour vendre et
débiter par tout le royaume des drogues souvent
funestes à la santé du peuple ; son règne fut celui
des charlatans. Tous les ans, Mme Senac gagnait
cent mille livres avec les brevets qu'elle octroyait
aux auteurs de remèdes particuliers, aux charlatans, aux empiriques, à quiconque se mêlait de
guérir les autres.

On pourra facilement deviner jusqu'à quel point
les abus que les grands commettaient loin de la
cour devaient être scandaleux, par ceux auxquels
ils se livraient journellement à la cour. Étonné de
payer trente mille francs un carrosse qui en valait
au plus six mille, Louis XV ne put s'empêcher
d'avouer un jour au duc de Choiseul que les dépré-

dations étaient intolérables, tant elles étaient révoltantes, et il disait : « Les voleries dans ma maison sont énormes ; mais il est impossible de les faire cesser : trop de gens, et surtout trop de gens puissants y sont intéressés pour se flatter d'en venir à bout. Tous les ministres que j'ai eus ont toujours formé le projet d'y mettre de l'ordre ; mais, effrayés de l'exécution, ils l'ont abandonné [1]. » Étant dauphin, Louis XVI eut occasion de faire la même remarque. Comme il désirait avoir une grille, il demanda à l'officier préposé à ce détail combien elle coûterait. On lui répond 40,000 livres. Il envoie secrètement chercher un serrurier de Versailles, et lui annonce son intention. L'ouvrier se charge de livrer la grille pour 6,000 livres [2]. Tout ce qui était fourni à la cour était ainsi porté à des prix fabuleux, à cause des remises que les grands exigeaient sur tous les mémoires. Bien plus, les grands s'appropriaient quelquefois les effets sur lesquels ils avaient déjà gagné des sommes énormes. Ainsi Louis XVI demanda à M. de Montesquiou, premier écuyer du comte de Provence, ce qu'étaient devenus tous les équipages qui avaient servi au deuil du roi de Sardaigne. M. de Montesquiou ayant répondu que le privilège de sa charge lui donnait le droit de s'en emparer, et qu'il s'en était adjugé le bénéfice : « J'ai cru, lui dit le roi, qu'il n'y avait

---

[1] Besenval, tom. II, pag. 206.
[2] *L'Espion anglais,* tom. I, pag. 48.

que les palefreniers à qui on donnait pourboire [1]. »
Voici une autre anecdote qui n'est pas moins instructive : « Le duc de Villequier, fils du maréchal d'Aumont et père du duc de Pienne, homme exigu de corps et d'esprit, était chargé, raconte le comte d'Allonville (t. I, p. 255) de fournir tous les rendez-vous de chasse des vêtements intérieurs qu'après un exercice violent l'on est souvent si pressé de changer ; mais, comme il savait que jamais le roi n'en changeait, et que cette fourniture, annuellement renouvelée, lui revenait le droit, il imagina de faire confectionner toutes ces chemises à sa propre taille. Louis XVI, cependant, ayant eu besoin une fois d'en passer une, ne put y parvenir, et ce prince se contenta de dire : « Qu'on recommande « à M. de Villequier qu'il y en ait au moins une qui « puisse me servir. » Objet de ridicule, ce petit grand seigneur en sut braver les traits avec l'impudente intrépidité d'un véritable courtisan. »

Cette impudence ne se borna pas à des déprédations ; elle alla jusqu'aux escroqueries les plus viles. Un maître des requêtes fut convaincu d'avoir dérobé un couvert d'argent, chaque fois qu'il avait soupé chez de Miromesnil, garde des sceaux. Il ne se déconcerta point, avoua le fait, et croyant se tirer d'affaire par une sotte plaisanterie, il répondit que le garde des sceaux lui ayant annoncé qu'il y aurait toujours à sa table un couvert pour lui,

---

[1] *Correspondance secrète*, tom. I, pag. 36.

il avait cru pouvoir s'en emparer sans indiscrétion [1]. Une nuit du mois de mars 1780, sur la table de pharaon chez le duc de d'Orléans, un billet au porteur de mille écus disparut, sans qu'on pût soupçonner de ce vol d'autres personnes que les familiers du prince [2]. Mêmes scènes au jeu de la cour. Mme du Chastelet venait de perdre 84,000 francs, en jouant chez la reine à Fontainebleau ; Voltaire, qui était à côté d'elle, lui dit de faire attention, parce qu'elle était trompée par des fripons [3]. Les *Mémoires de Bachaumont*, du 18 novembre 1778, nous apprennent que ce ne fut pas la seule fois qu'ils y triomphèrent. Empruntons-leur ces lignes : « Tout le monde a su l'événement arrivé au jeu de Marli, d'un rouleau de louis faux substitué à un véritable. C'est un mousquetaire réformé, nommé Dulugues, qui était l'auteur de cette fraude. Il a été arrêté et renfermé. On assure qu'il avait été présenté le matin. Cette police est, sans doute, très bien faite ; mais il serait à désirer qu'on l'étendît aux duchesses, qui journellement escroquent les joueurs crédules leur confiant leur argent. Cette filouterie se pratiquait dès le temps du feu roi, qui en avait pris plusieurs en flagrant délit, et les avait averties ; mais comme il n'y a rien de si impudent que les

---

[1] *Paris, Versailles et les provinces au xviiie siècle*, par Dugast de Bois-Saint-Just, 1809, édition de Lyon, tom. II, pag. 156.
[2] *Correspondance secrète*, tom. IX, pag. 236.
[3] *Mémoires sur Voltaire*, par Longchamps et Wagnière, 1826, tom. II, pag. 138.

femmes de cour, au moyen de l'impunité elles continuent. Dernièrement, Madame disait à MM. de Chalabre et Poinçot, les banquiers du jeu de la reine : « On vous friponne bien, messieurs. — « Madame, nous ne nous en apercevons pas, » lui répondirent-ils par décence ; mais ils s'en aperçoivent très bien, et n'osent le manifester. » Le 25 suivant, les *Mémoires de Bachaumont* confirmaient cette anecdote en ces termes : « Les banquiers du jeu de la reine, pour obvier aux escroqueries et filouteries des femmes de la cour qui les trompent journellement, ont obtenu de Sa Majesté qu'avant de commencer, la table serait bordée d'un ruban dans son pourtour, et que l'on ne regarderait comme engagé pour chaque coup que l'argent mis sur les cartes au delà du ruban. Cette précaution préviendra quelques friponneries, mais non celles exercées envers les pontes crédules qui confient leur argent aux duchesses, et que plusieurs nient avoir reçu lorsque leur carte gagne. » Les bals étaient aussi signalés par des tours du même genre. Au bal paré qui fut donné à Versailles pour le mariage du comte de Provence, le prince de Soubise fut dépouillé de sa bourse, et plusieurs autres personnes de leur montre ; le cavalier qui s'empressa de servir au buffet un verre de limonade à la princesse de Guéménée, lui escamota son bracelet [1]. Il en était de même des visites faites par le roi. « Il existait, à la

---

[1] *Les Fastes de Louis XV*, par Bouffonidor, 1782, pag. 695.

descente du Pont-Neuf, raconte le comte d'Allonville (t. VI, p. 26), entre les rues Dauphine et Guénégaud, un brillant magasin d'objets de luxe, nommé le *Petit-Dunkerque :* Louis XVI vint le visiter en 1784, accompagné des personnages de sa suite, parmi lesquels se trouvait M. le comte de C..., homme taré. Le marchand étala tout ce qu'il avait de mieux, et le roi, qui aimait à protéger le commerce, fit quelques emplettes, exemple suivi par quelques autres ; après la sortie du monarque, le marchand s'aperçoit qu'il lui manque une bague d'un très grand prix, court, atteint le prince et lui dit : « Je ne prétends accuser personne, mais je ne « puis retrouver le solitaire mis sous les yeux de « Votre Majesté, et qu'elle a admiré. — Peut-être, « répond Louis XVI, n'avez-vous pas bien cherché, « vous allez recommencer en ma présence. » Puis se tournant vers sa suite : « Rentrons, » dit-il ; et faisant apporter une jatte pleine de son, il y plongea sa main jusqu'au fond et ordonna à chacun d'en faire autant : durant cette opération, il avait sévèrement fixé les yeux sur toutes les physionomies et vu les regards accusateurs se porter vers le même individu. Alors il invita le marchand à vider la jatte, où, en effet, la bague se retrouva. Peu de jours après, je me rendis au *Petit-Dunkerque*, et c'est du marchand lui-même que je tiens ce que je viens de raconter. Quant à M. de C..., il fut exilé à Saint-Valery, où sa réputation le fit repousser de toute société honnête, et la révolution arrivant lui devint un asile. Je l'ai vu commander à Bruxelles avant la retraite de Dumouriez, puis il a disparu. Si au *Petit-Dunkerque* il fut sauvé de la honte, c'est que Louis XVI voulut épargner une aussi sensible peine au noble et respectable père de ce misérable. » Ajoutons que l'anneau nuptial de Marie-Antoinette fut volé; qu'à l'exception de trois ou quatre, tous les valets qui peuplaient les antichambres de la cour devinrent des jacobins forcenés, les dénonciateurs et les calomniateurs de leurs maîtres; qu'ils avaient des doubles clefs de tous les appartements, et qu'ils s'en servaient pour tout épier et ensuite tout révéler. Ainsi, grâce à une double clef, une femme de la garde-robe de la reine s'aperçut des préparatifs du voyage de Varennes, et s'empressa d'en donner avis au maire de Paris, bien qu'elle eût gagné un revenu de douze mille francs au service de la reine. Un garçon de toilette du roi prit une nuit dans la poche de Sa Majesté, après son coucher, la clef du corridor qui conduisait à la chambre de la reine, et fut arrêté au moment où il allait y pénétrer pour assassiner la reine. Nous devons à Mme Campan tous ces détails, qui aident à comprendre d'autres documents qu'on serait tenté de rejeter [1].

En vérité, Beaumarchais n'avait-il pas raison de confondre l'intrigue avec la politique, de mettre

---

[1] *Mémoires sur la vie privée de Marie-Antoinette*, par Mme Campan, 1822, tom. I, pag. 208; tom. II, pag. 140, 223 et 237.

sur la même ligne le valet fripon, impertinent, donnant le présent à la joie et s'inquiétant de l'avenir aussi peu que du passé, et le seigneur rampant, médiocre, valant moins que sa réputation détestable, et arrivant à la fortune et aux places, à cause de sa naissance? Beaumarchais n'avait-il pas encore raison de flétrir les friponneries du jeu? Mais il avait tort de dire que tout le secret d'un courtisan consiste à recevoir, prendre et demander. Sa définition eût été exacte et complète s'il y avait ajouté le verbe escroquer.

Cette scandaleuse dépravation des grands n'accuse-t-elle pas dans leur roi le mépris ou l'oubli de tous les devoirs? Le prince imprime le caractère de son esprit à la cour, remarque l'auteur des *Lettres persanes*; l'âme du souverain est un moule qui donne la forme à toutes les autres.

En vrai Bourbon, Louis XV vit dans la royauté le droit de tout faire, sacrifiant les choses aux personnes, les personnes aux choses, les personnes et les choses à son bon plaisir. Doué d'un jugement exquis, il appréciait les choses et les personnes à leur juste valeur. Souvent subjugué, mais jamais aveuglé! Dans son enfance, on lui avait dit qu'il était roi; jusqu'à son dernier soupir, entre les bras de la volupté ou dans l'ivresse des orgies, il voulut qu'on se souvînt qu'il était roi. Cet instinct de la royauté, rien ne put l'éteindre en lui. Malheureusement le mal s'incarnait en lui aussi facilement et aussi profondément que le bien. Élevé en roi très chrétien, il ne manqua pas un jour de réciter ses prières ni d'assister à la messe. Son précepteur l'avait accoutumé à l'économie ; il fut en tout temps économe et avare jusqu'à la lésinerie. Jeté dans la compagnie des femmes, il en épousa toutes les passions. Il s'identifia avec les goûts et les défauts de toutes ses maîtresses. Celles-ci appartenaient à la noblesse, à la bourgeoisie, au peuple : voilà pourquoi, malgré sa piété et son bon sens, son âme devint l'égout de toutes les immondices de la noblesse, de la bourgeoisie et du peuple.

Il s'occupait de tout, excepté des affaires. Se distraire était son unique souci. Il allait si souvent à la chasse, remarque Mme Campan (t. I, p. 12), que les jours où il ne chassait pas, on disait sérieusement dans ses antichambres : « Le roi ne fait rien aujourd'hui. » Cependant il travaillait. Il fut d'abord très passionné pour la tapisserie [1] ; puis il tourna des tabatières, dont il avait inventé le modèle. C'était un morceau de rondin, couvert de son écorce, creusé en dedans, qu'un artisan aurait eu honte de montrer. Il était si fier de son ouvrage, qu'il donna de ces tabatières à presque tous ses courtisans. Ces goûts-là passèrent, mais il ne cessa jamais d'accommoder des ragoûts, de préparer le café [2]. Ce n'était pas seulement pour ses maîtresses qu'il s'adon-

---

[1] *Mémoires* du marquis d'Argenson, 1825, pag. 317.
[2] *Mémoires* de Bachaumont, du 19 avril 1775. — *Vie privée de Louis XV*, par Mouffle d'Angerville, 1781, tom. II, pag. 37 et 47.

nait à la cuisine ; il lui arrivait souvent, suivant Mme Campan (t. I, p. 14), de porter chez ses filles le déjeuner qu'il avait apprêté lui-même. Du métier de valet il s'éleva aux divertissements des valets. « Il aima avec passion, pendant plusieurs hivers, raconte Mme Campan (t. III, p. 35), les bals à *bouts de chandelle :* c'est ainsi qu'il appelait les assemblées des gens du dernier étage de la société. Il se faisait indiquer les pique-niques que se donnaient, les petits marchands, les coiffeuses, les couturières de Versailles, et s'y rendait en domino noir et masqué ; son capitaine des gardes l'y accompagnait masqué comme lui. Le grand bonheur était d'y aller en brouette ; on avait soin de dire à cinq ou six officiers de la chambre du roi ou de celle de la reine de s'y trouver, afin que Sa Majesté y fût environnée de gens sûrs, sans qu'elle pût s'en douter ni en être gênée. Probablement que le capitaine des gardes prenait aussi de son côté d'autres précautions de ce genre. Mon beau-père a été plusieurs fois du nombre des serviteurs à qui il était enjoint de se présenter sous le masque, dans ces réunions formées souvent à un quatrième étage, ou dans quelque salle d'aubergiste. Dans ce temps-là, pendant la durée du carnaval, les sociétés masquées avaient le droit d'entrer dans les bals bourgeois ; il suffisait qu'une personne de la compagnie se démasquât et se nommât. » Louis XV eut aussi la curiosité des valets. Il ordonna que toutes les lettres fussent décachetées et lues, et que le directeur de la poste vint lui rendre compte, tous les dimanches, de toutes les nouvelles et de tous les scandales qu'elles contenaient. Il chargea également le préfet de police de lui envoyer, tous les matins, la chronique des séductions, rapts, viols, prostitutions, adultères, incestes. C'est sur ces rapports que Manuel a rédigé sa *Police de Paris dévoilée*.

Sauf quelques minutes données à sa famille et quelques heures employées à présider le conseil ou à recevoir ses ministres, Louis était toujours dans la compagnie de ses maîtresses. La première, Mme de Mailly, consacra toute sa fortune à lui procurer des divertissements. Elle dépensa ainsi 750,000 livres. Louis en assura le payement sur les revenus des fermes, et ne s'en occupa plus. Mme de Mailly mourut sans être remboursée de ses avances. A la vérité elle avait reçu un hôtel et 40,000 livres de rente[1]. Deux de ses sœurs lui succédèrent mais sans s'enrichir beaucoup. Elles habituèrent leur royal amant à la vie des petits appartements, aux soupers où l'on mangeait presque à perdre haleine et où l'on buvait à se rouler sous la table. Louis ne cessa de donner de ces soupers auxquels il conviait quelques courtisans débauchés et quelques femmes libertines[2]. Dans tous ses châteaux, il voulut avoir des petits appartements, séduisants comme des boudoirs ; il les

---

[1] D'Angerville, tom. II, pag. 129.
[2] *Ibidem*, pag. 36.

préféra constamment à ces majestueuses chambres de Louis XIV, où tout respire la grandeur et le respect de la dignité royale.

A la comtesse de Mailly, à Mme de Vintimille, à la duchesse de Lauraguais, à la marquise de Tournelle, créée duchesse de Châteauroux, toutes quatre filles du marquis de Nesle, d'une des plus illustres maisons du royaume, succéda la Poisson, fille d'une femme entretenue et d'un vivrier condamné pour ses malversations, et mariée au sous-fermier Le Normand, seigneur d'Étiole. Mme d'Étiole, métamorphosée en marquise de Pompadour, ne se borna pas au métier de maîtresse, elle aspira à régner. Elle parvint à faire tout ce qu'elle voulut. Elle fut le canal de toutes les faveurs ; elle disposa de tous les emplois. Son boudoir servit de cabinet aux ministres ; la noblesse afflua dans son salon, les encyclopédistes pullulèrent dans ses antichambres. Il fallut que tout pliât sous sa main ; ses caprices devinrent des lois, elle prit sa vanité pour de la politique. Tout se ressentit de son influence, depuis le roi jusqu'aux dernières classes de la société.

Elle captiva le roi, en favorisant son penchant à la cupidité ; elle l'accoutuma à distinguer les intérêts du roi des intérêts de l'homme et en fit un traitant, un marchand et un monopoleur, comme nous le verrons. Plutôt froide que voluptueuse, elle craignit d'être remplacée, de cesser d'être l'amie de celui dont elle ne pouvait plus être la maîtresse.

Elle voulut rester sultane. C'est sous ses auspices que s'éleva le *Parc-aux-Cerfs,* ce sérail qui ne devait se fermer qu'après la mort de Louis XV. Cet établissement devint la source de dépenses énormes et de scandales inouïs. Partout où des courtiers de corruption remarquaient des filles jeunes et belles, ils les enlevaient. En vain les pères et les parents se plaignaient à la police ; il fallait qu'ils se tussent, se résignassent, ou qu'ils acceptassent de l'argent en dédommagement, s'ils ne voulaient pas être plongés dans les cachots de la Bastille pour le reste de leur vie. Il y avait une espèce d'agence chargée, sous les ordres de Lebel, de fureter dans les provinces comme dans la capitale, et d'y racoler ce qu'on trouvait de plus ingénu pour les plaisirs du roi. Les *Mémoires de Richelieu* certifient que *dix-huit cents demoiselles* furent les victimes de cette traite, organisée par la Pompadour [1]. Louis XV constituait une rente de dix à douze mille livres sur la tête de chacun de ses bâtards ; quand à leurs mères, il les mariait avec quelques-uns de ses courtisans ou de ses militaires ; il leur offrait ordinairement pour dot cent mille francs et des bijoux [2]. Il est difficile de se faire une idée exacte de tout ce qu'il accordait aux parents de ces jouvencelles qu'on recrutait, et à ceux qui les volaient, les élevaient, les entretenaient, puis les plaçaient,

---

[1] *Mémoires de Richelieu*, 1790, tom. IX, pag. 347.
[2] *Mémoires* de Mme du Hausset, 1824, pag. 110 et 125.

quand elles étaient déshonorées et flétries. Sur cette matière on est réduit à des conjectures, car tout cela se cachait au moyen de billets au porteur, nommés acquits de comptant, parce qu'ils étaient payés à vue sur la simple signature du roi, sans qu'on mentionnât l'objet de leur émission. D'Angerville (t. III, p. 17) évalue ces frais à un milliard. M. Lacretelle, dans son *Histoire du xviiie siècle*, les réduit à cent millions. Il n'y a point d'inconvénient à adopter ce dernier chiffre, car l'avarice de Louis XV permet de supposer que tous les acquits de comptant qu'il délivra, décèlent un usage honteux des finances et sont autant de preuves de sa dépravation.

Une fois sûre du roi, la Pompadour n'eut point de peine à s'attacher la noblesse. Elle y réussit, en flattant sa vanité et sa cupidité. En 1760, il y eut un règlement qui imposait l'obligation, pour être présenté à la cour, de prouver, au moins d'après trois titres originaux par génération, qu'on était noble de race à la date de 1400. La Pompadour créa les croupes ou pensions sur les fermiers généraux. Elle n'en disposa qu'en faveur des courtisans et de ses créatures. Le montant de ces pensions s'élevait à deux millions ; l'usage d'accorder des pensions de ce genre subsista pendant quarante ans, jusqu'à Neker, qui les supprima. Ce fut donc une perte de quatre-vingts millions pour l'État.

Une fois qu'elle fut maîtresse du roi et souveraine de la cour, la Pompadour voulut que tout pliât devant elle. On n'obtint et on ne conserva un portefeuille, un commandement, un gouvernement ou un emploi quelconque, qu'autant qu'on consentait à servir d'instrument à ses passions. Une épigramme, une parole imprudente, un propos léger contre elle, était puni comme un crime par l'exil ou la prison, sans égard pour la condition, la capacité, les services, la santé, l'âge des personnes. Dumouriez raconte (t. I, p. 285) qu'il trouva à la Bastille un gentilhomme nommé Eustache Farcy, capitaine au régiment de Piémont, enfermé depuis vingt-deux ans, pour avoir fait ou colporté une chanson contre la Pompadour. Dans ses *Mémoires*, Latude nous apprend que la Pompadour fut la cause de son incarcération ; qu'elle consacra jusqu'à 217,000 livres pour le ramener en prison ; qu'il y passa trente-cinq ans, et qu'à Vincennes il distingua le baron de Venac, capitaine au régiment de Picardie, qui expiait depuis dix-neuf ans le tort d'avoir blessé la susceptibilité de la Pompadour ; le baron de Vissec, détenu depuis dix-sept ans pour avoir été soupçonné de mal parler de la Pompadour ; le chevalier de la Rocheguerault, captif depuis vingt-trois ans, parce qu'on l'avait cru l'auteur d'une brochure injurieuse à la Pompadour, brochure dont il ne connaissait pas même le titre.

La Pompadour ne se borna pas à n'être pas insultée, dénigrée, ridiculisée, calomniée, bafouée par les gens de lettres, elle voulut aussi être caressée, honorée, prônée. Dans la position où elle était, c'était manquer de tact. Rechercher les philosophes, c'était leur révéler leur importance et agrandir leur puissance ; rapprocher du trône les ennemis du trône, c'était les encourager à s'emparer du trône. La Pompadour commença donc à saper les bases de la monarchie ; elle en dévoila la faiblesse. Elle ne fit pas moins de mal aux philosophes ; elle démasqua leurs bassesses. Sans elle, on n'aurait pas su qu'ils valaient si peu de chose, et que rien n'égalait l'excès de leur superbe, si ce n'est l'excès de leur petitesse. Le vieux, le farouche Crébillon lui baisa la main pour la remercier d'une pension de cent louis qu'elle lui accorda sur la cassette du roi ; l'incorruptible Rousseau a raconté, dans ses *Confessions*, qu'il reçut d'elle cinquante louis à l'occasion du *Devin du village* représenté chez elle, à Bellevue ; Voltaire s'est vanté, dans ses *Mémoires*, d'avoir été le confident de ses amours, l'un de ses adulateurs, et d'être devenu, grâce à elle, l'un des quarante membres inutiles de l'Académie, historiographe de France, et gentilhomme ordinaire de la chambre du roi ; Bernis lui servit de secrétaire. Tous les philosophes, depuis les Turgot, les Buffon, les Helvétius, les Duclos, les Dalembert, les Diderot, jusqu'à Marmontel, s'avilirent à ses pieds. Ils étaient rampants ; elle les accueillit sans intelligence et sans dignité. Elle fut moins leur patronne que leur Circé. Elle les traita tous comme des valets. Elle sembla ne les recevoir que pour leur enlever le droit de la mépriser et de la diffamer. Elle leur donnait à boire et à manger, mais jamais elle ne s'attabla avec eux ; elle ne leur parlait que dans ses antichambres, elle ne les admettait pas dans son salon. « Bonjour Duclos ! » disait-elle à Duclos. « Bonjour, abbé ! » disait-elle aussi à Bernis. « Bonjour, Marmontel ! » disait-elle encore à Marmontel. Elle logea Bernis, mais dans les combles des Tuileries ; elle logeait aussi Quesnai à titre de médecin, elle le promenait même dans son carrosse, mais sans daigner lui adresser la parole, quoiqu'il eût beaucoup d'esprit, remarque Mme du Hausset. Voltaire fut le plus favorisé de tous ; elle lui permit de l'égayer pendant ses repas ; mais dès qu'il passa de l'abjection du valet à la familiarité du poète, elle le qualifia d'impertinent, et ne songea plus qu'à l'humilier qu'à le chagriner. Afin d'exciter sa jalousie, elle se mit à la tête de la cabale qui soutenait Crébillon. Par là elle apprit aux philosophes à rabattre de leurs prétentions. Pressé un jour de choisir des courtisans dans ce groupe de gens qu'il avait vus si souvent se cacher dans les antichambres à son approche, avec la terreur des souris surprises par un chat, Louis XV se contenta de répondre : *Tout cela mangerait avec moi ?* Il ne pouvait pas imiter Louis XIV, parce qu'il n'avait pas sous la main des Racine, des Boileau, des Bossuet, des Fénelon. Il jugea que les philosophes étaient trop vils pour être créés courtisans, et qu'ils n'étaient bons qu'à être des valets d'antichambre. Aussi affecta-t-il de tourner le dos, quand Voltaire s'émancipa ou plutôt s'oublia en sa présence [1].

La Pompadour avait rassasié d'écus, de vins généreux, de mets succulents les Cerbères de l'Encyclopédie ; elle était parvenue à les assoupir, sinon à les endormir. Elle était au comble de ses vœux ; cependant elle n'était pas heureuse. Elle craignait d'être supplantée par chaque femme qui passait dans les bras du roi ; elle craignait aussi que, dans un accès de religion, il ne la renvoyât. Pour prévenir ce danger, elle feignit de se jeter dans la dévotion. Il n'y avait que les Jésuites dont l'influence pût se faire sentir à la cour et pénétrer jusqu'au cœur du roi. Elle s'adressa à eux, elle se confessa à l'un d'eux. Mais ils exigèrent qu'elle quittât incontinent un endroit où sa présence seule était un scandale. Elle n'était point accoutumée à un pareil langage, elle insista ; ils restèrent indépendants, fermes et inflexibles. Elle menaça ; ils ne plièrent point. Dès lors elle jura de les perdre. Les prétextes tinrent lieu de motifs. Les Jésuites furent détruits, dispersés, ruinés, sans qu'aucun philosophe osât protester contre cette atteinte à la liberté et à la propriété.

Cette fille d'une catin et d'un banqueroutier n'était pas même propre à servir de concubine, bien

---

[1] Mme du Hausset, pag. 59 et 138. — *Mémoires* de Marmontel, liv. IV et V.

qu'elle se bourrât de *restaurants*, suivant Mme du Hausset (p. 92). Néanmoins elle voulait conserver sa place. Elle a pris soin de nous apprendre ce qu'elle tira du trésor royal. On peut voir, dans le *Journal des Débats*, du 27 février 1853, que, soit pour l'acquisition, l'entretien ou l'embellissement et l'ameublement de ses hôtels et châteaux, soit pour ses dépenses journalières pendant dix-neuf ans, elle toucha 36,327,268 livres 15 sous 5 deniers, indépendamment des centaines de mille livres prodiguées à son mari et à son frère, et des 1,700,000 livres de dettes qu'elle laissa à sa mort, et qui furent payées par le roi. Qu'on ajoute à ces sommes le montant des croupes et l'évaluation approximative des dépenses du Parc aux Cerfs, et l'on saura ce que coûta à la France la souveraine des encyclopédistes.

Elle fut remplacée par la Dubarry. C'était une petite grisette, qui avait reçu plus d'hommes et exigé moins cher par conséquent que la plupart des femmes de la cour qui lui disputaient le cœur du roi. Elle négligea de s'attacher les courtisans et de pensionner les philosophes ; aussi n'eut-elle pas de cour ni de panégyristes. Il faut l'en louer, puisque ce fut une épargne de plus pour le trésor. Elle s'étudia plus à amuser qu'à gouverner le roi. Elle lui arracha le renvoi des parlements ; ce ne fut pas un médiocre service qu'elle rendit à la royauté. Elle influa peu sur les affaires ; mais elle n'oublia pas ses intérêts. Il est difficile de dire tout ce qu'elle coûta à la France, car elle fut exploitée par toute sa famille, qui menait un train de souverain. Dans son *Histoire de la Décadence de la monarchie française* (1803, t. III, p. 330), Soulavie certifie que, du 17 janvier 1773 au 26 avril 1774, elle toucha 2,450,000 livres. Les années précédentes, elle avait reçu des sommes énormes. On peut voir, soit dans Mairobert, soit dans Manuel (t. I, p. 333), les dépenses qu'elle occasionna, moins pour elle que pour son mari, ses beaux-frères, et surtout pour le comte Dubarry, lequel vivait avec les filles les plus coûteuses, et fit augmenter le prix de la prostitution. Tout ce qui portait le nom des Dubarry fut comblé de bienfaits ; tout ce qui leur appartenait se ressentit de la prodigalité de la favorite. Il n'est pas jusqu'à son nègre qui ne fût nommé gouverneur du château de Luciennes, dont elle avait fait un boudoir d'un prix inouï, un vrai lieu de féerie. Elle disposait des deniers de l'État ; on prétend qu'elle y puisa dix-huit millions, indépendamment des millions extorqués par le comte Dubarry. Louis XV fermait les yeux sur toutes ses dilapidations. Il ne semblait respirer que pour elle. Sur son lit de mort, il remit confidentiellement aux mains du duc d'Aiguillon, pour l'usage de la Dubarry, dans le cas où il viendrait à trépasser, un portefeuille contenant, en billets de caisse, trois millions ; mais le duc porta ce dépôt au nouveau roi, raconte Wraxall (t. I, p. 107). La Dubarry, n'ayant jamais économisé, se trouva dans la gêne. La *Correspondance secrète* (t. I, p. 30), avance qu'elle devait 1,200,000 livres. Elle les paya et passa, suivant *l'Espion anglais* (t. II, p. 371), pour jouir encore de 200,000 livres de rente. Montigny [1] nous apprend qu'à sa mort elle avait encore pour un million d'argenterie et pour 1,800,000 livres de diamants. Georgel (t. I, p. 392), assure que Louis XVI lui avait accordé une pension de 60,000 livres, par considération pour la mémoire de son aïeul, qui la lui avait recommandée, dans un écrit de sa main. Il appert du *Livre rouge* qu'elle abandonna des contrats à quatre pour cent pour une somme de 1,250,000 livres. Dumouriez raconte (t. I, p. 441) qu'il l'aperçut une fois au camp de Compiègne, étalée dans un phaéton magnifique, pendant que Louis XV resta, chapeau bas et à pied, à côté d'elle ; suivant Mme Campan (t. I, p. 31), il la laissa assister une fois au conseil d'État ; il lui pardonna même de jeter au feu des paquets de lettres importantes ; il ne l'empêcha point d'accorder des audiences aux corps de l'État et de présider des cérémonies publiques ; il lui permit même de le tutoyer et de l'appeler *la France,* si l'on en croit les mémoires du temps, dont Mairobert s'est fait l'écho. Ces honneurs et ces familiarités, il faut les reprocher moins à celle qui en profitait qu'à celui qui les tolérait ; ils peignent jusqu'à quel degré d'avilissement Louis XV était tombé, et justifient les libelles qui se sont plu à le flétrir et à

---

[1] *Les illustres victimes,* 1802, pag. 365.

conserver les noms de tous ses proxénètes philosophes.

Mais si les maîtresses du roi étaient gorgées d'or, il n'en était pas de même de sa famille. Lorsqu'il tomba malade à Metz, la reine fut obligée d'emprunter mille louis pour aller le joindre, suivant d'Angerville (t. II, p. 185). Ses filles n'eurent jamais d'autre séjour que leur appartement dans le château de Versailles, remarque Mme Campan (t. I, p. 109), d'autres promenades que le grand parc de ce palais, d'autre parterre que les caisses et les vases remplis d'arbustes sur leurs balcons ou dans leurs cabinets. Pensions, solde, appointements, fournitures, avances, tout était oublié. Les pensions n'étaient jamais régulièrement payées ; il fallait quelquefois les solliciter trois années de suite [1]. Les compagnies d'ordonnance de la garde de Paris restèrent longtemps sans toucher de solde. Ces malheureux militaires furent obligés de vivre à crédit et de contracter des dettes criardes, ce qui occasionna des saisies-arrêts et d'autres frais qui diminuèrent considérablement les arrérages qui leur étaient dus. Heureusement ils obtinrent que leur solde fût insaisissable [2]. Beaucoup de domestiques, de laquais du roi, désespérant de recevoir

---

[1] *Mémoires historiques et politiques du règne de Louis XVI*, par Soulavie, 1801, tom. II, pag. 308.

[2] *Journal historique de la révolution opérée dans la constitution de la monarchie française*, par M. Maupeou, 1774, tom. II, pag. 49.

un acompte des gages après lesquels ils soupiraient depuis des années entières, furent réduits à demander l'aumône chez le curé de Versailles. Louis XV le sut, et il ne donna aucun ordre de les tirer d'embarras [1]. Il ne s'occupait pas davantage de tous ses fournisseurs. En 1768, il avait pour quatre-vingts millions de dettes criardes [2]. Aussi les ouvriers refusaient-ils de travailler pour lui, et les fournisseurs, épuisés et las d'attendre, ne lui accordaient plus de crédit. A Choisy, il manquait des vitrages aux serres [3] ; à Versailles, les jardins étaient mal entrenus ; les eaux n'étaient plus en état de jouer, plusieurs bassins étaient à sec, le canal même était malpropre et plein de fange, les statues étaient mutilées ou gisaient par terre ; il n'y avait pas jusqu'aux marches d'escaliers qui ne fussent cassées ou dégradées [4]. Tous ceux qui dirigeaient des maisons dépendant de la couronne, étaient amenés à faire des avances. Dans ses *Lettres de cachet*, Mirabeau a remarqué qu'à Vincennes un gouverneur, M. Guionnet, avança jusqu'à vingt mille écus au roi. La manufacture des Gobelins ne se soutint que parce que les entrepreneurs prirent ses intérêts à cœur, en fournissant toutes les laines et soies, en payant les ouvriers, et en se ruinant ainsi en avances dont ils ne furent pas dédom-

---

[1] *Ibidem*, tom. I, pag. 238.
[2] *Notice sur Necker*, par A. de Staël, 1820, pag. 67.
[3] *Mémoires de Terrai*, par Coquereau, 1776, pag. 144.
[4] D'Angerville, tom. IV, pag. 183.

magés, et pas même remerciés, car cet établissement fut tellement perdu de vue que, quand ils réclamèrent les fonds sur lesquels ils comptaient, on leur permit de vendre, au tiers de rabais environ, une grande quantité de tapisseries, pour couvrir le déficit toujours croissant [1].

Cependant, lorsque survenait un prétexte de donner de grandes fêtes, Louis XV étalait un luxe oriental. Jamais, sous Louis XIV, on ne vit des bals, des festins, des illuminations comparables à ceux qui eurent lieu à l'occasion du mariage du Dauphin, à une époque où quatre mille personnes étaient mortes de faim dans le Limousin [2]. Il en fut de même aux noces du comte d'Artois; on dépensa deux millions pour les seuls préparatifs de cinq opéras qu'on joua [3]. On ne manquait pas alors de mettre de nouveaux impôts pour payer les fournisseurs ; l'argent arrivait au trésor, mais il en était toujours détourné pour les *bons du roi*. Le commerce se ressentait de ce désordre ; la misère conduisait au désespoir. En 1771, on compta à Paris 200 suicides, et 2,350 banqueroutes s'élevant à la somme de cinquante millions [4]. La rareté du numéraire doubla le prix de toutes les denrées et rendit la vie à charge à tout le monde. Les édits n'en

---

[1] *Notice historique sur les manufactures impériales de tapisseries des Gobelins et de tapis de la Savonnerie*, par A. Lacordaire, 1853, pag. 109.
[2] D'Angerville, tom. IV, pag. 179 à 186.
[3] Coquereau, pag. 244.
[4] *Idem*, pag. 167.

allaient pas moins leur train ; ils tombaient comme la grêle sur une nation déjà si pressurée. Le parlement avait fait de vertes remontrances ; on le détruisit, pour n'être plus importuné. Un prêtre osa tonner en chaire, devant toute la cour, contre la véritable cause de tous les malheurs ; il fut traité d'insolent[1]. Les évêques se plaignirent à leur tour ; on se moqua de leurs avis, car on n'en voulait qu'à leur bourse. Le roi était devenu inaccessible ; ses favoris l'avaient mis dans l'impossibilité de rebrousser chemin.

Il s'endurcit de plus en plus en s'abandonnant à des orgies et à des débauches dont il était depuis longtemps dégoûté. Il lui fallait de l'argent pour se dégrader et se consumer, il en chercha toute sa vie à tout prix. Pendant plusieurs années, il se passa de chancelier, et en remplit les fonctions ; huit cents expéditions furent scellées en sa présence ; il en perçut les honoraires[2]. Il jouait souvent, mais pour gagner[3]. Il possédait cent vingt-six maisons à Paris[4] ; il en vendait lui-même et il en touchait exactement les loyers, ou le prix de vente. Il avait imaginé de distinguer le roi du Bourbon ; c'était sous le nom de Louis de Bourbon qu'il gérait ses affaires privées[5]. Il étalait les porcelaines de Sèvres

---

[1] D'Angerville, tom. IV, pag. 268.
[2] *Idem*, tom. III, pag. 125.
[3] *L'Espion anglais*, tom. I, pag. 22.
[4] Coquereau, pag. 245.
[5] Mme Campan, tom. I, pag. 13, et tom. III, pag. 42.

dans une galerie de Versailles, et il en fixait le prix très haut, afin d'en tirer plus de bénéfice. Il exhortait lui-même les courtisans à lui en acheter[1]. Il avait intéressé tous ses favoris au succès des fermes, en leur donnant un tiers du produit sous le nom de *croupes;* il ne s'oublia pas dans ce partage. Il avait pour son compte une place de fermier général et une place d'administrateur des postes[2]. Il ne resta étranger à aucun genre de spéculation. Il s'occupa même d'agiotage. Il ne manquait jamais de se défaire de ses papiers royaux, lorsqu'il prévoyait une baisse. A la page 553 de l'*Almanach royal* de 1774, publié par Le Breton, premier imprimeur ordinaire du roi, on lut ces mots : « Trésorier des grains pour le compte du roi, M. Demirlavaud, rue Saint-Martin, vis-à-vis la fontaine Maubué. » Dans le *registre* de Louis XV, dont je parlerai tout à l'heure, j'ai trouvé ces lignes : « Février 1768, à M. Mirlavaud à compte de 600,000 livres pour achats de grains pour le soulagement de diverses provinces du royaume, 300,000 livres. Mai 1768, à M. Mirlavaud, reste de 600,000 livres pour achats de grains pour le soulagement de diverses provinces du royaume, 300,000 livres. » Ainsi, dès 1768, le roi était marchand de blé ; il est faux qu'il songeât à soulager les provinces ; on l'avait soupçonné de favoriser le monopole des grains, car il avait des magasins qui en

---

[1] *L'Espion anglais*, tom. I, pag. 291.
[2] *Journal historique*, tom. V, pag. 14.

regorgeaient. On voyait sur son secrétaire des carnets exacts du prix des blés jour par jour dans les principaux marchés du royaume. L'*Almanach royal* de 1774 dessilla les yeux à toutes les classes de la société. Alors on comprit la famine et les différentes lois favorables ou contraires à l'exportation des grains. On ne pouvait se méprendre sur les intentions du roi, en se rappelant que Mirlavaud avait failli être pendu pour monopole en Guienne. On remarqua que les blés ne cessèrent de se vendre plus cher, et que leur prix ne diminua que le jour de la mort du roi[1]. Aussi un des premiers soins de Louis XVI fut-il de notifier à ses sujets qu'il ne serait fait aucun achat de grains ni de farines pour son compte, comme on l'avait reproché à son prédécesseur. Louis XV avait eu un ministre, du nom de Bertin, spécialement chargé de toutes ces négociations et affaires, sous le titre de trésorier des parties casuelles. Il est facile de deviner le gain du roi, si l'on se rappelle les dépenses de Bertin. Ce dernier vécut quinze ans avec la Hus, actrice de la Comédie-Française; il lui avait donné un mobilier évalué à cinq cent mille livres par les *Mémoires de Bachaumont*, du 1er janvier 1762; Manuel (t. I, p. 333) a constaté qu'il remit plus de cent mille livres en diamants, en louis et en effets à une autre femme.

Complétons ces particularités par un document

---

[1] *Journal historique*, tom. V, pag. 146, et tom. VI, pag. 41. — Coquereau, pag. 200.

inédit. On m'a communiqué le registre de la dépense et de la recette faites au trésor royal pendant les années 1768, 1769 et 1770. Tous ces comptes sont arrêtés de la main de Louis XV. En 1768, la recette est fixée à 190,140,662 livres 11 sous 4 deniers, et la dépense à 183,475,350 livres 19 sous 6 deniers ; en 1769, la recette est de 43,475,617 livres 3 sous 1 denier et la dépense de 43,094,710 livres 2 sous 4 deniers. En 1768 le montant des billets au porteur s'élève à 10,078,739 livres ; en 1770, il n'est plus que de 299,402 livres. Il est facile de deviner l'usage de ces billets, car dans ce même registre figurent toutes les dépenses ordinaires et extraordinaires, prévues et imprévues, les appointements ordinaires et extraordinaires, les gratifications ordinaires et extraordinaires des ambassadeurs, des ministres, des courriers, des fonctionnaires publics, des laquais et de tous les employés, jusqu'aux derniers des palefreniers ; on y trouve aussi les indemnités accordées aux présidents des états ; elles sont énormes, de même que les pensions octroyées à tous les favoris. Ainsi en 1768 la pension du duc d'Orléans est de 150,000 livres ; celle du prince de Carignan, de 160,000 ; celle du prince de Condé, de 100,000 ; celle du comte de Clermont, de 70,000 ; celle de la princesse de Conti, de 45,000 ; celle du comte de La Marche, de 60,000 ; celle du duc de Penthièvre, de 50,000. Les aumônes, au contraires, sont faibles ; les secours envoyés aux particuliers sont presque une dérision ; les appointements des laquais et des domestiques sont très bornés. Aux Jésuites, on n'alloua d'abord pour leur subsistance que 200,000 livres, qu'on doubla en 1769 et qu'on fixa enfin à 430,000 livres. Pour l'année 1768, on abandonna à la reine 96,000 livres pour ses menus plaisirs, étrennes et foire de Saint-Germain; 48,000 à Madame, pareille somme à Mme Sophie et à Mme Louise pour le même motif; 1,500 par mois au Dauphin, autant au comte d'Artois et au comte de Provence.

Ce contraste de parcimonie et de prodigalité aide singulièrement à démontrer ce qu'aurait été Louis XV s'il eût cultivé les précieuses qualités qu'il reçut de la nature, s'il eût été fidèle aux principes d'éducation religieuse dont il fut imbu, s'il n'eût pas été précipité dans la débauche, circonvenu par des courtisans dépravés, et ce qu'il en coûta à la France d'être gouvernée par un roi qui abdiqua en faveur de favoris philosophes, qui se disaient sans préjugés et croyaient que le bonheur de l'État était incompatible avec la puissance des Jésuites et du clergé catholique, comme le constate Mme du Hausset (p. 127).

Des excès de table et de libertinage avaient mis Louis XV aux portes du tombeau à Metz; suivant Mme du Hausset (p. 84), il fut dangereusement indisposé une nuit entre les bras de la Pompadour; il s'accointa avec une fille du peuple; ce fut la dernière femme qu'il flétrit. Une maladie honteuse le délivra d'une vie dont il avait toujours été ennuyé, car il ne goûta jamais la paix ni le bonheur. Il connut le plaisir, mais il paya cher l'oubli de tous ses devoirs. Son testament résuma toute cette vie de parcimonie, de prodigalité et de débauches. Louis légua 500,000 livres à chacun de ses bâtards, suivant les *Mémoires de Bachaumont*, du 8 juin 1774, et seulement 200,000, suivant la *Correspondance secrète* (t. I, p. 12), et il ne laissa que 200,000 livres de rente à ses filles. Les *Mémoires de Bachaumont* prétendent que sa cassette renfermait dix-sept mille louis en or et pour vingt-deux millions d'effets. La *Correspondance secrète*, au contraire, ne parle que de 44,000 livres en espèces, et ne donne aucun détail sur ses contrats.

Les délassements de Louis XVI furent plus innocents et moins onéreux que ceux de Louis XV. Il se plaisait à poursuivre et à tuer les chats, suivant Levis (p. 18), dans ses fréquentes promenades sur les immenses toits en terrasse du château de Versailles. Il n'était pas moins passionné, en vrai Bourbon, pour la chasse ; on remarquait dans ses petits appartements, raconte Soulavie, au tome II de ses *Mémoires du règne de Louis XVI,* six tableaux des états de ses chasses, indiquant le nombre, l'espèce et la qualité du gibier qu'il avait tué à chaque chasse, avec des récapitulations pour chaque mois, chaque saison et chaque année de son règne. Chez lui, il trouvait des moyens de passer son temps. Il aimait à faire des cartes géographiques et à les laver. Il avait un goût prononcé pour la menuiserie et la serrurerie ; il nettoyait lui-même tous ses outils ; il recevait un garçon serrurier avec lequel il s'exerçait à forger des clefs, des serrures de toutes les façons; forges, enclumes, rien ne lui manquait. Quand il était fatigué, il recourait à la lecture ; il dévorait les voyages ; ses connaissances géographiques étaient prodigieuses ; il ne dédaignait pas l'histoire, non plus que le *Télénaque* et les écrits de Nicole ; il suivait les débats des Chambres d'Angleterre. Mais comme ses délassements manuels lui tenaient lieu d'occupation, et que ses études étaient plutôt des manies d'amateur que des investigations de philosophe, il ne développa aucune de ses facultés morales. Sa bonté native dégénéra en indolence ; cette indolence l'amena à négliger tous ses devoirs.

Au lieu de surveiller et de dominer la reine, il l'abandonna à toute sa légèreté. Aussi fut-elle bientôt entraînée et subjuguée par tout son entourage. Elle en patrona tous les goûts, toutes les passions, toutes les inconvenances. Elle assistait régulièrement à la messe, les yeux fixés sur un livre magnifiquement relié, et marqué à ses armes ; mais ce livre, dont le dos porte pour titre : *Livre d'Heures*, et qui est conservé précieusement dans l'une des Bibliothèques publiques de Paris, n'est autre chose que l'*Histoire d'Ernestine*, roman de Mme Riccoboni. Elle accueillit et pensionna un grand nombre de philosophes. Ce ne fut pas sa faute, si elle ne parvint pas à ouvrir les deux battants du grand salon de Versailles au nom de Voltaire : elle visita le tombeau de Rousseau, comme le constatèrent les *Mémoires de Bachaumont*, du 14 juin 1780. Elle travailla activement à rappeler au ministère Choiseul, le destructeur des Jésuites, le plus immoral et le plus prodigue des secrétaires d'État sous Louis XV; elle proposa de Brienne pour l'archevêché de Paris, et le poussa au timon des affaires, quoiqu'il fût épuisé de débauches et passât pour être athée. Elle honora de sa présence, remarque le comte de Ségur (t. I, p. 135), toutes les courses de chevaux, et encouragea par là les folies des parieurs qui s'y ruinaient. Mme Campan va nous fournir d'autres traits non moins caractéristiques. Tous les gens riches et tous les gros joueurs se pressaient autour de la table de jeu chez la reine; elle occasionna ainsi bien des pertes considérables. Elle courait les bals masqués et fréquentait les théâtres, ne rentrant jamais qu'à des heures indues, et avançant quelquefois l'aiguille de sa pendule pour prendre plus tôt congé du roi. Passionnée pour le théâtre, elle en construisit dans ses appartements un petit où elle était tour à tour actrice ou spectatrice, et cela jusqu'à deux fois par jour. Le soir, à défaut de spectacles, elle donna des concerts en plein air et établit l'usage des promenades dans les bosquets. Le jour, elle se plaisait beaucoup à se récréer à Trianon, à y examiner les chaumières, les fabriques, les bergeries qu'elle avait fondées, et à voir traire les vaches et pêcher dans le lac. Tout cela était entrecoupé de conversations où l'on relevait la chanson nouvelle, le bon mot du jour, toutes les *petites anecdotes scandaleuses*, la chronique des spectacles. Marie-Antoinette en était venue à oublier sa majesté de reine et sa dignité de femme ; elle avait confondu l'étiquette avec la réserve, la familiarité avec la folâtrerie, la gaieté avec la frivolité. Elle fut téméraire jusqu'à l'imprudence ; du soupçon on passa à la calomnie ; elle brava la rumeur publique. De bonne heure, elle perdit tout droit à la considération et au respect dus à son rang, à son âge, à sa beauté, à ses grâces, à son sexe. Elle fut traitée partout comme ne le fut aucune reine ; il ne lui resta plus de domicile, plus de retraite contre les avanies. Le cardinal de Rohan pénétra dans ses jardins de Trianon où il n'était pas invité ; la Dubarry s'assit sur le même banc qu'elle dans une des promenades nocturnes de Versailles ; un soir, ce fut un commis, un autre, un simple militaire qui se permirent de l'apostropher sans façon. Même licence dans ses salons. Necker, raconte Montyon [1], eut la hardiesse de lui prendre et de lui baiser la main ; le duc de Fronsac la bernait ; le comte de Vaudreuil cassa la queue de billard dont elle s'était réservé l'usage et à laquelle elle tenait beaucoup ; le baron de Besenval, malgré ses cheveux blancs, lui fit une déclaration d'amour dans toutes les formes ; le duc de Lauzun fut aussi entreprenant ; la Pompadour les eût emprisonnés, la Dubarry les eut souffletés ; Marie-Antoinette leur pardonna leur insolence. Toutes ses actions furent

---

[1] *Particularités et observations sur les ministres des finances de France,* 1812, pag. 233.

flétries ; les chansons s'en emparèrent ; elle en connut les auteurs et ne les inquiéta pas. Cette impunité aiguisa tous les traits de la malveillance. La reine ne se corrigea pas ; elle fut sourde à tous les avertissements ; la plus détestable réputation fut sa punition. Ce fut Louis XVI qui lui porta le coup dont elle ne se releva que pour succomber sous le fer de ses assassins. D'un mot, il pouvait assoupir la fameuse Affaire du Collier. Il est donc responsable de tout le scandale qui en rejaillit dans le monde entier. Il contribua ainsi à déshonorer la reine.

C'était une grande faute comme époux, comme chrétien. Un chrétien doit éviter de donner des scandales. Louis XVI est donc coupable de n'avoir pas épargné le tort immense que les débats de l'Affaire du Collier firent à l'Église de France, au collège des cardinaux. Comme chrétien, on attendait beaucoup de sa piété et de son zèle. Dans son gouvernement, il n'employa et ne consulta que des gens sans religion; Necker était, de tous ses ministres, celui qui avait conservé le plus de principes religieux, ce fut celui cependant qu'il accueillit le moins favorablement ; il ne choisit qu'un ministre parmi les prélats prônés, et ce pontife, Louis XVI savait qu'il était athée. Amis et ennemis des Jésuites convenaient ouvertement que les Jésuites n'étaient pas remplacés, et que l'éducation se ressentait de leur destruction. Rien ne s'opposait à leur rétablissement : les évêques, les philosophes, les pères de famille le désiraient. En laissant les Jésuites dans la misère et l'inaction, Louis XVI consacrait l'injustice de Louis XV, contristait la majorité de ses sujets et contribuait par là à pervertir et à corrompre les mœurs et le goût de la jeunesse abandonnée à des gens sans religion, sans mœurs et sans aucune teinture des lettres. Louis XV avait pu ne pas prévoir les conséquences de la destruction des Jésuites. Pour Louis XVI, l'illusion était impossible. Il prouva qu'il n'avait pas saisi l'esprit du christianisme.

Avait-il donc besoin d'une forte dose de génie pour régner? Non. Il pouvait contempler en Angleterre les entraves que les Chambres apportaient à tous les projets du gouvernement; en Suède, la facilité avec laquelle Gustave III, par la seule force de sa volonté, et une poignée d'hommes dévoués, avait anéanti une puissante aristocratie; en Prusse, la prépondérance que Frédéric II avait méritée par l'empire qu'il exerça sur son armée; en Autriche, les inconvénients et les funestes conséquences de réformes intempestives, ridicules, tyranniques, inutiles, tentées par Joseph II; en Pologne, l'avilissement d'un roi qui n'était que le premier de ses sujets; en Espagne et en Portugal, l'abus que des ministres absolus faisaient de leur autorité; en Suisse, les perpétuelles révolutions des républiques. En France, il avait vu sous Louis XV les dangers de guerres inutiles, l'impéritie et l'improbité des hommes d'esprit dans un conseil, et l'usurpation et la mutinerie des parlements. Il avait sous les yeux un curieux échantillon de gouvernements. Il ne lui restait qu'à choisir. Malheureusement il ne se créa aucun plan, ne s'arrêta à aucun système, ne s'attacha à aucun homme. Il ne chercha point à dominer son conseil; il ne s'en laissa point subjuguer. Il ne protégea ni ne seconda ceux qui se dévouaient à lui. Il ne fut pas impitoyable pour la nullité, ne sut point tolérer l'immoralité en faveur d'une capacité incontestable. Il ne s'adjoignit que des individus dont il réprouvait les principes; il ne se confia point dans ceux qu'il élevait. Ni les hommes, ni les circonstances ne lui firent échec; il n'en tira aucun parti. Il acheta très cher des consciences qu'il aurait eues pour rien ; il tenta de séduire, quand il aurait fallu réprimer. Il préféra souvent les avis d'un courtisan aux arrêts d'un ministre. L'intrigue l'emporta chez lui sur la politique. Il suffisait de l'importuner, de le brusquer pour l'amener à rétracter tout ce qu'il avait signé. Il manqua en tout temps de fermeté; quand il sortait de son indécision, c'était toujours pour multiplier les obstacles qui naissaient sous ses pas, et paralyser ses actes. Toutes ses mesures avortaient, car après avoir dit oui, il disait non, et son non était bientôt suivi d'un oui. Il avait si souvent rapporté ce qu'il avait promulgué, improuvé ce qu'il avait approuvé, qu'on s'accoutuma à ne tenir aucun compte de ses paroles; il perdit tout droit à la considération et au respect dus à un roi et à un homme mûr. Il devint un jouet pour tous ceux qui l'approchaient et le connaissaient. Leur insolence était aussi grande. « Le roi ne veut pas permettre la représentation de ma pièce, criait à haute voix l'auteur du *Mariage de Figaro;* donc on la jouera. » Le comte de Lauraguais, raconte Ségur (t. I, p. 136), appelait des lettres de cachet qu'il s'était attirées, par la hardiesse de ses propos et par l'originalité audacieuse de ses écrits, *sa correspondance avec le roi*, et il se promenait tranquillement dans des endroits où se trouvait la cour, et dont il était exilé. Une pareille licence peint un règne.

Louis XVI avait hérité d'une autorité sans bornes; il se hâta de la partager en rappelant les parlements. C'était se créer des obstacles insurmontables pour toutes les innovations qu'il tenterait, les mesures qu'il projetterait; c'était aussi perdre le mérite de tout le bien qu'il aurait fait, et dont on n'aurait tenu compte qu'à lui seul, s'il eût conservé intact le pouvoir formidable de tout faire que lui avait laissé Louis XV.

Il était roi; il devait donc favoriser tous les principes sur lesquels repose la monarchie et s'opposer à tout ce qui peut la déconsidérer et l'affaiblir. Cependant il contribua puissamment à l'indépendance des États-Unis; il accueillit à sa cour et choya tous ceux qui avaient coopéré à l'établissement de cette république, leur permit d'en porter l'ordre, et, dans ses promotions, leur donna la préférence sur ceux qui n'avaient pas quitté la France.

C'était jeter un germe de république dans ses États ; il le féconda. Il laissa ouvrir les clubs, où chacun eut le droit de tout dire ; il accorda la même licence aux journalistes. Il souffrit que les *Œuvres de Voltaire* se vendissent partout ; il fut même l'un des premiers souscripteurs de l'édition publiée par Beaumarchais, si j'en crois la lettre de Dalembert au roi de Prusse, du 13 décembre 1782, bien que le clergé en eût instamment demandé la suppression dans l'intérêt de la religion, des mœurs et du trône. Il finit par engager tous les écrivains à éclairer le gouvernement de leurs conseils, et à approfondir toutes les affaires de la politique. Octroyer la liberté de tout dire et de tout imprimer, c'était se mettre dans la nécessité de réprimer tous les abus qui seraient signalés, d'embrasser toutes les réformes qui seraient proposées : autrement, c'eût été une niaiserie ou une duperie.

Or, de tous les abus contre lesquels on déblatéra journellement, soit dans les clubs, soit dans les journaux, les plus révoltants étaient les privilèges énormes de la noblesse, et les dilapidations scandaleuses des deniers de l'État.

Loin de diminuer les privilèges de la noblesse, Louis XVI les augmenta ; il érigea le fait en droit. Il se détermina à réserver à la noblesse tous les biens ecclésiastiques, depuis le plus modeste prieuré jusqu'aux plus riches abbayes, remarque Mme Campan (t. I, p. 239). Il n'accorda presque aucun évêché aux roturiers, comme le prouve l'*Almanach royal*. Disposer d'un revenu de cent quatre-vingts millions en faveur des nobles, c'était sans doute se créer un parti puissant dans le haut clergé, mais c'était aussi faire de la cupidité un des motifs de vocation, et favoriser par là les scandales qui devaient résulter nécessairement de ces ordinations intéressées. Ce qui porte à croire que la plupart des nobles n'embrassaient l'état ecclésiastique que pour s'y enrichir, c'est que depuis qu'il n'y a plus de bénéfices à donner, on ne voit plus de nobles entrer dans les séminaires, de sorte qu'aujourd'hui qu'un évêque a mille peines à entretenir deux pauvres bêtes pour ses courses pastorales, il est aussi rare de rencontrer parmi les prélats un noble qu'il l'était d'en apercevoir de roturiers sous Louis XVI. Il adopta le même principe pour son armée. Il publia un édit qui déclarait inhabile à parvenir au grade de capitaine tout officier qui ne serait pas noble de quatre générations, et interdisait tous les grades militaires aux officiers roturiers, excepté à ceux qui étaient fils de chevaliers de Saint-Louis. Puis il autorisa les coups de plat de sabre pour châtier les soldats. Par là il indigna et mécontenta presque tous ceux qui étaient sous les drapeaux ou avaient envie de s'enrôler. L'injustice paraissait d'autant plus criante qu'il ne comblait la noblesse de faveurs qu'au moment où il laissait Beaumarchais démasquer et flétrir ses turpitudes, son ineptie, son insolence, son immoralité, ses intrigues, ses bassesses, son incurable cynisme, et son impertinente ingratitude.

A son avènement au trône, Louis XVI trouva un déficit de quarante millions à combler; c'était un merveilleux prétexte pour examiner les affaires de l'État et commencer toutes les réformes possibles. Ce fut le moindre de ses soucis. Il entreprit bientôt inutilement une guerre qui porta le déficit à plus d'un milliard. Cette fois, ce qui n'avait été d'abord qu'un motif, devenait une nécessité. Louis XVI supprima, à la vérité, quelques places, mais il en dédommagea amplement les titulaires; il renvoya beaucoup de domestiques inutiles, mais peu rétribués, et il conserva grand nombre de dignitaires, encore plus inutiles, mais magnifiquement entretenus. Il licencia toute sa maison militaire, sous prétexte d'économie, sans songer que c'était le corps d'armée dont la solde était la plus faible. De pareilles réformes sont imperceptibles pour le budget. Il avait à sa disposition les Tuileries, Versailles, Fontainebleau, Compiègne, Saint-Germain, Choisy, Marly, Trianon, la Muette; il ne se contenta pas de ces palais et de ces maisons de plaisance qui avaient suffi à la splendeur de ses prédécesseurs. Il acheta donc pour lui Rambouillet dix-huit millions; l'Ile-Adam près de neuf millions; le Clermontois plus de sept millions; l'hôtel Beaujon, à Paris, un million passé; puis, pour la reine, Saint-Cloud six millions; pour Mesdames, Bellevue, 754,337 livres, outre une villa à Montreuil et un hôtel à Versailles. On évalue à quatre-vingts millions le montant des acquisitions qu'il fit sans y être obligé, et pour son seul agrément, et sans s'informer s'il était en état de payer de pareilles superfluités. En même temps il doubla l'apanage de la reine, de ses tantes, de sa sœur, de ses frères, et satisfit tous leurs créanciers. Il les accoutuma à ne mettre aucune borne à leurs goûts ni à son indulgence. En fournissant à ses proches les moyens de vivre loin de lui, il brisa les liens de famille, dispersa la cour et contribua à former autant de partis qu'il y avait de membres dans la famille royale. De plus, ces acquisitions, il fallait d'abord en acquitter le prix, puis pourvoir à leur embellissement et à leur entretien. C'était donc occasionner des frais énormes et perpétuels à l'État, à une époque où les contrôleurs généraux ne savaient comment aviser au plus pressé. Tous les princes étrangers, tous les courtisans trouvèrent continuellement dans Louis XVI un roi disposé, soit à leur avancer des fonds considérables, soit à payer leurs dettes, soit à les accabler de sinécures et de gratifications. Ils obtinrent de lui à peu près tout ce qu'ils se donnèrent la peine de demander. Il suffisait de l'importuner pour en arracher autant de milliers de francs qu'on en désirait. Il lui arrivait même souvent de prévenir les postulants. Il porta à vingt-huit millions la liste des pensions auxquelles il serait bien difficile d'assigner des titres. Les ministres reçurent de lui une centaine de mille francs pour se liquider; à peu près autant en guise de gratifications, outre d'énormes appointements, et pour retraite des pensions pour eux et leurs enfants, proportionnées au mal qu'ils avaient fait et au scandale par lequel ils s'étaient signalés. Ces profusions ne sauraient être comparées qu'au désordre des finances. Ce ne fut qu'en 1788 que Louis XVI eut l'idée d'arrêter les états au vrai des exercices de 1776 à 1780. Il avait donc négligé le principal, le plus important de ses devoirs. Ni le temps ni les hommes ne lui avaient manqué; il fut maître absolu depuis 1774 jusqu'en 1789, et disposa, pendant cet intervalle, des lumières et du concours de Terrai, de Turgot, de Clugny, de Taboureau, de Necker, de Fleury, de d'Ormesson, de Calonne, de Fourqueux, de Brienne, en qualité de contrôleurs généraux. Il était jeune, bien frais, bien gras, bien portant, très instruit, doué d'une mémoire prodigieuse et d'un jugement très sûr, comme l'attestent Bertrand-Moleville [1] et Dumouriez (t. II, p. 139), sérieux, apte à toute espèce d'études, et, par un miracle de la Providence, cette passion qui nuit à tant de réformateurs, et qui est comme une seconde nature chez les Bourbons, il n'en fut ni troublé, ni tourmenté. Rien ne s'opposait donc à ce qu'il jouât le plus beau rôle qui ait été réservé à un roi en France ; bien plus, tout l'y poussait. Sans doute, en abolissant les privilèges, il irritait quelques milliers de libertins qui en jouissaient, mais il captivait pour toujours des millions d'individus qui étaient las de leur joug. Les nobles s'étaient rendus

---

[1] *Mémoires*, 1816, tom. I, pag. 222.

si méprisables qu'il y avait autant d'abjection que de folie à ne pas en purger la cour et les administrations. Louis XVI avait des lettres de cachet pour se débarrasser des impertinents; il avait la Bastille pour châtier les séditieux. Il était sûr de l'appui de tout le peuple, dans le cas où il aurait eu besoin de recourir à la force. En finir avec eux, telle était sa mission. Il s'était engagé à la remplir; car en autorisant Necker à publier son *Compte rendu*, il avait fixé l'attention de tous les esprits sur l'emploi des finances, les avait initiés à tous les arcanes jusque-là impénétrables de la recette et de la dépense, et avait ainsi démontré la possibilité, l'urgence des innovations. Négliger de les tenter, c'était une faute inpardonnable. Il avait le glaive pour punir et le sceptre pour gouverner. Comme roi absolu, il était responsable de tout le mal qu'il avait commis et de tout le bien qu'il n'avait pas opéré, ses ministres étant censés n'être que des instruments sous sa main et traversant la salle du conseil presque aussi vite que les petites pensionnaires du Parc-aux-Cerfs sous Louis XV. On n'attendait pas qu'il ne tombât dans aucune bévue, ni qu'il frappât toujours aussi juste que fort, à une époque où l'on regardait comme perdue la journée où l'on n'avait point ri; mais on exigeait et on avait droit d'exiger que sa volonté se traduisît en actes, et que son amour du peuple ne ressemblât pas à du quiétisme.

Quand on remonte aux causes de la révolution, on fait peut-être une part trop large à l'*Encyclopédie*, aux ouvrages de Voltaire, de Rousseau, de Diderot, de Raynal. Voltaire avait exercé une immense influence sur les idées ; mais il avait été le panégyriste et le courtisan de Louis XV, le flagorneur de toutes ses maîtresses, l'adulateur de tous ses ministres passés, présents et futurs, et l'un des plus infatigables soutiens de la monarchie, au point qu'il ne chercha à détruire la religion que pour enrichir de ses dépouilles la royauté. Tous les écrits des philosophes avaient paru sous Louis XV, sans l'ébranler. Il est digne de remarque que les *Œuvres complètes de Voltaire*, éditées par Beaumarchais, et tant prônés sous Louis XVI, n'eurent aucun succès ; elles ne sont pas encore épuisées aujourd'hui. Quand Louis XV prévit le danger où pouvaient l'entraîner les parlements, il les anéantit, grâce à sa maison militaire. Il s'était avili comme homme, mais il était resté roi et était parvenu à une autorité illimitée. Il avait accordé bien des pensions, mais il ne les payait pas. Il ne laissa qu'un déficit de quarante millions. C'était une bagatelle. Louis XVI ne fut donc pas le martyr de la royauté ; il ne fut que la victime de ses fautes. Elles lui sont toutes personnelles. C'est lui qui a préparé la révolution, c'est lui qui l'a brusquée. En convoquant les États généraux, il confessa qu'il n'avait pas voulu faire ce qu'il devait faire ; les charger de parfaire ce qu'il avait refusé d'essayer, c'était leur abandonner le pouvoir ; dévoiler l'impuissance de la monarchie, c'était en proclamer l'inutilité : de là à la déchéance, il n'y avait qu'un pas. Il ne restait plus à Louis XVI qu'à parer ce coup ; il s'obstina dans l'inaction. Tout autre que lui se serait tiré d'embarras à force d'énergie et de prudence ; il aggrava sa position déjà si difficile. Il abandonna le *Livre Rouge ;* c'était publier sa confession générale; Prudhomme n'avait pas tort de le regarder comme le catéchisme des amis de la révolution. On en releva tous les détails, tous les chiffres ; on fut indigné d'apprendre qu'en sept ans les acquits de comptant s'étaient élevés à plus de huit cent cinquante-six millions. De pareilles révélations provoquaient un châtiment. Cependant on ne désirait ni on ne complotait pas encore la mort du roi. Des hommes pleins de courage et dévoués jusqu'à l'héroïsme l'auraient sauvé s'il avait profité de la popularité qu'il avait méritée par ses vertus privées. Il refusa de les seconder. Ils n'eurent plus d'autre parti à prendre que d'errer sur la terre étrangère. Louis XVI avait lancé son navire dans une mer semée de rochers et de tempêtes. C'était le moment de se tenir debout à l'avant de sa nacelle, de se roidir contre les obstacles, de détruire les factions, de déployer toutes les puissances de sa virilité, d'épuiser toutes ses ressources, d'abonder au moins une fois dans son sens. Dieu illumina d'éclairs les écueils contre lesquels il allait échouer, et lui montra le sort qui l'attendait. Louis XVI se persuada, racontent Bertrand-Moleville (t. II, p. 43) et Dumouriey (t. II, p. 139), que sa destinée était d'être assassiné. Il n'avait pas vécu en roi ; il lui était réservé de mourir en roi ; il devait à sa race, à son rang, à sa famille, à sa nation, à sa religion de tenter l'impossible et de ne pas se désespérer. Les rois mérovingiens s'étaient laissé couper les cheveux ; attendre le fer du bourreau n'était pas d'un roi capétien. Louis XVI n'eut pas de confiance en Dieu, Dieu l'abandonna ; il n'eut point de confiance dans sa nation, la nation l'abandonna, puisqu'il avait manqué toutes les occasions de s'illustrer et de se sauver. Roi absolu, il avait tout laissé dire et tout laissé faire à une poignée de vauriens titrés ; roi déchu, il laissa tout dire et tout faire à une poignée de vauriens plébéiens. Ceux-là l'avaient bafoué, ceux-ci le tuèrent. Son indolence l'avait détrôné ; ne pas en prévenir les résultats, c'était un crime devant Dieu et devant la France. Au lieu de livrer à des scélérats, avec la douceur d'un agneau, le descendant de Louis XIV et de saint Louis, n'eut-il pas mieux valu mille fois que Louis XVI pérît l'épée à la main, à la tête de ses gens ? Ce trépas eût racheté toutes les fautes de son règne. Louis XVI ayant tout fait pour préparer la révolution, et n'ayant rien risqué pour en éviter le terme fatal, n'est donc ni un saint, ni un martyr, comme on n'a cessé de le répéter. La postérité le jugera sévèrement, parce qu'il avait reçu du Ciel tout ce qu'il fallait pour réussir, qu'il a eu la conscience de tous ses actes, et qu'il a deviné toutes les conséquences des principes qu'il avait adoptés.

Quel âge d'or pour les ministres peu délicats et philosophes !

Si nous en croyons Duclos, le comte d'Argenson, auquel Diderot et Dalembert dédièrent l'*Encyclopédie*, étant ministre de la guerre, ne songea jamais qu'à étendre son département, et, comme Caton, il concluait toujours pour la guerre, parce qu'il y trouvait son profit. Il créa inutilement une multitude d'officiers généraux qui surchargèrent et embarrassèrent les armées, dévorèrent les approvisionnements par le luxe et ruinèrent les finances. Tous les gens du métier l'accusèrent d'avoir perdu le militaire. Sans être avide d'argent pour lui-même, il obera l'État par les fortunes immenses qu'il procura dans les vivres, les hôpitaux à ses milliers de créatures, indépendamment du brigandage de sa famille. D'ailleurs affranchi de tout principe moral, le bien et le mal lui étaient indifférents. L'intérêt fut son seul mobile d'action. Chamfort prétend qu'il se jouait de sa propre honte et qu'il disait : « Mes ennemis ont beau faire, ils ne me culbuteront pas ; il n'y a ici personne plus valet que moi. »

Séchelles, Moras, Boulogne et tous les contrôleurs généraux qui leur succédèrent, remarque Duclos, ne songèrent qu'à s'enrichir ou qu'à gorger d'or leurs créatures et leurs parents. Si la Pompadour paya pour quatre cent mille livres de dettes de son père, et si elle eut un traitement de six cent mille livres, Mme du Hausset (p. 13 et 16) nous apprend qu'elle en fut redevable à Machault, qui comprit que, pour rester au pouvoir, le meilleur moyen était de faire sa cour à la favorite, en lui donnant tout l'argent qu'elle désirait. Tous les contrôleurs généraux suivirent cet exemple, sans s'oublier eux-mêmes, bien entendu.

De Silhouette ne parut que huit mois au contrôle général des finances ; il n'en sortit pas aussi honnête qu'il y était entré. « Il acheta des héritiers d'un traitant, raconte Grimm, dans sa *Correspondance littéraire*, d'octobre 1770, une ancienne prétention de six cent mille livres qui avait été engloutie dans la banqueroute générale du temps du système de Law ; il en fit l'acquisition pour six mille livres. Nanti de ces papiers en qualité d'acquéreur, il trouva moyen, en qualité de ministre de la justice du roi et de la plus urgente nécessité de l'État, de les acquitter à leur valeur primitive ; et après les avoir fait payer au trésor royal, en qualité d'homme qui sait calculer, il les prêta au roi à fonds perdu sur sa tête et sur celle de sa femme, et se fit, moyennant six mille livres, une fois payées, une rente viagère de soixante mille livres par an. »

De Laverdy ne fut pas plus gêné, quoiqu'il eût manifesté l'intention de ne pas augmenter ses capitaux pendant le temps qu'il serait au pouvoir. Il fit faire à son beau-père, fort riche et retiré du commerce des draps, une seconde fortune plus considérable que la première. Il enrichit ses beaux-frères et toute sa famille. Mais il eut soin de ne pas oublier son avenir. Quand il se chargea de la gestion des finances, il possédait peu de biens ; il ne se retira cependant qu'avec deux cent mille livres de rente qu'il put dépenser dans un hôtel que lui avait donné Louis XV, et qu'il avait rebâti et agrandi aux dépens du trésor. C'est d'Angerville (t. IV, p. 123) qui nous a fourni ces détails.

Le sous-diacre Terrai était parvenu à se créer un revenu de onze à douze cent mille livres, grâce à ses dignités et à ses bénéfices. Il ne négligea aucune occasion d'augmenter cette immense fortune. Il se vantait de faire argent de tout. Ce fut lui qui organisa la compagnie privilégiée pour le monopole des blés ; il s'associa Louis XV pour être plus sûr de l'impunité de ses déprédations. Il faisait la hausse ou la baisse des grains dans la capitale comme dans les provinces. Tantôt il empêchait la circulation des blés, tantôt il la favorisait, suivant l'intérêt qu'il y trouvait. Quand ils étaient à bon marché, il en achetait beaucoup ; il les mettait en réserve dans son château où ils arrivaient par un chemin magnifique, qui avait coûté de 4 à 500,000 livres à l'État, quoiqu'il n'y eût que Terrai qui s'en servît. En avait-il une grosse provision, il interdisait l'exportation, et envoyait vendre sa denrée dans les localités où elle était montée à un prix excessif. Une fois, il ne s'en défit à Sézanne qu'à vint-cinq livres le setier. Grâces, emplois, justice, il n'accordait rien qu'au poids de l'or. Blâmé un jour, dans le conseil, d'avoir laissé sa maîtresse toucher un pot-de-vin de 150,000 livres pour la signature d'un bail de forges, il rompit en visière avec l'accusée, mais il exigea la somme stipulée, qu'il porta au trésor royal pour le compte du roi, afin d'en obtenir plus facilement son pardon. Pour le renouvellement du bail des poudres, il accepta une inscription de trente mille livres de rente, outre un présent de trois cent mille livres. Le secret fut ébruité. Le roi bouda d'abord. Terrai se hâta d'offrir le pot-de-vin à la Dubarry, et tout fut oublié. Il érigea toutes les magistratures en titres d'office, afin de les vendre à l'enchère en bloc ou en détail. Corny, israélite de Metz, fort riche et intrépide spéculateur, s'insinue sur ces entrefaites auprès de Terrai, qui lui propose d'acheter les charges municipales et les droits domaniaux de son pays, moyennant deux millions pour lesquels il aura le droit de former une compagnie de finances. Corny accepte et dépose la somme dont on est convenu. Terrai retira sa promesse et garda l'argent. Corny se fâcha inutilement; il se brûla la cervelle pour échapper aux reproches de ses associés. Le renouvellement du bail des fermes valut 450,000 livres à Terrai ; mais Louis XVI, en le disgraciant, les lui redemanda, ainsi que les sommes consacrées à paver le chemin de son château. Louis XV fermait les yeux sur cette conduite qui indignait toute la nation. Terrai étalait un luxe prodigieux ; son lit seul était estimé 80,000 livres. On disait qu'en dix-huit mois sa maîtresse avait gagné 1,800,000 livres à trafiquer de sa signature. Quoique tous ces faits fussent connus, Terrai n'en aspirait pas moins à devenir cardinal; il aurait volontiers acheté la pourpre 500,000 livres. Il pouvait tout oser, parce que Louis XV lui donnait carte blanche. Nul ne plut davantage à la Dubarry. Elle déclara qu'elle ne le renverrait jamais, parce qu'il ne la laissait jamais dans le besoin. En effet, il la gorgeait d'or et acquittait régulièrement tous les bons du roi. On prétend qu'il en paya pour 180 millions en deux ans. C'est ce qui explique la durée de son ministère. Il déploya d'incontestables talents; les moyens qu'il employa étaient dignes de la fin à laquelle il visait. Telle est l'idée que Coquereau nous inspire de Terrai, et son témoignage est confirmé par tous les mémoires du temps.

De Calonne avait toujours dépensé au delà de son revenu, et sa vie dissipée n'était un secret pour personne. Dans un entretien avec de Machault, ancien contrôleur général et garde des sceaux, il lui parla de la situation des finances, avoua qu'elles étaient dans un état déplorable, et qu'un honnête homme avait peine à se charger de cette administration; qu'il ne s'y était déterminé que parce qu'il y avait été forcé par le désordre de ses affaires personnelles; que, quand il était arrivé au contrôle général, il devait 220,000 livres exigibles; que, dès les premiers moments, il avait donné au roi connaissance de son embarras et lui avait représenté qu'un ministre des finances avait bien des moyens d'acquitter une telle dette, sans que Sa Majesté en fût instruite; mais qu'il préférait une voie franche ; et que le roi, sans lui répondre, avait été prendre dans son secrétaire des actions de l'entreprise des eaux, et lui en avait donné pour 230,000 livres ; et Calonne ajouta qu'il avait trouvé le moyen de se liquider et avait gardé ses actions des eaux. On a prétendu que ces actions étant tombées de prix, Calonne avait employé des sommes du trésor public, destinées à soutenir le cours des fonds publics, à relever celui de ces actions qui étaient une propriété particulière, et qu'il avait fait acheter de préférence les actions qu'il possédait à un taux supérieur à celui qu'elles avaient alors. Quoi qu'il en soit, Calonne mérita d'être jugé avec sévérité à cause de l'énorme et scandaleux gaspillage de la fortune publique qu'on doit reprocher à ses intrigues, à sa lâche complaisance, à sa coupable négligence, qui était telle que, quand il rendit son portefeuille, il y avait dix mois qu'il ne s'était informé du montant de ses dépenses, qui chaque jour dépassaient un million. Il ne sut jamais rien refuser aux favoris. Ce fut lui qui poussa le roi à payer les dettes du comte d'Artois et de bien d'autres, comme le prouve le *Livre rouge*. Il prêta ou donna plus de 800,000 livres au comte de Vaudreuil [1].

De Brienne avait toujours été criblé de dettes, quoiqu'il eût plus de 200,000 livres de rente,

---

[1] Levis, pag. 79. — Montyon, pag. 267 à 301. — Besenval, tom. III, pag. 217. — Soulavie, tom. III, pag. 245. — Mirabeau et La Marck, tom. I, pag. 57.

parce qu'il fut toujours livré aux plaisirs, comme on pouvait l'attendre d'un archevêque prôné par les philosophes et qui passait pour être athée, et épuisé de débauches. Les femmes et les philosophes le poussèrent au contrôle général. Il est accusé d'avoir recélé dans son palais une religieuse qu'il avait séduite et qui vendit toutes les grâces dont il disposait. Ce n'est pas le seul reproche qu'il ait mérité. « Il voulut, raconte Montyon, créer de nouveaux offices d'agents de change, d'autant que les pourvus de ces offices avaient fait des fortunes énormes dans le trafic des fonds publics. Comme ils désiraient éviter d'avoir des concurrents, ils offrirent une somme considérable pour que leur nombre ne fût point augmenté; mais dès que cette somme fut payée, les nouveaux offices furent créés. » Son impéritie dans les affaires dépassait encore son immoralité. Il n'en obtint pas moins l'archevêché de Sens et une abbaye, et l'autorisation de couper dans cette abbaye pour 900,000 livres de bois pour se liquider. Il fut même nommé cardinal, sur les instances de Louis XVI, quoique les scandales de toute sa vie et les fautes de son ministère lui eussent valu des avanies et des outrages [1].

Au tour de Necker. Commençons par ces détails que Dugast de Bois-Saint-Just (t. I, p. 10) nous donne comme des faits dont les partisans mêmes

---

[1] Mme de Genlis, tom. IX, pag. 361. — Soulavie, tom. III, pag. 105. — Montyon, pag. 306. — Besenval, tom. III, pag. 320.

du ministre n'ont pu contester la vérité : « M. Pourra, banquier à Paris, apprend que M. Necker possède une quantité assez considérable d'effets négociables sur Livourne. Il va le trouver et lui propose de lui en céder une forte partie sous un bénéfice avantageux. Le marché est bientôt conclu, mais sous deux conditions expresses : la première, que les papiers seront transmis à M. Pourra dans ce même jour, et assez de bonne heure pour qu'il puisse les adresser par le courrier à sa maison de Lyon ; la seconde, que M. Necker n'enverrait à Lyon, par ce même courrier, aucun de ces mêmes effets qui restaient dans ses mains. M. Pourra, après avoir terminé son arrangement, retourne chez lui, prépare ses lettres d'avis pour ses correspondants MM. Pourra père et fils, et n'attend pour les clore que la remise des effets qui n'arrivaient point. Il les fait demander ; on s'excuse du délai sur quelques légers prétextes : on promet de les faire passer dans un moment. Enfin ils arrivent à l'instant où l'heure du départ de la poste ne permettait plus de les faire partir ce jour-là, et l'envoi se trouve nécessairement différé jusqu'au lendeman. Mais ce retard, qui paraissait si indifférent en lui-même, avait été fort habilement calculé par M. Necker pour s'approprier la spéculation de son confrère. En effet, par ce même courrier, et bien sûr de ne pouvoir être prévenu, il fit paser à MM. Gaillard, Grenus et Cie, ses correspondants à Lyon, ce qui lui restait d'effets sur Livourne, lesquels furent enlevés tout de suite, et vingt-quatre heures après, lorsque ceux de M. Pourra arrivèrent, le prix en était tellement baissé qu'ils éprouvèrent, sur l'achat même, une perte considérable. M. Pourra, instruit de cette odieuse manœuvre, rencontre M. Necker à la Bourse et lui reproche publiquement sa mauvaise foi. Celui-ci lui répond avec le ton d'arrogance qui lui était ordinaire, et auquel son adversaire réplique par un soufflet. Le magistrat de police, chargé du maintien de l'ordre dans les lieux publics, informé de cette voie de fait par la plainte de M. Necker, mais sachant le motif qui y avait donné lieu, se contenta de faire une réprimande à M. Pourra sur sa vivacité. — Le duc de Choiseul, qui venait de conclure la paix avec l'Angleterre, fit appeler M. Necker et lui confia qu'il avait besoin de son zèle et du crédit de sa maison de banque pour une commission importante, qui faisait partie des clauses secrètes du traité. Il s'agissait de payer au pair, dans une époque courte et déterminée, tous les billets du Canada qui lui seraient présentés à Londres. Le banquier se chargea avec empressement d'une opération aussi majeure, pour laquelle le ministre lui donna toutes les sûretés dont il pouvait avoir besoin. Mais après s'être bien assuré de la confiance du gouvernement, il eut l'adresse de prolonger pendant quelques jours cette négociation, et profita de cet intervalle pour accaparer, soit par lui-même, soit par des agents fidèles et discrets, tout ce qu'il put amasser à Paris de ces mêmes billets qui y perdaient

65 0/0 ; et avec moins d'un million, il s'en procura environ trois qui furent, ainsi que l'on s'y attend, les premiers soldés à Londres. Cette manœuvre, que des gens délicats taxeraient au moins d'abus de confiance, mais que son auteur et ses partisans ont appelée modestement *opération de banque*, parvint à la connaissance du public par la cupidité de M. Necker, qui, en réglant ses comptes avec M. Telusson, avait omis les bénéfices immenses de cet article, prétendant qu'ayant agi en cette occasion sans le concours de son associé, celui-ci n'avait aucun droit aux avantages qui en avaient résulté. De son côté, M. Telusson, bien informé de tous les détails de cet arrangement, soutenait que les fonds de commerce étant en commun, il ne pouvait se faire par l'un ou l'autre des associés aucune opération dont les bénéfices comme les pertes ne dussent être également partagés. Chacun s'entêtait dans son opinion, et peu s'en fallut qu'on n'en vînt aux voies judiciaires pour régler ce différend. Mais quelques amis des deux parties, en leur représentant que l'affaire était de nature à amener l'intervention du gouvernement, et qu'ils pourraient tous deux en être victimes, parvinrent à les décider au partage. Telle fut la première base de la fortune splendide de M. Necker. On sait combien elle s'est accrue pendant son ministère par la vente des actions de ses emprunts, dont il confiait en premier ordre l'agiotage à une société de banquiers qu'il tenait à sa disposition ; et l'on n'est point dupe du désin-

téressement hypocrite de l'homme qui, en gagnant des millions à volonté, se jactait avec insolence de refuser les émoluments attachés à sa place de directeur général des finances. » Dans son ouvrage *Du gouvernement, des mœurs et des conditions en France avant la Révolution, avec le caractère des principaux personnages du règne de Louis XVI* (1814, p. 196), Senac de Meilhan parle en ces termes de la fortune de Necker : « Son incroyable rapidité suffirait seule pour en rendre la source suspecte. Les faits viennent à l'appui des soupçons légitimes qu'elle fait naître. Des traités frauduleux avec la Compagnie des Indes, et des spéculations sur les fonds anglais au moment de la paix de 1763, dont il fut instruit à l'avance, sont les principes de cette étonnante fortune, évaluée à six millions par les calculs les plus modérés. Sa conduite avec la Compagnie des Indes est trop connue pour en retracer ici le tableau : mais une circonstance relative à l'affaire de ses spéculations en Angleterre, mérite d'être rapportée. Un premier commis des affaires étrangères, favori de M. le duc de Praslin, avait connaissance, par sa place et par la confiance du ministre, du prochain succès des négociations pour la paix ; instruit avec certitude que les préliminaires étaient au moment d'être signés, il voulut mettre à profit cette connaissance et concerta son projet avec Favier, homme très instruit des affaires de l'Europe. Ils convinrent ensemble de faire part de la notion assurée qu'ils avaient de la paix à un riche capitaliste en état de fournir des fonds pour acheter au plus tôt des effets en Angleterre. Ces effets perdaient considérablement, et il était évident qu'ils remonteraient infailliblement à la première nouvelle de la paix. Les profits de la négociation devaient être partagés entre celui qui fournissait les fonds et ceux qui donnaient l'avis important qui déterminait l'entreprise et en assurait le succès. On s'adressa à Necker, qui sentit tout l'avantage du projet et se chargea des achats ; on lui fit part ensuite d'un léger obstacle qui s'opposait à la paix ; mais, à l'arrivée du courrier suivant, les associés s'empressèrent de l'instruire de la levée de cet obstacle et de la certitude de la paix. Necker, dès le lendemain de leur première entrevue, avait expédié pour Londres un courrier chargé d'instructions pour ses correspondants, auxquels il marquait de ne pas perdre un moment pour faire des achats considérables de fonds anglais. Il s'était aussi engagé avec Favier et le premier commis à partager les bénéfices ; mais ils différèrent à mettre par écrit leurs conditions, et Necker, qui avait eu le temps de faire ses réflexions et formé le projet de s'approprier en entier les bénéfices de la spéculation, annonça alors à ses associés qu'il avait fait de nouvelles réflexions, et que, quels que fussent les motifs de croire à la paix, elle pouvait être retardée et le retard l'exposer aux plus grands risques. Il ajouta qu'il avait fait partir un second courrier pour révoquer les ordres qu'il avait donnés, et faire revendre à tout prix les effets achetés. Enfin il fit valoir à ses associés la bonté qu'il avait de ne point leur faire partager la perte. Indignés de son effronterie, mais forcés au secret, ils n'osèrent éclater, et se contentèrent de faire secrètement des perquisitions à Londres. Le résultat fut que les effets n'avaient été revendus qu'après la nouvelle certaine et publique de la paix, et que la vente avait produit quarante pour cent de bénéfice. Necker s'assura ainsi un gain immense. » L'*Espion anglais* (t. V, p. 303) n'est pas moins positif; il dit : « M. de Saint-Foy, qui était premier commis des affaires étrangères lors de la paix dernière, se plaint que, d'après les renseignements qu'il lui donnait, M. Necker, en jouant aux actions à Londres à coup sûr, avait gagné 1,800,000 livres, dont il lui avait toujours refusé la part qu'il lui avait promise. Un M. Favier, autre commis qui avait été le porteur de parole et en devait profiter aussi, atteste le fait et le conte à qui veut l'entendre. » Soulavie (t. IV, p. 99) adopte le bénéfice de ces 1,800,000 livres et ajoute que, sous Terrai, Necker passait pour avoir fait avec le roi, le petit agiotage de banque ou d'honnête usure, prenant des effets qui perdaient sur la place pour les vendre avec avantage au trésor royal, et avoir, par tous ces moyens, gagné une fortune immense. Bertrand-Moleville (t. I, p. 54) rapporte aussi que, sous Terrai, Necker profita de la détresse du trésor royal, et fit si bien valoir les fonds de son patron et compagnie, que sa part dans les bénéfices, évidemment usuraires, fut immense, et qu'on lui reprocha vivement la conduite peu loyale qu'il avait tenue dans les assemblées de la Compagnie des Indes. Montyon (p. 216), ayant été amené à parler de la fortune de Necker, rappela qu'on en attribuait l'origine à deux manœuvres qu'il jugeait bien condamnables, si la vérité en était prouvée. Il les cita, parce qu'elles étaient trop répandues, et avaient obtenu dans quelques esprits trop de croyance pour qu'il lui fût possible de les omettre ; mais il observa que ces faits, qui ne sont autre chose que les accusations copiées précédemment, n'étant pas prouvés, devaient être rangés dans la foule des imputations auxquelles sont en butte les hommes en place, et qu'ils étaient comme réfutés par le désintéressement et la noblesse que Necker a montrés dans les diverses situations dans lesquelles il s'est trouvé. Je ne veux être ni le panégyriste ni l'accusateur de Necker ; cependant j'ai besoin d'examiner les pièces que j'ai reproduites et les raisonnements de Montyon. Necker ayant établi des réformes qui blessaient les intérêts des courtisans et des financiers, a eu une légion d'ennemis : ceci est tout naturel. Necker a-t-il été calomnié ? ce n'est point impossible. Il s'agit de savoir si Necker a été calomnié : les témoignages à sa charge sont nombreux, clairs, positifs ; sont-ils certains ? non. On exigerait que les faits allégués fussent prouvés ; malheureusement ils étaient de nature à ne pouvoir l'être qu'en justice : l'affaire n'y a pas été portée. Ces faits restent donc au rang des probabilités ; pour les rejeter, il faut des raisons. On oppose le désintéressement de Necker dans plusieurs circonstances. Il est permis de penser que si Necker refusa les émoluments attachés aux charges qu'il accepta, c'était un moyen d'obtenir de rester plus longtemps en faveur. Si Necker a été plus que désintéressé, étant ministre, il ne s'ensuit pas que, pour parvenir à une fortune immense, il n'ait pas eu recours aux expédients qui ont été signalés plus haut; mais il n'est pas démontré que Necker, comme ministre, soit à l'abri de tout grief. Montyon va nous en fournir un tout à l'heure, et, par conséquent, il démasquera la réserve qu'il s'était imposée sur cette matière, et donnera gain de cause aux accusateurs de Necker. Pour cela il est nécessaire de raconter comment Necker gravita au contrôle général et à qui il fut redevable de son élévation. « A titre de bel esprit, le marquis de Pesai, lit-on dans la brochure précitée (p. 189) de Senac de Meilhan, était admis dans la société de M. Necker. Pesai fit confidence à M. Necker de la correspondance qu'il avait avec le roi, et dès ce moment, la caisse du banquier lui fut ouverte. Necker s'appliqua à critiquer secrètement les opérations de Turgot et à le discréditer dans le public. Le marquis envoyait ses mémoires (au roi) et présentait sans cesse Necker comme un génie transcendant dans la partie des finances. Des services aussi signalés excitaient toute la reconnaissance de Necker, qui trouvait dans son immense fortune des moyens de témoigner au marquis sa sensibilité ; il ne négligeait aucun moyen d'entretenir ces favorables dispositions; sa table, son esprit, son savoir, sa caisse étaient aux ordres de Pesai. Le superbe Necker, enveloppé d'une redingote, est venu plusieurs fois attendre chez M. de Pesai, au fond de la remise d'un cabriolet, le moment où il devait revenir de Versailles. Quand on songe que le même homme a si souvent parlé dans ses écrits de la noblesse de ses sentiments, de son mépris pour l'intrigue, qu'il a tant de fois imprimé ces mots : *un homme de mon caractère*, et qu'on se le représente caché dans cette remise du cabriolet de Pesai, on se rappelle le bon M. Tartufe. » A la fin, Necker mit le marché à la main pour cent mille écus, certifie Barruel (t. V, p. 118) ; à ce prix il fut nommé contrôleur général. Il s'ingénia à créer en faveur de Pesai un emploi de soixante mille francs de traitement, suivant Senac de Meilhan (p. 194). Quant aux cent mille écus promis, Pesai les a obtenus « par le payement d'une prétendue créance sur l'Etat d'environ cent mille écus, créance rejetée et prescrite depuis environ trente ans, avoue Montyon. Nous ne déciderons pas quelle censure on encourt par de tels procédés ; mais certainement il est difficile de les concilier avec la dignité de sentiment que s'est attribuée M. Necker, et la pureté de la morale qu'il a professée. » Voilà Necker inaugurant son ministère par un acte qui justifie ceux qui ont remonté aux sources de sa fortune. Fut-il depuis un modèle de toutes les vertus ? Barruel nous fournit ce document (t. I, p. 196) : « Dans le temps où Necker, rappelé au ministère pour remplacer Brienne, publiait et faisait publier ses prétendus efforts et ses prétendues générosités pour donner du pain au peuple, dans ce temps-là même, Necker était plus que d'intelligence avec Philippe d'Orléans pour réduire ce peuple à toutes les extrémités de la famine et l'entraîner ainsi à l'insurrection contre le roi, les nobles et le clergé. L'assassin vertueux accaparait les blés, les tenait renfermés dans des magasins ou les faisait promener de côté et d'autre sur des bateaux, et défense était faite aux intendants de laisser vendre ces grains jusqu'au moment que Necker marquerait. Les magasins restaient fermés, les bateaux continuaient d'errer d'un port à l'autre. Le peuple demandait du pain à grands cris, mais en vain. Le parlement de Rouen, touché de l'extrémité où se trouvait la Normandie, chargea son président d'écrire au ministre Necker pour obtenir la vente d'une grande quantité de blés que l'on savait être dans la province. Necker laissa la lettre sans réponse. Le premier président reçut de sa compagnie ordre de revenir à la charge, d'écrire de nouveau et d'insister sur les besoins du peuple. Necker répond enfin qu'il fait passer à l'intendant les ordres demandés. Les ordres de Necker s'exécutent; pour sa propre justification, l'intendant est forcé de les produire au parlement. Loin de porter que le blé sera vendu, on n'y voit qu'une exhortation à différer la vente, à trouver des moyens dilatoires, des excuses, des prétextes pour éluder les sollicitations des magistrats et délivrer Necker de leurs instances. Cependant les vaisseaux chargés de grains se promenaient de l'Océan dans les rivières, et des rivières dans l'Océan, ou même simplement dans l'intérieur des provinces. Au moment où Necker fut renvoyé pour la seconde fois, le peuple était encore sans pain. Le parlement avait acquis des preuves que les mêmes bateaux, chargés des mêmes blés, avaient été de Rouen à Paris, et de Paris à Rouen, rembarqués à Rouen pour le Havre et du Havre rapportés à Rouen à moitié pourris. M. le procureur profita du renvoi de Necker pour écrire à tous ses substituts dans la province d'arrêter ces manœuvres, ces exportations, et de donner au peuple la liberté d'acheter ces grains. Sur le renvoi de son vertueux ministre, la populace, stupide souveraine de Paris, courut aux armes, redemandant Necker, portant son buste dans les rues. Il fallut rendre à cette populace son bourreau qu'elle appelait son père, et Necker de retour se hâta de la tuer encore par la famine. A peine eut-il appris les ordres donnés par le procureur général du parlement de Normandie que des brigands partirent pour Rouen, ameutèrent le peuple contre ce magistrat, pillèrent ou brisèrent tout dans son hôtel et mirent sa tête à prix. L'historien citera pour témoins de ces faits tous les magistrats du parlement de Rouen. » Le comte d'Allonville (t. II. p. 178) donne ce tableau pour pendant : « Louis XVI, désespéré de voir l'arrivage des farines arrêté, en dépit des ordres multipliés qu'il adressait aux moulins de Corbeil, et ne pouvant plus se fier à ce qui l'entourait, car la corruption et la malveillance avaient pénétré jusque dans son palais, demanda au duc du Châtelet un homme qu'il pût avec confiance charger d'éclaircir un profond et funeste mystère. Le choix du duc tomba sur mon ancien camarade Lepelletier, celui-là même qui avait quitté le régiment du roi pour entrer comme instructeur aux gardes françaises. Il fut donc envoyé chez les frères Leuleu, fournisseurs des farines pour la capitale, et en rapporta des ordres signés *Necker*, leur enjoignant de ne pas expédier de subsistances pour Paris. Lepelletier s'était assuré aussi qu'aucun des ordres directement envoyés par le roi n'était parvenu à Corbeil. Louis XVI furieux, fait appeler le ministre, qui, après avoir examiné les signatures, dit : « Elles sont parfaitement imitées, mais je n'ai signé aucun de ces ordres. » Voilà ce que Lepelletier, homme d'honneur, m'a raconté comme témoin ; car le roi, pressé d'éclaircir la chose, l'avait fait entrer malgré le désordre de sa toilette. *Il croyait à la culpabilité du ministre.* » On est bien tenté de partager l'opinion du roi. Bertrand-Moleville (t. I, p. 59) atteste dans quelle fureur entrait Necker à la publication d'une brochure qui lui était peu favorable. Le comte d'Allonville (t. II, p. 371) convient aussi que Necker envoya à la Bastille un écrivain qui avait critiqué ses opérations. Du moment que Necker objectait à Louis XVI qu'on avait contrefait sa signature, il devait rechercher qui avait commis ce crime. Une pareille faute n'avait pu avoir lieu que dans ses bureaux. Il ne paraît pas que Necker se donnât la peine de connaître le coupable. Or s'il était si insensible aux attaques dirigées contre ses actes ministériels par les écrivains, comment admettre que, s'il avait eu la conscience nette, il se fût si peu occupé de détromper Louis XVI sur un point si délicat ? Necker ayant eu l'habitude de régaler, tous les vendredis, les philosophes, d'en secourir quelques-uns, et ayant proposé d'ériger une statue à Voltaire, il n'est pas étonnant qu'il ait été porté aux nues. Dans toutes ses lettres à Walpole, Mme du Deffand ne cessait de vanter la probité de Necker ; dans sa *Correspondance littéraire*, d'avril 1781, Grimm le proclamait le plus vertueux des hommes ; d'autres béats l'ont regardé comme un Dieu ; le comte d'Allonville (t. II, p. 104) était persuadé de sa probité. C'est au lecteur à décider si ce concert de louanges et d'applaudissements suffit pour écraser toutes les dépositions que nous avons transcrites contre Necker.

La biographie des ministres n'est pas moins curieuse que celle des contrôleurs généraux.

Au ministère de la marine parut de Boynes. Il était regardé comme un fripon. Il obtint quarante mille livres de pension pour avoir bouleversé tout son département. Il fut renvoyé, suivant la *Correspondance secrète* (t. I, p. 36), parce que l'on découvrit que six mois avant la mort de Louis XV, il avait fait armer à Brest, aux frais du roi, un bâtiment pour l'île de Gorée, à l'effet de transporter des nègres sur les habitations qu'il possédait à Saint-Domingue. On en fournit la preuve et même l'on remit en original à Louis XVI les instructions que de Boynes avait données au capitaine du vaisseau [1].

Au même ministère on vit Sartine, beaucoup plus connu comme lieutenant de police. Sa dépravation l'empêcha de thésauriser. Suivant le *Livre rouge*, il obtint une ordonnance de deux cent mille livres pour se liquider. Pour retraite il reçut une pension de soixante mille livres [2].

« Le duc de la Vrillière, raconte Georgel (t. I, p. 404), avait vieilli dans le ministère de la cour, de Paris et de l'intérieur; on l'appelait le ministre aux lettres de cachet, parce qu'elles partaient de ses bureaux. Ces bureaux, sous son ministère, avaient la réputation de vendre les lettres de cachet et les places dépendantes de son département : sa maîtresse, Mme Sabbatin, depuis comtesse de Langeac, avait, disait-on, une espèce de bureau ouvert où se déposaient des sommes exigées pour telle ou telle grâce, pour telle ou telle place : Louis XV, qui ne l'ignorait pas, laissait, par faiblesse, subsister ce scandale. Ce ministre ne fut pas déplacé par Louis XVI, par égard pour M. de Maurepas, dont il était le proche parent. » Suivant les *Mémoires du duc d'Aiguillon* (1790, p. 233), Louis XV lui avait fait don, en 1773, d'un hôtel de la valeur de

---

[1] Foisset, pag. 560. — Coquereau, pag. 316.
[2] Allonville, tom. I, pag. 117. — *Correspondance secrète*, tom. X, pag. 271 et 305.

cinq cent mille livres. Après cinquante ans de ministère, le duc était loin d'être riche, quoique ses lettres de cachet fussent vendues vingt-cinq louis, et qu'il y en eût peu qui valussent moins de cinq louis. Mais il était continuellement ruiné par ses bâtards et surtout soutiré par la Sabbatin, soutirée à son tour par son amant de cœur, le chevalier d'Arcq, soutiré aussi par une foule de maîtresses. Louis XVI n'ignorait ni ces trafics ni ces scandales. Néanmoins on voit dans le *Livre rouge* que, le 12 juillet 1774, il donna au duc une ordonnance de 15,000 livres pour six mois d'augmentation de traitement. Un an après, il se résigna à le disgracier, mais en lui accordant une pension de 60,000 livres [1].

« Une fois appelé au ministère de la guerre, le comte de Saint-Germain, raconte Senac de Meilhan (p. 179), prétendit faire des économies et augmenta les dépenses. Il affichait dans ses discours l'héroïsme, la vertu, et il s'avilissait en secret par des bassesses. Tandis qu'il parlait de sa modération, de son désintéressement, il refusait l'offre qui lui avait été faite de le meubler aux dépens du roi, et demanda cent mille écus pour son établissement à la cour. Le ministre des finances trouva cette somme exorbitante et lui fit des représentations; mais M. de Saint-Germain insista pour que cette somme lui fût comptée, et il économisa sur cette somme quarante

---

[1] *Correspondance secrète*, tom. XI, pag. 18, et tom. XII, pag. 92. — *L'Espion anglais*, tom. I, pag. 438.

mille écus qu'il plaça chez l'étranger. » Soulavie (t. III, p. 61-64) constate aussi que Saint-Germain reçut cent mille écus pour son mobilier avec un logement à l'Arsenal, que son administration fut plus onéreuse que celle de ses prédécesseurs, quoiqu'il eût cassé tous les marchés qu'ils avaient faits, en alléguant que tous les entrepeneurs étaient des fripons. La *Correspondance secrète* prétend (t. V, p. 189 et 216) qu'il acheta un très beau domaine près de Paris, qu'il conserva son logement à l'Arsenal, qu'il reçut une pension de vingt mille livres, sa vie durant, indépendamment d'une autre pension de la même somme, en attendant qu'on pût lui procurer un gouvernement de province, et de 150,000 livres une fois payées pour le dédommager des dépenses que son ministère lui occasionna.

La baronne d'Oberkirch a parlé (t. I, p. 118) des noces de Mlle de Montbarrey, âgée de dix-huit ans, et du prince de Nassau, âgé de douze ans. Elle a relaté comment ce mari, qui pleurait du matin au soir, refusait de voir sa femme, et comment il fallut le menacer de le battre et l'accabler de dragées, d'avelines, de pistaches, pour l'amener à prendre part à la fête dont il était l'objet. Voici la cause de ce mariage si comique. « Le prince de Montbarrey, ministre de la guerre, raconte Georgel (t. I, p. 540), avait marié sa fille avec le prince héréditaire de Nassau-Sarbruck, en lui faisant assigner pour dot les trois millions que réclamait le prince régnant comme une dette de la dernière guerre : rien de plus équivoque que cette dette ; mais elle fut légitimée à raison de ce mariage honorable pour la famille de Montbarrey ; ce fut l'ouvrage de la comtesse de Maurepas, flattée de voir une de ses parentes l'épouse d'un prince souverain. Tant d'honneurs et de richesses persuadèrent au prince de Montbarrey qu'il pouvait impunément prodiguer les grâces de son département. Les promotions, les récompenses militaires, les grades dans les régiments servirent à payer ses plaisirs. La publicité de cette conduite indécente devint pour la reine un motif bien légitime d'exciter le mépris du roi contre l'auteur de tant d'abus. Louis XVI en porta ses plaintes à M. de Maurepas, qui réprimanda vivement le prince de Montbarrey, et le menaça d'une disgrâce prochaine s'il ne mettait un terme à ce scandale. Le scandale ne cessa pas ; la fille entretenue qui le subjuguait, à laquelle le ministre ne savait rien refuser, continua le commerce des places et des grâces militaires qui lui procurait des sommes considérables. » Suivant les *Mémoires de Bachaumont*, du 29 octobre 1780, cette fille se nommait Renard, se faisait par ce commerce plus de cent mille livres de rente, et en rendait autant au moins à son amant ; elle vendit une fois 50,000 livres sa protection à un officier général, et refusa de lui rendre cette somme, quoique sa protection eût été inutile. Louis XVI ayant eu entre les mains des preuves de ces honteux marchés, se décida enfin à renvoyer le prince de Montbarrey. Celui-ci a pris soin de nous apprendre qu'il avait reçu du roi un présent de 200,000 livres à l'occasion du mariage de sa fille, et qu'il se retira du ministère avec un logement à l'Arsenal et une pension de 67,000 livres, indépendamment d'une pension de 8,000 livres que touchait sa femme, et d'un traitement de 23,000 livres dont jouissait son fils [1].

Le duc d'Aiguillon avait été commandant en Bretagne; ses infidélités et ses exactions dans cette province le firent mettre en accusation. Le procès fut évoqué au parlement de Paris, et cette cour le déclara convaincu des méfaits qui lui étaient imputés, et qui entachaient son honneur, et le suspendit de ses fonctions de pair. Cet arrêt fut tiré à dix mille exemplaires, envoyé dans toute la France et répandu dans la capitale. Louis XV trancha cette affaire d'un mot. Il nomma le duc d'Aiguillon ministre des affaires étrangères et le conserva jusqu'à sa mort. Louis XVI étant monté sur le trône, la famille La Chalotais porta plainte contre le duc d'Aiguillon. Le roi assoupit les poursuites avec les deniers de l'État, quoique le ministre eût 500,000 livres de rente, suivant les *Mémoires de Bachaumont*, du 15 novembre 1776. Une gratification de cent mille livres et une pension de huit mille livres, l'érection d'une terre en marquisat, et une charge de président furent le prix du désistement que la

---

[1] *Mémoires* de Montbarrey, 1827, tom. II, pag. 370, et tom. III, pag. 28.

famille La Chalotais remit entre les mains du roi, le 5 août 1775.

Le comte de Maurepas était très riche. Cependant le *Livre rouge* constate que la comtesse de Maurepas reçut une ordonnance de 166,666 francs, le 29 juillet 1782. Les *Mémoires de Bachaumont*, du 22 novembre 1781, apprirent que l'Hermitage, château de plaisance bâti dans le parc de Versailles pour la Pompadour, fut donné à vie par Louis XVI au comte et à la comtesse de Maurepas.

Lamoignon était endetté. Suivant le *Livre rouge*, il reçut, le 28 octobre 1788, une ordonnance de 200,000 livres. Besenval (t. III, p. 374) nous apprend qu'il obtint encore la même somme pour se liquider entièrement.

Bertrand-Moleville (t. I, p. 118) raconte que les affaires du comte de Montmorin étaient si dérangées que ses dettes absorbaient la totalité de ses revenus, et au delà. Louis XVI lui accorda un secours provisoire de 50,000 livres par an, sur les fonds des dépenses secrètes du département des affaires étrangères.

Dumouriez a raconté, dans ses *Mémoires*, comment il dissipa un patrimoine de soixante-dix mille livres, tomba dans la gêne et fut réduit à vendre son argenterie. Il était poursuivi par ses créanciers quand Louis XVI jeta les yeux sur lui. Il fallut donc payer toutes ses dettes, suivant Bertrand-Moleville (t. I, p. 294), pour élever Dumouriez au ministère des affaires étrangères. Une fois ses affaires arrangées, il entreprit hardiment des réformes auxquelles le roi répugnait, comme il le dit dans ses *Mémoires*.

Finissons par le plus célèbre de tous les ministres. « On s'étonnait, remarque Chamfort, de voir le duc de Choiseul se soutenir aussi longtemps contre Mme Dubarry. Son secret était simple : au moment où il paraissait le plus chanceler, il se procurait une audience ou un travail avec le roi, et lui demandait ses ordres relativement à cinq ou six millions d'économie qu'il avait faite dans le département de la guerre, observant qu'il n'était pas convenable de les envoyer au trésor royal. Le roi entendait ce que cela voulait dire et lui répondait : « Parlez à Bertin ; donnez-lui « trois millions en tels effets : je vous fais présent « du reste. » Le roi partageait ainsi avec le ministre ; et n'étant pas sûr que son successeur lui offrît les mêmes facilités, gardait M. de Choiseul malgré les intrigues de Mme Dubarry. » Avant son élévation, il avait eu beaucoup de succès auprès des femmes, dit Senac de Meilhan [1] ; depuis, il n'en eut pas moins, suivant Lauzum (p. 82). C'est par le crédit des femmes que Choiseul se soutint. « Il avait d'abord compromis sa fortune, raconte le comte d'Allonville (t. I, p. 120), par des sarcasmes sur Mme de Pompadour : il se rapprocha d'elle par un service essentiel, et lui dut un riche mariage qui

---

[1] *Portraits et caractères*, 1813, pag. 29.

le mit à même de soutenir le rang où sa naissance l'appelait, des ambassades qui mirent ses talents en évidence, enfin les deux ministères réunis de la guerre et des affaires étrangères, qui le placèrent en Europe au rang le plus élevé parmi les hommes nés sujets. Il obtint la dignité de duc et pair, la place de colonel-général des Suisses et Grisons, un grand gouvernement (celui de la Touraine), le grand bailliage d'Haguenau, la surintendance des postes ; ce qui lui rapportait 700,000 livres de rente, outre les 300,000 que la duchesse lui avait apportées. Cependant cette fortune ne l'empêcha pas de faire des dettes que le roi daigna payer. » Senac confirme toutes ces particularités et ajoute : « Le roi lui donna deux millions. Choiseul joignait au pouvoir que lui donnaient ses places, un crédit sans bornes, qu'il tenait de Mme de Pompadour, dont on ne peut douter qu'il n'ait été l'amant. Il eut l'habileté de se soutenir plusieurs années après la mort de la favorite, et aurait pu conserver encore tous ses avantages s'il eût eu pour Mme Dubarry les plus petits ménagements ; mais il crut être assez fort pour lutter contre l'ascendant d'une maîtresse, et il fut disgracié. Un homme de mes amis fut chargé, malgré lui, de dire au duc de Choiseul que Mme Dubarry désirait vivre en bonne intelligence avec lui, *et que s'il voulait se rapprocher d'elle, elle ferait la moitié du chemin.* Ce furent les paroles de la favorite. Le négociateur représenta que les maîtresses chassaient les ministres, et que les ministres ne chassaient pas les maîtresses. L'orgueil et l'honneur du duc furent inflexibles, et il s'obstina à ne donner que la vague promesse d'accorder à Mme Dubarry les demandes qu'il trouverait justes. Cette déclaration, qui mettait à découvert dans le ministre la volonté de conserver tout son ascendant, ne satisfit point, et il fut exilé à sa terre de Chanteloup, en Touraine. » Mme du Hausset convient qu'il avait introduit sa femme et sa sœur chez la Pompadour, qu'il ne passait aucun jour sans la courtiser, qu'il était aimable et même galant avec elle, mais elle nie qu'il fût son amant, quoiqu'elle ne vît que par ses yeux ; elle convient aussi qu'il avait obtenu la communication des lettres qu'on ouvrait à la poste et qu'il en abusait au point de révéler toutes les historiettes et les intrigues qu'elles contenaient. Ainsi Choiseul ayant été l'adulateur, le confident, l'ami, le conseiller de la Pompadour, s'il fut disgracié pour avoir refusé de plier le genou devant la Dubarry, on ne peut attribuer sa conduite à des sentiments honorables. Besenval (t. II, p. 50) certifie qu'il reçut une pension de soixante mille francs et cent mille écus d'argent comptant pour l'aider à payer ses dettes. Je lis dans la lettre de Mme du Deffand à Walpole, du 6 janvier 1772, qu'il s'agissait de trois à quatre millions qu'il avait mangés du bien de sa femme et de deux autres à différents créanciers ; elle ajoutait : « Il a pris la résolution d'acquitter ses dettes, non ce qu'il doit à sa femme, car cela est impossible, mais à ses autres créanciers ; ils vendent leurs tableaux, leurs diamants, une grande partie de leur vaisselle ; il est même question de leur hôtel et de deux maisons qui y tiennent. Si vous pensez que tout ceci diminue la gaieté de M. de Choiseul, vous vous trompez ; sa bonne humeur n'en souffre pas la plus légère altération. » Le 14 avril suivant, Mme du Deffand mandait à Walpole que la vente des tableaux du duc avait été portée à un prix énorme, qu'elle était montée à quatre cent cinquante mille livres. Elle alla à Chanteloup et écrivit de là ces mots, le 22 mai : « La vie qu'on mène me convient fort ; on joue à toutes sortes de jeux ; on fait très bonne chère. » En effet le *Journal historique* (t. V, p. 45) le prouve par ces détails qui lui furent envoyés, le 6 novembre 1773, de Chanteloup : « M. de Choiseul continue à vivre ici dans la plus grande opulence ; il a toujours un monde prodigieux. Vous jugerez des consommations par deux articles très sûrs, qui consistent en trente moutons par mois et quatre mille poulets par an. Tous les commensaux y sont traités avec magnificence. Pour la chasse, on leur donne, ou des gardes, s'ils veulent chasser à pied, pour les accompagner ; des chevaux ou des voitures, s'ils veulent accompagner le seigneur à la chasse de la grosse bête. Cet ex-ministre, accoutumé aux spéculations du génie, se livre actuellement à celles de l'agriculteur et du commerçant ; il cultive ses manufactures, il défriche, il améliore sa terre ; il a recueilli cette année pour 60,000 livres de blés. Il est fort gai dans la société. » Ministre, il avait eu, au dire de Coquereau (p. 54), une table ouverte et donnait, tous les dimanches, un dîner de cent couverts ; exilé, il continua le même train, quoiqu'il n'eût pas les mêmes ressources. Il y avait tous les jours une affluence considérable de courtisans à Chanteloup ; il devint de mode d'y séjourner ou d'y paraître. Ségur (t. I, p. 18) constate qu'on y éleva une colonne sur laquelle on inscrivait les noms de ceux qui s'y présentaient. Ils étaient tous bien accueillis. Ils s'imaginaient que la France ne pourrait pas se passer de lui, et qu'il était certain qu'il ne manquerait pas de redevenir ministre sous Louis XVI, dont il avait négocié le mariage avec Marie-Antoinette. Louis XV mort, Choiseul revint habiter son hôtel. Quoique sa galerie fût si grande qu'il fallait soixante-dix bougies pour l'éclairer et une cheminée et des poêles aux deux bouts pour la chauffer, elle avait peine à contenir le monde infini qui y vola, si nous croyons la lettre de Mme du Deffand à Walpole, du 9 décembre 1776. Elle ne commença à être désertée que lorsqu'on eut perdu l'espoir de voir Choiseul rappelé aux honneurs, comme l'a noté Besenval (t. III, p. 118). Louis XVI se montra inexorable, chaque fois que la reine le supplia et le pressa d'employer Choiseul ; toutes les tentatives de la reine furent aussi inutiles qu'elles étaient vives, suivant Mme Campan (t. I, p. 84). Tout ce qu'elle obtint, ce fut que le roi, pour soustraire Choiseul à l'infamie d'une banqueroute, lui prêterait trois millions sans intérêt pour deux ans, et sans autre condition que celle de fournir des sûretés suffisantes pour le remboursement du capital, ainsi qu'on le lit dans Bertrand-Moleville (t. I, p. 381). Choiseul laissa en mourant ses affaires dans le plus grand désordre. Soulavie (t. I, p. 148) prétend que des excès de débauches avaient hâté son trépas. On lit dans les *Mémoires de Bachaumont*, du 13 mai 1785, qu'il était débiteur de dix millions. Tous les mémoires du temps attestent que la duchesse de Choiseul prit l'engagement de les payer, et que pour y parvenir, elle n'eut d'autre moyen que de se retirer dans un couvent de la rue du Bac, où elle vécut dans la plus grande gêne, n'ayant avec elle que deux domestiques, quoiqu'elle fût née dans le sein de l'opulence. La prodigalité de Choiseul explique l'engouement dont il fut l'objet. Il n'y a pas un philosophe, depuis Voltaire jusqu'à La Harpe, il n'y a pas non plus un courtisan qui n'ait été comblé de gratifications ou de pensions, lorsqu'il disposait des deniers de l'Etat. Il est accusé d'avoir eu, en 1770, une liste de pensionnaires qui s'élevait à dix millions. Après sa chute, la Dubarry négligea d'entretenir une bonne table pour les courtisans, de protéger les philosophes; Terrai rogna toutes les pensions, il en supprima un grand nombre, et il finit par n'en payer aucune, puisqu'il est avéré qu'à la mort de Louis XV il y avait trois ans qu'on les réclamait inutilement au trésor royal. Les ministres de Louis XVI annonçaient chaque jour la résolution de commencer les réformes par l'examen des pensions, qui toutes remontaient nécessairement au temps de Choiseul, lequel les avait accordées sur la plus faible recommandation, sur le plus simple prétexte, souvent même sans motif, afin de se créer un parti formidable à la cour et dans les lettres. Aussi, pour éloigner Choiseul du conseil, Maurepas se borna-t-il, comme nous l'apprend Soulavie (t. II, p. 150), à le dénoncer à Louis XVI, dans des mémoires manuscrits et dans des conversations intimes, comme un dissipateur des deniers de l'État qui, pour se former en France un parti inattaquable, avait prodigué plus de douze millions de pensions accordées inutilement à des gens qui n'avaient d'autre mérite que celui d'être protégés par la maison de Choiseul. Maurepas dressa aussi le tableau des grâces dont jouissaient tous les individus portant le nom de Choiseul, et prouva qu'aucune autre famille en France n'avait envahi autant de dignités et de sinécures. Il était tout naturel que tant de gens qui avaient tout perdu à la disgrâce de Choiseul, s'attachassent à sa fortune, travaillassent à le pousser au timon du gouvernement, puisqu'il était de leur intérêt d'agir ainsi. Si Choiseul a été le plus flatté, le plus choyé, le plus vanté de tous les ministres, cela n'est pas surprenant; il serait même surprenant qu'il en eût été autrement. Il rétribuait trop magnifiquement les éloges pour qu'on l'en privât. Mais du moment qu'il est évident que sa réputation repose sur ses dilapidations et ses profusions, et qu'il a pillé les deniers de l'État et consommé toute la dot de sa femme, pour augmenter le nombre de ses créatures, sa gloire passée devient la cause de sa condamnation posthume et force l'historien à brûler sa couronne de lauriers, et à fleurdeliser ce front si longtemps fier de ses triomphes salariés. Il fut le héros de la cour, parce que, par son immoralité et sa corruption, il en est l'image la plus complète, la personnification la plus vraie. Or, comme il n'y eut jamais rien de plus abject ni de plus vil que cette cour, il s'ensuit qu'il n'y a rien de moins honorable que celui qui en est le type ; et comme cette cour ne se dépravait qu'avec l'argent dont la gorgeait Choiseul, et qu'elle ne se repaissait que des larmes et des sueurs du peuple, il s'ensuit encore que Choiseul demeurera l'un des êtres les plus exécrés du peuple. Il ne s'attendait pas à ce sort. Il était trop préoccupé du présent pour prévoir l'avenir. Il confondit la grandeur avec l'égoïsme, l'indépendance avec le mépris de tous les devoirs. Pendant tout son ministère, il fut l'instrument de toutes les passions, l'esclave de la Pompadour et des catins et de tous les valets de ces femmes; il se les attacha en cédant à tous leurs bas instincts ; par là il multiplia les abus et contribua à l'affaiblissement du pouvoir et à la déconsidération de la royauté, qui dut avoir pour ennemis tous ces agents de corruption du jour où elle ne pourrait ou ne voudrait plus les soudoyer, et essayerait de régner pour la nation et non pour une poignée d'oisifs et d'insolents serviteurs. Choiseul fut aussi mauvais citoyen qu'homme d'État. Les autres ministres s'étaient contentés de bouder, de s'ennuyer ou de manger gaiement leurs pensions dans leur exil. Au contraire, dans son château de Chanteloup, comme dans son hôtel de Paris, Choiseul n'eut d'autre ambition que de révolutionner le pays qu'il avait appauvri, pour le punir de ne pas lui permettre de le pressurer de nouveau. Il fut l'âme de toutes les cabales, le coryphée de tous les mécontents. Il sacrifia son temps et sa fortune à ridiculiser et à renverser tous les ministres qui valaient mieux que lui, et dont il avait rendu la tâche déjà si pénible par sa perversité. Il décria toutes les opérations du gouvernement, sans en excepter aucune; il discrédita tous ses fonctionnaires. Pour se rendre aussi nécessaire qu'il avait été nuisible, il s'insurgea contre tous et contre tout. De sa rage naquit l'hydre de l'opposition quand même qui amena la révolution, comme le lui reproche avec raison Senac de Meilhan (p. 37).

Arrêtons-nous sur un acte qui suffit pour prouver combien Choiseul fut aussi mauvais citoyen que mauvais ministre. Il est certain que nul ne contribua plus que lui à la destruction des Jésuites. On ne peut nier que cette opération ne soit un sacrilège en religion, une monstruosité en morale et une folie en politique.

Un ministre doit protéger une religion qui est la religion de presque tous les sujets. Les Jésuites étaient certainement utiles au catholicisme, qui était la religion de presque tous les Français. Détruire les Jésuites, c'était donc nuire à la religion, et, par conséquent, porter une atteinte à la liberté de presque tous les Français. Aussi, le 14 novembre 1771, Voltaire mandait-il à Dalembert : « L'expulsion des Jésuites annonce la fin du monde, et nous allons voir incessamment paraître l'Antechrist. » Dalembert tirait les mêmes conséquences. Le 2 mars 1764, il écrivait à Voltaire : « Le plus difficile sera fait, quand la philosophie sera délivrée des grands grenadiers du fanatisme et de l'intolérance; les autres ne sont que des cosaques et des pandours qui ne tiendront pas contre nos troupes réglées. » Levis (p. 176) n'a pas hésité à déclarer que le triomphe de l'irréligion ne date que de la suppression des Jésuites.

Pourquoi la destruction des Jésuites doit-elle être envisagée comme une monstruosité en morale et une folie en politique? Le 20 mars 1762, Bernis disait à Voltaire : « Vous êtes aujourd'hui le seul homme en France qui voyez les choses avec esprit et gaieté. » Voltaire était donc compétent dans l'appréciation d'un événement qui devait avoir de grandes conséquences. Aussi, le 4 juin suivant, Bernis lui faisait cet aveu : « Je ne crois pas que la destruction des Jésuites soit utile à la France; il me semble qu'on aurait bien pu les gouverner sans les détruire. » Pourquoi la destruction des Jésuites n'était-elle pas utile? Nous trouvons la réponse à cette question dans ces mots que Voltaire envoyait à Dalembert, le 14 avril 1762 : « *Les Jésuites étaient nécessaires.* »

Pourquoi les Jésuites étaient-ils nécessaires ? C'est que ce n'était pas seulement une congrégation religieuse, mais un corps enseignant. Crétineau-Joly a remarqué que les Jésuites possédaient en France quatre-vingt-quatre collèges ; ils en avaient encore un nombre plus considérable dans tous les autres royaumes. Montbarrey (t. III, p. 94) n'avait donc pas tort de confesser que, sous ce rapport, les Jésuites étaient très utiles à tous les gouvernements, qui leur devaient beaucoup de connaissances. Les Jésuites avaient l'art de rendre leur enseignement agréable. On peut voir dans les *Mémoires* de Marmontel et dans toutes les correspondances des philosophes comment ils savaient allier la douceur à la sévérité, et s'emparer de toutes les facultés de la jeunesse. Les Jésuites ne se bornaient pas à élever des chrétiens, ils s'appliquaient aussi à former des citoyens aptes à tout. Le duc de Levis (p. 177) leur a rendu ce témoignage : « Ils donnaient à la jeunesse des principes de religion et de morale en même temps que des connaissances positives ; ils savaient développer les talents naturels de ceux qui entraient dans leur société et les faire servir au progrès des sciences et des arts. » Dumouriez (t. I, p. 9) avoue aussi que « les Jésuites avaient le grand talent d'élever l'âme de leurs disciples par l'amour-propre, et d'inspirer le courage,

le désintéressement et le sacrifice de soi-même. »
Levis (p. 171) nous donne dans ces lignes la cause
véritable de ces résultats : « Dans toute l'Europe
catholique, les Jésuites présidaient à l'éducation
de la jeunesse. Ils faisaient des recrues parmi les
plus illustres familles, et leur grand nombre ne
nuisait point à leur considération individuelle. Ils
avaient soin que quelqu'un d'entre eux excellât
toujours dans les arts et dans les sciences. Ils avaient
des mathématiciens habiles, de bons astronomes,
des physiciens, de grands orateurs. Ils cultivaient
la littérature avec le plus grand succès et dans
toutes ses branches; ils s'adonnaient à l'érudition
sacrée et profane, à l'intelligence des auteurs classiques, à l'éloquence, à la poésie; dans tous les
genres, ils ont produit des chefs-d'œuvre. Cette
immense machine était si bien réglée, que ses mouvements s'exécutaient sans bruit, sans secousse, et
sans qu'elle eût besoin d'être remontée. Le discernement des chefs était si admirable, que chacun des
membres paraissait destiné par la nature au poste
qu'il occupait; et il résultait de tous ces choix, où
les talents et le caractère étaient uniquement consultés, un ensemble si bien lié et si achevé, que ce
grand corps avait une espèce de ressemblance avec
les êtres animés, inimitables ouvrages du Créateur. »
Toutes les connaissances humaines étant cultivées
par les Jésuites, et chaque Jésuite étant exclusivement consacré à la branche de ces connaissances
pour laquelle il marquait une vocation prononcée, il

était donc impossible que l'éducation périclitât dans la main de pareils précepteurs. Marmontel a constaté que les Jésuites cherchèrent à l'attirer dans leur compagnie ; Mme de Vandeul a raconté qu'ils firent aussi des avances auprès de Diderot. Ces démarches attestent un grand amour pour le talent, partout où ils le devinaient et le rencontraient. Conseils, livres, argent même, ils mettaient tout ce qu'ils avaient à la disposition de leurs élèves, et se montrèrent toujours prêts à les protéger. Tout cela prouve que les Jésuites n'étaient pas inutiles ; on ne s'aperçut qu'ils étaient nécessaires, que quand on fut convaincu qu'il était impossible de faire mieux qu'eux. Il s'agit de démontrer qu'on ne les remplaça d'aucune façon. Le 7 août 1771, le *Journal historique* (t. II, p. 72) fournissait ce document : « On observe que depuis l'extinction des Jésuites en France, la plus grande partie des collèges est très mal pourvue ; qu'au moyen du sort très médiocre qu'on fait aux professeurs, tous les hommes de lettres, en état de faire mieux, se refusent à ces places. » Dans son *Voyage à Langres*, publié à la suite de ses *Mémoires*, Diderot est du même avis : « A l'expulsion des Jésuites, nous croyions toucher au moment de la restauration des bonnes études ; mais les magistrats qui nous ont débarrassés de mauvais instituteurs, n'ont pas songé à nous en donner de meilleurs. C'est que ce n'est pas le zèle du bien public, mais de petites haines particulières qui les ont dirigés. Aux Jésuites ont succédé des gens sans mœurs et sans lumières. » En 1790, le prince de Ligne écrivait à Catherine II : « Moi qui ne suis pas prophète dans mon pays, et pas grand sorcier dans les autres, j'ai dit, il y a longtemps, que si l'on n'avait pas chassé les Jésuites, l'on ne verrait pas ce maudit esprit d'indépendance, de chicane, de définition, de sécheresse se répandre comme un torrent qui renverse ou menace les trônes de toute l'Europe. » Montbarrey (t. III, p. 94) n'est pas moins explicite sur les effets de la suppression des Jésuites : « Dès ce moment l'éducation nationale fut remise nécessairement entre les mains de tous les grimauds subalternes soumis aux grands désorganisateurs. Les jeunes gens entrant dans le monde, y arrivaient imbus de tous les principes de licence, et sans aucun frein qui pût les arrêter. Tout fut dès lors perdu ; la ruine de la monarchie française fut prononcée, et l'époque de l'exécution fut ajournée au premier moment favorable. » Levis confirme tous ces jugements en ces termes (p. 170 et 174) : « Puisque j'ai eu occasion de parler des Jésuites, je dirai avec vérité que j'ai toujours remarqué une prodigieuse différence, pour l'instruction, entre les personnes élevées dans leurs collèges et la génération suivante. Ceux qui avaient étudié chez eux, savaient tous le latin, et par conséquent n'étaient pas absolument ignorants, au lieu que depuis, à la cour, sur dix hommes, il n'y en avait pas un qui entendît Virgile. Voilà, quant à leur manière d'élever la jeunesse, un préjugé favorable pour eux. On voit quel vide avait laissé dans l'État la suppression de la Société de Jésus. L'éducation de la jeune noblesse, dont elle était presque exclusivement chargée, fut partagée entre des séculiers pour la plupart sans instruction, sans mœurs, imbus des maximes philosophiques qui commençaient à se répandre, et des maîtres de pension, vils spéculateurs, plus occupés de leur fortune que de l'avancement de leurs élèves. Et que l'on ne croie pas que ce fut seulement en France que la destruction des Jésuites fit un tort irréparable à l'éducation; il en fut de même dans toute l'Europe. » En effet, dans son *Tableau de l'Espagne moderne* (t. I, p. 327), Bourgoing n'a pu s'empêcher de remarquer que, depuis l'expulsion des Jésuites, l'éducation de la jeunesse n'a fait qu'empirer en Espagne, et qu'il ne se présentait que des sujets très médiocres pour remplir leurs chaires. Tous les voyageurs, amis ou ennemis des Jésuites, ont été obligés d'avouer que partout où les Jésuites furent renvoyés, ils ne furent pas remplacés. Il n'y eut que deux puissances qui les conservèrent. Elles n'en furent pas plus malheureuses. Pourquoi refusèrent-elles de s'en débarrasser? Frédéric va nous l'apprendre. Le 22 avril 1769, il adressait ces mots à Dalembert : « Vous vous ressentirez avec le temps en France de l'expulsion de cet ordre, et l'éducation de la jeunesse en souffrira les premières années. Cela vous vient d'autant plus mal à propos que votre littérature est sur son déclin, et que de cent ouvrages qui paraissent, c'est beaucoup d'en trouver un passable. » Sommé plusieurs fois par les philosophes de justifier sa conduite à l'égard des Jésuites, il répondit à Dalembert le 15 mai 1774 : « Je ne vois en eux que des gens de lettres qu'on aurait bien de la peine à remplacer pour l'éducation de la jeunesse. C'est cet objet précieux qui me les rend nécessaires, parce que de tout le clergé catholique du pays, il n'y a qu'eux qui s'appliquent aux lettres; aussi n'aura pas de moi un Jésuite qui voudra, étant très intéressé à les conserver. » Dans sa lettre du 18 novembre 1777 à Voltaire, il développe la même idée : « J'ai conservé cet ordre tant bien que mal. En voici les raisons : on ne trouve dans nos contrées aucun catholique lettré, si ce n'est parmi les Jésuites; nous n'avions personne capable de tenir les classes; nous n'avions ni pères de l'Oratoire, ni piaristes; le reste des moines est d'une ignorance crasse; il fallait donc conserver les Jésuites, ou laisser périr toutes les écoles. Il fallait donc que l'ordre subsistât, pour fournir des professeurs à mesure qu'il venait à en manquer; et si la fondation pouvait fournir la dépense à ces frais, elle n'aurait pas été suffisante pour payer des professeurs laïques. De plus, c'était à l'université des Jésuites que se formaient les théologiens destinés à remplir les cures. Si l'ordre avait été supprimé, l'université ne subsisterait plus, et l'on aurait été forcé d'envoyer les Silésiens étudier la théologie en Bohème. » En Russie, Catherine II suivit l'exemple de Frédéric et s'appuya des mêmes raisons.

Il est donc évident que les Jésuites étaient non seulement utiles, mais aussi nécessaires à tous les gouvernements et à tous les sujets. Ils leur rendaient d'immenses services, et sans être à charge à personne. Partout ils possédaient assez de biens pour n'avoir jamais rien à demander à l'État qui les tolérait, et pour exiger peu de chose de leurs élèves et en élever un grand nombre gratuitement. Aussi en France, sans compter leurs propriétés dans les colonies, ils possédaient, soit en immeubles, soit en capitaux, environ cinquante-huit millions, pour lesquels ils payaient 550,000 livres d'impositions de tout genre, comme nous l'apprend Crétineau-Joly. Ils étaient au nombre de quatre mille; la dépense de chacun ne dépassait pas annuellement trois cents livres. Nous avons vu tout à l'heure Frédéric avouer qu'il était de son intérêt de conserver les Jésuites, non seulement parce qu'ils étaient préférables à tous les autres religieux pour l'enseignement, mais aussi parce qu'ils suffisaient à leur entretien sans recourir au gouvernement. Tous les rois avaient les mêmes motifs de maintenir les Jésuites dans leurs collèges. On peut donc dire que, sous tous les rapports, les Jésuites étaient utiles et même nécessaires.

Cependant Choiseul travailla à la destruction des Jésuites. Pour y arriver, il lui fallut le concours des parlements et de la papauté. Qui donc employa-t-il pour séduire les parlements et tromper la papauté ? Terrai et de Laverdy que nous connaissons, puis Chauvelin et Bernis qui ne valaient guère mieux. Georgel (t. I, p. 50) nous apprend que Chauvelin était noyé de dettes et vendu au parti janséniste ; les *Mémoires de Bachaumont*, du 16 janvier 1770, le donnent aussi pour un coryphée du jansénisme et ajoutent qu'il était épuisé de débauches. On ignore de quelle religion était de Bernis. Un homme qui s'est vanté, dans sa lettre à Voltaire, du 20 mars 1762, d'avoir dit devant tous les courtisans que la barrette de cardinal était un bon parapluie, et qui eut toute sa vie des relations avec les philosophes, ne pouvait pas avoir une grande dose de dévotion. Dugast de Bois-Saint-Just raconte (t. I, p. 185) que dans sa jeunesse il fut obligé de se cacher sous un nom supposé dans un bouge de l'île Saint-Louis, pour se soustraire aux poursuites de ses créanciers. Devenu plus riche, il fut toujours aussi dérangé. Suivant Collé (t. II, p. 262), il sortit du ministère avec cent mille écus de dettes, quoiqu'il eût alors cent dix ou cent vingt mille livres de revenu. Dans une lettre reproduite par Crétineau-Joly, de Bernis avouait que, le 7 juin 1769, l'état de ses dettes anciennes montait à deux cent sept mille livres. Il obtint de Choiseul des fonds pour se liquider. Resté ambassadeur à Rome, il tint table ouverte, donna souvent des fêtes magnifiques, mena un grand train, ne songea jamais à économiser, comme nous l'apprend Gorani (t. II, p. 188), et il finit par se trouver si endetté et même si gêné que, quand la révolution le dépouilla de ses bénéfices, il serait mort dans la misère si la cour d'Espagne n'était pas venue à son secours. Il n'était guère moins voluptueux que prodigue. Ses galanteries l'empêchèrent d'obtenir un bénéfice du cardinal de Fleury, comme l'atteste sa lettre à Voltaire, du 25 février 1772 ; le vertueux Boyer fut aussi sévère; mais dès que la Pompadour disposa de toutes les faveurs, de Bernis triompha et parvint aux plus hautes dignités civiles et ecclésiastiques. Il ne négligea pas le beau sexe. On peut voir dans les *Mémoires de Casanova* quel emploi il fit de son temps à Venise. A Rome, il allait si souvent passer la soirée chez la princesse de Sainte-Croix, qu'il passa pour être son amant. Sainte-Beuve qui avait beaucoup étudié la vie de Bernis, m'a assuré avoir su de bonne source que le cardinal de Bernis avait été du nombre des dix-huit cents hommes que la princesse de Sainte-Croix se vantait d'avoir rendus heureux.

Avec de pareils agents, Choiseul ne pouvait manquer d'aller vite et loin, quand il se détermina à détruire les Jésuites. Dans son *Voyage en Italie*, Duclos résume en ces termes l'impression produite par l'expulsion de ces religieux : « Le Parlement, auteur ou *instrument* de leur ruine, en a hautement triomphé. L'Université, qui recueille leurs dépouilles, *le corps* des gens de lettres, quoique la plupart leurs élèves, mais que la société, ne pouvant les asservir, avait décriés et cherchait à rendre suspects sur la religion, ont applaudi. Tous les jansénistes, de dogmes *ou de parti*, ceux-ci très nombreux et les autres assez rares, ont fait éclater leur joie, sans faire attention que, ne tirant leur existence que du combat contre leurs ennemis, ils vont tomber dans l'oubli. Le peuple, proprement dit, n'a pris aucun intérêt à cet événement. D'autre part, presque tout le corps épiscopal a pris parti pour les Jésuites..... peut-être par humeur contre le gouvernement, qu'il soupçonne de vouloir bien aller plus loin. Les ordres réguliers ont sans doute été charmés de l'expulsion des Jésuites ; mais ils ont eu la décence de renfermer leur joie, qui d'ailleurs est tempérée par la crainte qu'ils ont pour eux-mêmes. A l'égard des provinces, si les opérations du Parlement n'avaient pas été confirmées par un édit presque arraché au roi (l'édit qui ordonnait aux Jésuites de fermer leurs classes le 1er avril 1762), je doute fort que les autres parlements, excepté celui de Rouen, eussent suivi l'exemple de Paris. Je ne crains pas d'assurer, et j'ai vu les choses d'assez près, que les Jésuites *avaient et ont encore sans comparaison plus de partisans que d'adversaires*. La Chalotais et Monclar ont seuls donné l'impulsion à leurs compagnies. Il a fallu faire jouer bien des ressorts dans les autres. Généralement parlant, les provinces regrettent les Jésuites, et ils y reparaîtraient avec acclamation. » Crétineau-Joly a remarqué que l'expulsion des Jésuites fut prononcée à Rennes par 32 voix contre 29, à Rouen par 20 contre 13, à Toulouse par 41 contre 39, à Perpignan par 5 contre 4, à Bordeaux par 23 contre 18, à Aix par 24 contre 22, et que dans toutes les cours la proportion fut la même. Ce vote justifie l'assertion de Duclos et dévoile les causes qui ont amené ou facilité un événement si important. Elles n'ont aveuglé personne. Nous connaissons l'opinion de Diderot. Le 3 avril 1770, Frédéric II écrivait à Dalembert : « On a chassé les Jésuites. Je vous prouverai, si vous le voulez, que la vanité, des vengeances secrètes, des cabales, et enfin l'*intérêt* ont tout fait. » Dans sa lettre, du 4 mai 1762, à Voltaire, Dalembert parlait ainsi des magistrats occupés à persécuter les Jésuites : « Ce sont des fanatiques qui en égorgent d'autres, mais *il faut les laisser faire :* tous ces imbéciles, qui croient servir la religion, servent la raison sans s'en douter ; ce sont des exécuteurs de la haute justice pour la philosophie, dont ils prennent les ordres sans le savoir. Ce qui me paraît singulier, c'est que la destruction de ces fantômes (les Jésuites) qu'on croyait si redoutables, se fasse avec aussi peu de bruit. » Levis n'est pas moins explicite. Il dit à ce sujet (p. 172) : « Il est curieux d'examiner la force des accusations intentées contre les Jésuites et les secrets motifs de leurs ennemis. Ceux qui leur reprochaient tant d'ambition étaient des envieux ; moines comme eux, ils espéraient hériter de leur influence et de leur pouvoir. Les parlements, loin d'être mus par des motifs d'intérêt public, loin de chercher à défendre l'autorité des rois, dont ils se disaient insolemment les tuteurs, n'obéissaient, dans cette affaire, qu'à l'impulsion d'un esprit de secte et de parti. La grande dispute des jansénistes s'était perpétuée, malgré le ridicule du fond de la querelle. Les illustres solitaires de Port-Royal, que leurs talents avaient rendus célèbres, que l'austérité de leurs mœurs avait rendus respectables, et que leurs malheurs avaient rendus intéressants, avaient inspiré leurs maximes sévères à des magistrats restés vertueux au milieu d'un siècle corrompu ; mais il s'était mêlé de l'exaltation à ces sentiments ; plusieurs d'entre eux avaient l'esprit aussi faible que le cœur honnête ; et le fanatisme, poussé jusqu'à l'extravagance, avait produit ces méprisables folies du cimetière de Saint-Médard et ces convulsionnaires, honte d'un siècle éclairé. Dans un pareil délire, la justice et la modération ne sauraien se faire entendre ; tout ce qui n'extravague pas avec vous paraît haïssable ; l'on n'a point d'adversaires, d'antagonistes, on n'a que des ennemis, et *ces ennemis sont des monstres*. Ainsi, en attaquant avec tant de violence les Jésuites, le Parlement cherchait bien moins à dissoudre une association dangereuse pour la tranquillité de l'État, qu'à détruire une secte opposée ; l'intérêt public était le prétexte, le molinisme était le véritable crime. »

Il résulte de ces différents témoignages que les philosophes n'ont eu qu'une faible part à la destruction des Jésuites ; ils ne l'ont ni préparée, ni provoquée, ni accélérée. Ils n'aimaient pas les Jésuites, mais ils ne les détestaient pas non plus. Ils n'avaient rien à craindre de leur part, puisque les Jésuites avaient perdu leur crédit. Les Jésuites les réfutaient, mais les philosophes se moquaient de cette polémique. Ils prévirent même que la ruine des Jésuites serait funeste à la philosophie, et que les universitaires et les parlements deviendraient plus insolents et plus despotiques du jour où ils auraient renversé les Jésuites. Aussi Voltaire disait-il à Dalembert : « Vous serez les esclaves de l'Université avant qu'il soit deux ans. Les Jésuites étaient nécessaires, ils faisaient diversion; on se moquait d'eux, et on va être écrasé par des pédants qui n'inspireront que de l'indignation. » Dalembert n'a pas jugé plus favorablement les parlements. Ainsi les philosophes ont deviné toutes les conséquences de l'expulsion des Jésuites. Ils n'ont rien fait pour l'empêcher. Pourquoi se sont-ils contentés de *laisser faire?* c'est qu'ils se seraient aliéné les parlements et la cour, s'ils avaient défendu les Jésuites. Comme les parlements condamnaient les auteurs à des peines plus ou moins fortes, plus ou moins sévères, il est évident que les philosophes devaient s'attendre à être punis impitoyablement, s'ils contrariaient les parlements décidés à renvoyer les Jésuites ; et qu'au contraire ils pouvaient espérer que les parlements les ménageraient, s'ils s'abstenaient dans une affaire que les parlements avaient prise à cœur. Le gouvernement avait donné ses conclusions dans cette opération ; c'était à l'instigation de Choiseul et sur les ordres de la Pompadour, que les parlements s'en étaient occupés. Or les philosophes étaient admis dans les antichambres de la Pompadour et s'y régalaient ; Choiseul les accabla tous de gratifications ou de pensions. Il est digne de remarque que c'est dans cette circonstance que Choiseul rétablit la pension que Voltaire avait eue longtemps et dont il ne touchait rien depuis bien des années. En protestant contre une mesure de Choiseul et de la Pompadour, les philosophes se seraient exposés à ne plus être invités à la table de celle-ci, à ne plus recevoir de gratifications ou de pensions de celui-là. Comme ils avaient tout à gagner et peu à perdre à laisser faire, il est facile de comprendre leur silence sur la destruction des Jésuites. Il était donc de leur intérêt de ne rien écrire, et de tout laisser faire ; c'était pour cela et seulement pour cela que Choiseul leur jetait quelques poignées d'écus ou quelques rouleaux de louis. Exiger autre chose des philosophes, c'est oublier que leur forfanterie d'indépendance publique est en raison inverse de leur bassesse secrète dans les antichambres des rois, des ministres et de leurs concubines.

Nous savons les raisons qui poussaient la plupart des magistrats à conclure contre les Jésuites. Choiseul passait pour un ministre extrêmement généreux et prodigue ; il est évident que l'espoir d'en recevoir ou des gratifications, ou des pensions, ou de l'avancement a dû séduire un grand nombre de magistrats et les exciter à voter contre leur conscience. Ainsi la plus grande partie des membres des parlements étaient déterminés à condamner les Jésuites avant de les juger. Ils avaient la volonté et le pouvoir de les exterminer ; il n'y avait plus que des causes ou des prétextes à trouver pour en finir avec eux ; cela fut bientôt fait. Levis (p. 172) dit à ce sujet : « Les reproches les plus graves, les accusations les plus odieuses s'accumulaient sur la tête des Jésuites : on ne parlait que de leur ambition démesurée, de leur projet d'envahir tous les pouvoirs, de leur morale relâchée, et de leur indifférence pour tous les moyens de parvenir. Ils auraient résisté longtemps, peut-être toujours, à des inculpations vagues, et qui par leur nature n'étaient pas susceptibles de preuves ; mais le Parlement, corps redoutable et haineux, leur chercha querelle sur des maximes ultramontaines : il fit revivre contre eux cette doctrine criminelle et absurde, professée pendant l'horreur des guerres civiles, tendant à établir que les rois peuvent être déposés par la puissance ecclésiastique ; doctrine abandonnée depuis longtemps par tout le monde, et soutenue dans ces temps malheureux par la Sorbonne et le Parlement lui-même. Cette inconséquence ne les sauva pas, et la cour que le mauvais état des finances rendait le plus souvent dépendante de la magistrature, les abandonna à son ressentiment. » Dans le chapitre LXVIII de son *Histoire du Parlement*, Voltaire résume ainsi les griefs accumulés sur la tête des Jésuites : « On sait tout ce qu'on reprochait depuis longtemps aux Jésuites; ils étaient regardés en général comme fort habiles, fort riches, heureux dans leurs entreprises, et ennemis de la nation : *ils n'étaient rien de tout cela ;* mais ils avaient violemment abusé de leur crédit, quand ils en avaient eu. » Dans le chapitre xxxviii de son *Précis du siècle de Louis XV*, Voltaire a encore consacré ces lignes aux Jésuites : « Les parlements ne les ont condamnés que sur quelques règles de leur institut, sur des maximes horribles, il est vrai, mais méprisées, publiées pour la plupart par des Jésuites étrangers, et désavouées formellement depuis peu par les Jésuites français. *Il y a toujours dans les grandes affaires un prétexte qu'on met en avant et une cause véritable qu'on dissimule.* Le prétexte de la punition des Jésuites était le danger prétendu de leurs mauvais livres que personne ne lit : la cause était le crédit dont ils avaient longtemps abusé. »

Qu'était-ce donc que ce crédit si vivement reproché aux Jésuites? Ce passage de Levis (p. 176) va nous l'apprendre : « Chez les Jésuites, tout était activité et travail au dehors : ne trouvant rien au-dessus de leur ambition, et ne dédaignant rien de ce qui pouvait leur être utile, ils s'introduisaient avec autant d'empressement dans la demeure du bourgeois et du laboureur que dans les palais des grands et à la cour des rois; ils entraient de force dans les sanctuaires des sciences ; enfin ils pénétraient, pour ainsi dire, par tous les pores du corps politique, élevant l'enfance, dirigeant l'âge mûr, consolant la vieillesse. Que de prise ils avaient sur l'espèce humaine ! quelle source intarissable de crédit et de puissance ! Mais n'oublions pas qu'*en dernière analyse tout reposait sur la religion.* C'était en son nom qu'ils parlaient, et c'était à elle qu'ils devaient leur considération ou plutôt leur existence. Indépendamment de la persuasion, l'esprit de corps, l'intérêt, l'honneur les attachaient à cette croyance jusqu'à lui sacrifier leur vie. Ils opposaient donc une formidable, une indestructible barrière aux entreprises des novateurs qui voulaient détruire le culte et changer la constitution de l'État. » Telle était la nature de leur crédit. Les Jésuites n'étaient plus appelés à la cour ni consultés sur les affaires depuis la mort de Fleury ; ils ne pouvaient donc pas abuser de leur crédit, puisqu'ils n'en avaient plus. Il fallait prouver qu'ils en avaient abusé autrefois. Ce crime consistait à avoir éloigné de la cour et des places des gens sans religion et sans mœurs. Après l'étude que nous avons faite de la vie des beaux esprits dans les cours, il est facile de comprendre si l'État gagna beaucoup à n'être dirigé que par des créature sans religions et sans mœurs, et de juger si le règne de Louis XV, qui fut le triomphe des philosophes, fut moins fécond en abus que le siècle de Louis XIV, que l'on regarde comme l'élève des Jésuites.

La nature de leur crédit prouvait que les Jésuites

n'avaient pas une morale relâchée et n'adoptaient pas des doctrines mauvaises. Pour condamner leurs constitutions, il fallut en altérer le texte. Voltaire a avoué qu'ils n'étaient point les auteurs des livres qu'on leur reprochait. On a publié une nouvelle édition de la *Bibliothèque des écrivains de la Compagnie de Jésus, ou notices bibliographiques : 1° de tous les ouvrages publiés par les membres de la Compagnie de Jésus depuis la fondation de l'ordre jusqu'à nos jours; 2° des apologies, des controverses religieuses, des critiques littéraires et scientifiques suscitées à leur sujet: par Augustin et Aloys de Backer, de la même Compagnie.* Cet ouvrage forme trois volumes in-folio à trois colonnes, et contient la liste de tous les écrits publiés dans l'espace de trois siècles par environ dix mille Jésuites. Il suffira de le parcourir pour vérifier l'assertion de Voltaire. Dans leurs sermons et dans leur enseignement, les Jésuites ont dû être aussi réservés que dans leurs livres, puisque ni les journaux, ni les mémoires, ni les correspondances de tous les personnages du xviiie siècle ne les ont accusés d'avoir prêché dans les chaires des églises, professé dans leurs classes, conseillé dans le confessionnal, propagé dans leurs conversations des maximes contraires à la religion, à la morale et à l'État. Ils ne sont pas moins inattaquables sur tous ces rapports dans leur vie privée, après comme avant leur destruction. Quoiqu'ils fussent au nombre de quatre mille au moment où ils furent dispersés et plongés dans la misère pour le reste de leurs jours, il n'y en eut qu'un seul dont ils eurent à déplorer les écarts. Ce fut Cerutti, né en 1738; la sœur et une amie de Choiseul le pervertirent; les philosophes le dégradèrent, car il passa des bras de la débauche dans le camp des encyclopédistes, et mourut dans la compagnie des révolutionnaires au milieu des convulsions du blasphème et de l'impénitence finale. Dans toutes leurs œuvres et dans toutes leurs lettres, les philosophes n'ont cessé de vanter la chasteté des Jésuites. Manuel a eu entre les mains tous les procès-verbaux de la police. Il s'en servit pour rédiger *La Police de Paris dévoilée* et les neuf numéros de *La Bastille dévoilée* ; il y a mentionné les abus des ministres, les turpitudes des princes, des courtisans et des magistrats, les incartades de tous les philosophes et des ennemis des Jésuites depuis Dalembert jusqu'à d'Aranda ; il n'a pas fait grâce aux religieux de différents ordres ni aux prêtres de divers diocèses. La publication des Mémoires du XVIII° siècle et des Lettres de tous les philosophes a confirmé toutes ses dépositions et justifié sa sincérité et son impartialité. Des pages autographes de Voltaire et de Beaumarchais, conservées sous le secret à Saint-Pétersbourg et à Londres, attestent que le siècle de la raison n'est pas connu entièrement et que tous les excès de sa corruption n'ont pas encore été révélés et ne doivent même pas l'être, dans l'intérêt de la morale. Cependant, au milieu de cette dépravation si dégoûtante et si générale, Manuel affirme que la police n'est parvenue, dans tout le xviiiᵉ siècle, qu'à surprendre *un Jésuite* dans un moment de faiblesse. Voilà le plus bel hommage qui ait été rendu aux Jésuites.

C'est à leur indépendance qu'il faut attribuer leur crédit, leurs vertus. Ne relevant que de leur général, ils restent étrangers à tous les États qui les tolèrent. Ils ne leur demandent rien, parce qu'ils ne peuvent occuper ni dignités civiles, ni sinécures, ni fonctions ecclésiastiques. Aucune vue humaine ne tentait donc les jeunes gens qui entraient dans leur compagnie. Les Jésuites étaient souvent consultés, parce que leurs avis étaient désintéressés. On les a vus dans les cours, ils ont été les conseillers des rois, mais ils n'ont été les valets de personne, les courtisans d'aucun ministre. Il n'y a qu'eux qui aient osé dire à la Pompadour qu'elle devait quitter Versailles ; il n'y a qu'eux qui n'aient pas caché ni fardé la vérité, chaque fois qu'ils ont été appelés à porter la parole devant les grands. Ils hantaient les palais, ils en sortaient, les mains pures, les *mains vides*. Ils ne rêvaient que le bien des âmes, la prospérité de l'État ; ils laissaient à d'autres les crosses, les mitres, les portefeuilles, les traitements, les gratifications, les pensions. Leur reprocher de composer un corps dans l'État, leur faire un crime de leur indépendance, c'était rendre hommage à leur intégrité, à l'incorruptibilité qui les soutenait et les préservait de la contagion du siècle, et leur méritait ainsi la bienveillance d'un gouvernement qu'ils n'importunaient ni n'appauvrissaient.

Tels sont les crimes que les parlements ont découverts pour proscrire tous les Jésuites. Ils les ont condamnés sans les juger; ils ne les ont pas jugés, puisqu'ils n'ont pas entendu leurs défenses, et qu'ils n'ont même assigné aucun Jésuite à leur barre. Ils ne se sont pas contentés de chasser les Jésuites de leurs chaires, ils se sont emparés de leurs collèges et ont confisqué tous leurs biens. Il est vrai qu'ils ont daigné leur accorder une pension. On assigna vingt sous par jour à chaque Jésuite; le parlement de Toulouse alla jusqu'à trente, mais celui du Languedoc se borna à douze. C'était au trésor royal à payer cette pension; il est avéré que beaucoup de Jésuites passèrent longtemps sans en toucher les quartiers.

Le 2 juillet 1769, Frédéric II adressait ces mots à Dalembert : « Les besoins des princes qui se sont endettés, leur font désirer les richesses accumulées dans les monastères; affamés de ces biens, ils pensent à se les approprier. C'est là toute leur politique. Il se trouvera donc que les puissances, fortement affectées de l'accessoire qui irrite leur cupidité, ne savent ni ne sauront où leur démarche les doit conduire : elles pensent agir en politiques et elles agissent en philosophes. » Tel est le jugement définitif qu'on doit porter de la destruction des Jésuites et de la suppression des monastères. Les Jésuites ont été persécutés dans tous les États; leur expulsion y a été suivie de la suppression et de la spoliation d'une multitude de monastères ; la destruction des Jésuites n'a pas été mieux motivée ni justifiée que la suppression et la spoliation des monastères. Les États n'ayant fermé et pillé les monastères que par cupidité, il est très probable que c'est la cupidité qui a amené la destruction des Jésuites dans tous les États, puisqu'ils n'ont été conservés et respectés que dans les deux royaumes où ils ne possédaient presque rien, ou du moins n'avaient que ce qu'il leur fallait pour suffire à leurs besoins sans être obligés de recourir à Catherine II et à Frédéric II. Qu'on se rappelle le budget de tous les souverains, et l'on restera convaincu que leur conduite à l'égard des Jésuites ne peut être considérée que comme un brigandage. J'incline à croire qu'en France surtout, la destruction des Jésuites a été une affaire d'argent pour le trésor royal. Je possède un *Mémoire*, rédigé pour le conseil des ministres, sur l'*état des charges et dettes au 1er janvier* 1763. J'y vois que la dette publique s'élevait à 2,713,343,778 livres; que dans cette somme sont comprises les dettes de la maison du roi fixées à 60 millions, et les arrérages dus des gages, des pensions et gratifications, évalués à 52 millions ; que la dette exigible dépassait 250 millions; que le projet de dépenses formait un objet de 145 millions, et que pour suppléer à l'insuffisance des revenus de l'exercice 1763, il était urgent de se procurer par des secours extraordinaires la somme de 84 millions.

En s'emparant des biens des Jésuites aussitôt

qu'il les eut proscrits, Louis XV prouva qu'il avait cédé à de vils instincts. Il crut faire une bonne spéculation ; il se trompa beaucoup et ne tarda pas à s'en apercevoir. L'éducation de la jeunesse est une chose trop importante pour ne pas attirer l'attention du gouvernement. On ne pouvait laisser les jeunes gens sans professeurs. Pour en avoir il fallait nécessairement les rétribuer. Il était évident que les biens qui suffisaient à l'entretien des Jésuites, les universitaires ayant femme ou maîtresse, bâtards ou enfants, ne s'en contenteraient pas et deviendraient une charge pour l'État. On sait combien de millions coûte chaque année à l'État sa fabrique de bacheliers. De plus, Louis XV perdit un des moyens de pourvoir à la nouvelle dépense qu'il s'imposait. Tous ses sujets lui retirèrent la confiance dont il avait joui jusqu'alors ; ils comprirent qu'il inaugurait l'ère du brigandage et du despotisme, et ils devinèrent que la facilité avec laquelle s'était accomplie la destruction des Jésuites l'enhardirait à mettre la main sur les propriétés qui lui conviendraient, à commettre toutes les iniquités qu'il lui plairait, à éloigner ou enlever toutes les personnes dont il voudrait se défaire ou abuser. Aussi quand il eut besoin d'argent, il n'en trouva pas à emprunter. Il défendit aux particuliers d'exiger plus de 4 livres pour cent d'intérêt des sommes qu'ils prêteraient, tandis qu'il continua d'offrir à ses créanciers l'ancien taux de cinq pour cent ; il fut réduit à recourir à cette ressource pour amener les capitalistes à préférer le roi à ses sujets.

C'est ainsi que la destruction des Jésuites fut une folie en politique, comme une monstruosité en morale. Aucun acte ne dévoile mieux la dégradation de la royauté, la scélératesse de la Pompadour, la corruption de la magistrature, la bassesse des philosophes, la noirceur de Choiseul.

Consacrons quelques lignes à une espèce de ministère qui n'était pas sans importance. Il s'agit de la feuille des bénéfices. A la mort de Fleury, elle fut confiée à l'abbé Boyer, ancien évêque de Mirepoix. Les éloges donnés à ses sermons par le *Mercure* attestent qu'il n'était pas sans connaissances et sans talent, et doivent suffire pour venger sa mémoire des sarcasmes dont il fut constamment l'objet de la part des philosophes et surtout de Voltaire, qui affectait de l'appeler l'âne de Mirepoix. Soulavie (t. III, p. 9) n'a pu s'empêcher de louer sa bienfaisance, sa piété, la pureté de ses mœurs, l'intégrité de son âme; tous les impies ont été amenés à lui rendre le même hommage. Il eut pour principe de ne donner soit des évêchés, soit de simples bénéfices qu'à des abbés d'une vertu éprouvée, et de les refuser à ceux qui ne les méritaient pas par la sagesse de leur conduite, quels que fussent les vers qu'ils avaient publiés. Aussi Soulavie a-t-il remarqué que son clergé ne cessa d'édifier les paroisses par sa charité, sa pureté, son zèle, en même temps qu'il s'efforçait d'arrêter les progrès de l'incrédulité.

Quand Choiseul et la Pompadour furent appelés à donner la feuille des bénéfices, ils choisirent de Jarente, évêque de Digne, puis d'Orléans. C'était un roué dans toute la force du terme, menant la vie la plus dissolue, affichant le scandale avec éclat, vendant sans pudeur les bénéfices. Suivant *l'Espion anglais* (t. I, p. 238), il avait pour sous-ministre l'opprobre du sacerdoce, l'abbé de Foix, perdu de débauches et d'infamies, trafiquant impudemment des emplois sacrés, et sans cesse occupé à recruter le sérail de son maître d'objets propres à renouveler les sens flétris de Sa Grandeur. Il avait pour maîtresse une danseuse d'Opéra, canal par où s'écoulaient sourdement beaucoup de grâces ecclésiastiques. Soulavie a remarqué avec raison qu'il ne composa l'Église de France que de prélats de mœurs et d'opinions contraires aux mœurs et aux opinions de ceux qui avaient été nommés par le vertueux Boyer. Il ne s'oublia pas dans la distribution des bénéfices. La *Correspondance secrète* (t. X, p. 228) prétend qu'il en réunit sur sa tête pour 266,000 livres de rente. Il fut exilé de la cour en 1771, pour s'être mêlé des affaires du parlement. Il continua le même train de vie depuis. Les *Mémoires de Bachaumont*, du 12 novembre 1773, constatèrent que, dans un de ses voyages à Marseille, il n'eut pas honte de paraître au spectacle et au vauxhall.

Ce fut Laroche-Aymon qui eut la feuille des bénéfices après de Jarente. Il la garda jusqu'à sa mort. La *Correspondance secrète* (t. V, p. 261) prétend qu'il avait 600,000 livres de bénéfices et qu'il laissa tant de dettes, que la vente de son mobilier ne dut pas satisfaire ses créanciers. Il passait pour être l'un des prélats les plus bornés et les plus ignorants, malgré toutes les dignités dont il fut accablé. Il n'est pas accusé d'avoir abusé de sa position : ce qui prouve qu'il ne fit pas de mal à l'Église, c'est la haine dont il fut honoré par les philosophes, qui n'auraient pas manqué de le célébrer, s'il avait favorisé les abbés sans foi et sans mœurs.

Il eut pour successeur de Marbeuf, évêque d'Autun. Citons ces paroles qui lui furent adressées dans un écrit reproduit par Soulavie (t. VI, p. 105) : « Depuis l'instant que le roi vous a élevé à la place importante que vous occupez, j'ose le dire, et je le prouverai, excepté les nominations que Sa Majesté a faites de son propre mouvement, et contre votre gré, il n'y en a pas une qui annonce un ministre religieux. Chaque jour vous avez renchéri sur vos méfaits par des présentations plus criminelles : pendant votre administration, l'irréligion, le libertinage, l'avarice, la prodigalité, l'incrédulité, l'athéisme même semblent avoir été les seuls titres pour obtenir les bénéfices à nomination royale. Quels soupçons ne fait pas naître votre conduite ? Les uns vous comparent à l'un de vos simoniaques prédécesseurs, M. de Jarente, qui ne disposait d'un bénéfice qu'à beaux deniers comptants. Quel abus ne faites-vous pas de votre crédit ? Vous avez fait accorder une gratification de quarante mille livres sur les économats au suicide évêque de Grenoble, pour réparer son palais épiscopal. C'est vous qui avez donné deux abbayes à cette religieuse, concubine de M. de Brienne, réfugiée dans son palais à Paris, pendant son ministère, et qui vendait les grâces. »

Le caractère de ces ministres sert à expliquer pourquoi dans l'épiscopat il y avait deux espèces de prélats bien tranchées.

Les uns étaient taxés par les philosophes de fanatiques et d'intolérants; mais ils étaient irréprochables dans leurs mœurs, fermes dans leur foi, simples dans leur langage, réservés dans leur conduite, indépendants jusqu'à la hardiesse dans leurs mandements et leurs discours au roi, peu recherchés des grands dont ils empêchaient les femmes, les enfants et les domestiques de mourir de faim, connus de tous les pauvres, bénis de tous les malheureux. Ils n'admettaient pas facilement aux ordres tous ceux qui le désiraient, et ils ne confiaient de cures qu'à des prêtres qui jouissaient d'une bonne réputation. Le vénérable de Beaumont, archevêque de Paris, fut le modèle de ce genre d'évêques. Les philosophes de tous les pays ont été forcés de rendre hommage à ses vertus et de constater qu'il distribuait en aumônes les cinq sixièmes de ses revenus. Soulavie (t. VI, p. 104) a remarqué que ses cinquante-huit curés de Paris, sans exception, marchaient sur ses traces. Il en a été de même de tous les curés nommés par les pontifes dont nous parlons.

Le nombre de ces vénérables prélats dont la

mort était une calamité pour les pauvres, était beaucoup plus considérable qu'on ne le croit généralement. Aussi, dans ses *Réflexions sur la révolution française*, le célèbre Burcke s'est-il fait un plaisir de confesser que, soit à Paris, soit dans les provinces, il avait été frappé du spectacle imposant qu'offrait le clergé de l'Église de France, auquel il ne put rien comparer dans tous les autres royaumes pour les mœurs, les connaissances, le zèle, la charité, l'indépendance, l'urbanité. S'il y a eu quelques prélats peu édifiants, cela n'est pas surprenant ; il est plutôt surprenant que le nombre en ait été si petit. Les bénéfices étaient une puissante amorce pour la noblesse ; la cupidité a donc dû pousser dans les séminaires une multitude de jeunes gens. Mais il faut aussi admettre que le séjour dans les séminaires exerçait une grande influence sur les âmes par l'étude de la théologie, l'usage de la prière, la fréquentation des sacrements, le bon exemple des professeurs, et que les grâces de l'ordination ont achevé de purifier et de sanctifier bien des vocations mondaines, ou purement humaines. Il suffit d'assister à une ordination pour observer l'effet qu'elle produit sur tous les traits des lévites qui en ont fait partie, et juger quelles traces profondes, durables, éternelles elle ne peut manquer de laisser dans le cœur de ceux qui se sont consacrés à Dieu par des vœux si solennels, dans une cérémonie si imposante. Je suis persuadé que le changement notable, le changement incontestable qui s'opéra dans les habitudes de Dubois ne saurait être attribué qu'à son ordination et à son sacre, à moins qu'on ne veuille convenir que l'abbé Dubois ait été aussi calomnié que Mgr Dubois.

Il y a eu quelques individus qui ne sont entrés dans l'Église que par cupidité, et sur qui l'ordination et le sacre n'ont pas plus agi que sur un rocher, qui se sont glorifiés de rester après leur ordination et leur sacre tels qu'ils avaient été auparavant, et qui n'ont profité des dignités et des bénéfices dont ils ont été accablés après ces vœux, que pour afficher une légèreté, une inconduite, des idées, des principes en contradiction avec leur caractère, leurs fonctions, leur habit. Les philosophes les ont recherchés, flattés, courtisés, prônés, célébrés comme des prélats tolérants, des prélats philosophes, des prélats comme il faut. Qu'on étudie attentivement la vie de ces prélats, qui ont eu depuis cent jusqu'à huit cent mille livres de bénéfices, on n'en trouvera pas un seul dont le nom ait été connu des pauvres, et qui ait donné un écu en aumône secrète : ils ont vécu dans la débauche, et sont morts banqueroutiers. Bernis est une espèce de prélat mondain ; de Brienne, finissant par s'empoisonner, après avoir renvoyé son chapeau de cardinal à Rome, est un modèle de prélat philosophe. Comme la perfection des prélats philosophes, montrons le prince Louis de Rohan. Il renchérit sur tous ses oncles, aussi prodigues que galants évêques et cardinaux. Il eut un fauteuil à l'Académie française, il fut membre de plusieurs académies, il fut nommé ambassadeur à Vienne, sacré évêque de Strasbourg; il obtint le chapeau de cardinal, la grande aumônerie, la place de proviseur de la Sorbonne et d'administrateur de l'hôpital des Quinze-Vingts, indépendamment de plusieurs abbayes. Il parvint à réunir sur sa tête pour huit cent mille livres de bénéfices. Nul n'avait moins le droit de contrister l'Église; cependant il fut loin de se distinguer par sa foi; il passa même jusqu'au mépris pour tout ce qui tenait à la religion. A Vienne il quittait souvent la soutane pour prendre les habits de chasse, et cela avec tant de publicité qu'un jour de Fête-Dieu, lui et tous ses gens, en uniforme vert, coupèrent une procession qui gênait leur passage. A Paris, il accueillit et admit à sa table tous les philosophes depuis les Buffon, les Duclos, les Marmontel jusqu'à Dalembert; il leur offrit un grand festin en l'honneur de La Chalotais, dont les calomnies contribuèrent à accélérer la destruction des Jésuites. Il recevait Cagliostro, le traitait comme un souverain, et il chercha à le populariser et à l'introduire chez tous les grands. Il était encore plus immoral qu'irréligieux. Il avait orné son hôtel, à Paris, de peintures si lascives qu'il ressemblait à un temple de Vénus, à un boudoir de libertin. Il écrivait des lettres si licencieuses que le comte Beugnot crut devoir les brûler toutes, dès qu'il en eut parcouru quelques-unes chez l'intrigante à qui elles étaient adressées. Il passa pour avoir formé le vœu de s'accointer avec toutes les filles ; à Vienne, il lui fut reproché d'avoir séduit et perverti toutes les dames de la cour ; à Paris et à Strasbourg, on l'eût pris pour un prêtre de Cythère, car il était difficile de rencontrer un homme aussi livré au plaisir ; il fut le Richelieu des prélats sous ce rapport. Il était aussi prodigue que débauché. Il menait un train d'empereur. Il ne portait à son doigt qu'un anneau d'une vingtaine de mille livres ; il avait des aubes qu'on estimait cent mille livres. Tout chez lui était d'un luxe prodigieux. A Vienne, il éclipsait la cour ; il se faisait escorter de huit gentilshommes portant de grands noms et d'une douzaine de pages de familles distinguées ; il avait cinquante chevaux dans son écurie, des carrosses de quarante mille livres, et il donnait toutes les semaines des bals, des concerts, des soupers de cent à cent cinquante personnes. A Strasbourg, il n'avait pas moins de quatorze maîtres d'hôtel et de vingt-cinq valets de chambre. Cette magnificence l'amena à contracter des dettes énormes, à emprunter de toutes mains et dans tous les pays, à recourir aux plus singuliers expédients, à abuser de sa position et à commettre toutes sortes de bassesses et de malversations. Pour se procurer de l'argent, il avait la coutume d'acheter des effets très chers, mais à crédit, pour les revendre comptant à vil prix. A Strasbourg, il employa à des choses d'agrément personnel les fonds que le chapitre de sa cathédrale avait destinés à la reconstruction du château de Saverne. L'Affaire du Collier mit le comble à tous ces scandales. Il lui fut facile de prouver qu'il avait été trompé, mais il fut convaincu d'avoir convoité les faveurs de la reine, d'avoir eu des liaisons intimes avec un Cagliostro, avec un comte de la Motte, gendarme chassé de son corps pour avoir fait et négocié de fausses lettres de change, paysan ne vivant que d'escroqueries, de la vente des objets qu'il se procurait à crédit ; avec une comtesse de la Motte, capable de tous les crimes, scélérate des plus accomplies. Il fut donc condamné à payer le fameux collier livré pour la somme de 1,600,000 à la comtesse de la Motte. Ses créanciers se présentèrent et réclamèrent ce qui leur était dû.

« Les dettes de M. le cardinal, à cette époque, indépendamment des 1,600,000 livres du collier, raconte Georgel, montaient encore à près de deux millions. Il était dû cinq cent mille livres aux Génois, empruntées pendant l'ambassade de Vienne ; cinq cent mille livres avaient été empruntées encore en Alsace pour le rétablissement de la résidence et du château de Saverne, qui avait été incendié. On devait trois cent mille livres au juif Cerf-Berr, dont cent vingt mille avaient passé à Mme de la Motte ; le reste à différents fournisseurs et particuliers. J'usai alors, de concert avec les princes de la maison de Rohan, des pouvoirs très étendus que me donnait ma procuration, pour liquider les dettes du cardinal. Je fis de grandes réformes. Tout, en Alsace et à Paris, fut réduit au strict nécessaire. On accorda des pensions alimentaires aux anciens domestiques réformés. Les Génois et les autres créanciers acceptèrent des délégations. Le plan et le mode de liquidation furent adoptés par tous ceux à qui on était redevable. Par ces arrangements, il restait à M. le cardinal cinquante mille livres de rente, outre sa terre de Coupvray, près de Paris, qui pouvait rapporter annuellement trente mille livres. Ce plan devait s'exécuter en janvier 1786 et durer jusqu'en 1794, où le prince, totalement libéré, rentrerait dans la jouissance de ses grands revenus. On m'a assuré que M. le cardinal, de retour en Alsace de son exil, n'avait point approuvé ce plan; mais dans le moment où il fut conçu et adopté, il était d'une nécessité impérieuse. Eh ! n'est-ce point avoir travaillé à la gloire et à la satisfaction de ce prince que d'avoir éteint, sans réclamation et sans murmures, des dettes aussi considérables? On diminuait, il est vrai, pendant huit ans, toutes ses jouissances; mais, pour un cœur aussi noble et aussi sensible que le sien, ces jouissances n'eussent-elles pas été abreuvées d'amertumes au milieu des cris redoublés de ses créanciers? » Ainsi il est indubitable que le cardinal avait l'intention de frustrer ses créanciers, puisqu'il répugna à se soumettre au seul moyen qu'il eût de les satisfaire, son patrimoine n'étant pas en état de les désintéresser. La révolution l'ayant dépouillé de ses bénéfices dont une partie devait être employée, jusqu'en 1794, au payement de ses dettes, il est plus que probable que le cardinal mourut banqueroutier. La révolution permit de dévoiler le reste de ses infamies. En 1791, l'Assemblée nationale reçut une pétition dans laquelle les administrateurs des Quinze-Vingts se plaignirent des malversations exercées par le prince, et dont ils n'avaient pu obtenir justice. Ils prouvèrent qu'en 1779, lorsqu'il était administrateur des Quinze-Vingts, il avait vendu, malgré l'administration de l'hospice, moyennant six millions, des terrains appartenant à cet établissement et valant plus de sept millions ; un pot-de-vin de 300,000 livres et un dixième dans la propriété, l'avaient disposé à signer ce marché où il était à la fois vendeur et acquéreur. Il ne rendit aucun compte du prix de cette acquisition, et l'hôpital se trouva complètement ruiné par cette prévarication de sept millions. Deux administrateurs avaient réclamé contre cette opération inqualifiable ; le prince les destitua. Le parlement allait intervenir en faveur des opprimés ; une déclaration du roi lui imposa silence. Le prince avait eu le temps de manger ses sept millions, lorsque le 17 avril 1791 l'Assemblée nationale lui ordonna de venir se justifier. Il se garda bien de comparaître devant ses juges. Quand il l'aurait voulu, il n'aurait pu restituer les sept millions dont il avait fait tort aux Quinze-Vingts. C'est donc une nouvelle somme à ajouter sur le mémoire des dettes dont il n'eut ni le temps, ni la facilité, ni l'intention de se liquider [1].

[1] *Biographie universelle,* article Rohan.—Georgel, tom. 1 et II.—M*me* d'Oberkirch, tom. 1, pag. 127, et tom. II, pag. 360.

Laissons les ministres pour nous occuper des généraux. « Sous Louis XIV, remarque Levis (p. 36), le grand Condé, Turenne, Catinat, enfin tous ses généraux furent des modèles de désintéressement et de générosité. Le seul Villars ne fut peut-être pas, sous ce rapport, exempt de tout reproche; et comme il était fanfaron de vices et de vertus, de défauts et de qualités, il ne s'en cachait point. » Sous Louis XV, la plupart des généraux se piquèrent de philosophie; aussi ne manquèrent-ils pas d'imiter Villars. Ils scandalisèrent les troupes par leur vie dissipée et par leurs rapines.

« Le maréchal de Soubise, raconte Levis (p. 157), avait cinq cent mille livres de rente, qui ne lui suffisaient pas. Dans le nombre de ses dépenses, j'en citerai une qui se renouvelait tous les ans, lorsque le roi venait se rafraîchir dans sa maison de Saint-Ouen après le tiré; on lui servait une omelette d'œufs de faisans, de perdrix rouges, et d'autres ingrédients si chers, que l'omelette revenait à vingt-cinq louis : c'était un prix fait; le reste était à proportion. »

Le prince de Beauvau, malgré son grade de lieutenant général qui lui rapportait annuellement trente-sept mille livres, contracta pour sept cent mille livres de dettes portant intérêt, et se laissa poursuivre pour quatre cent mille livres de dettes criardes, dont il ne pouvait répondre, comme le

— *Mémoires du comte Beugnot*, E. Dentu, 2 vol. in 8º.

mandait Mme du Deffand à Walpole, le 23 septembre 1771.

On lit dans les *Mémoires de Maurepas*, qu'étant gouverneur à Lyon, le maréchal de Villeroi établit, de son autorité privée, une augmentation de droit sur les octrois pour payer les dettes de son fils, qui avait fait deux fois banqueroute de plus d'un million. Il laissa à sa mort pour plus d'un million de dettes, quoique, outre les appointements ordinaires de sa place, il se fût ménagé plus de cent mille écus de rente par la vente de tous les emplois dont il disposait, et qu'il eût hérité de tous les biens des maisons Gondy, de Créqui, de Lesdiguières et Despréaux.

Lauzun a raconté, dans ses *Mémoires*, comment en dix ans il dissipa quinze cent mille francs sur une fortune de quatre millions, et quels arrangements il prit pour satisfaire ses créanciers. Suivant d'Allonville (t. I, p. 291), à l'époque où il se sépara de biens d'avec sa femme, il n'avait pas encore payé les diamants qu'il lui avait donnés pour ses noces, bien que le joaillier qui les lui avait vendus, eût menacé par écrit de les arracher à Mme de Lauzun, si elle les portait. Lauzun s'accoutuma à rester endetté. Lorsqu'il fut envoyé à Londres, en 1792, en mission diplomatique, un marchand de chevaux le fit arrêter pour une ancienne dette. Lauzun ne fut relâché que sous caution.

Un jour que le marquis de Conflans se trouvait dans le carrosse de Louis XVI, « la conversation, raconte Levis (p. 165), tomba sur la vie licencieuse des troupes légères, sur les déprédations que se permettaient les hussards, officiers et soldats; et l'on plaisantait M. de Conflans sur ces maraudages, qui, par une de nos mille inconséquences, ne paraissent pas dans cette arme enfreindre les lois de l'honneur. M. de Conflans répondit avec un grand sang-froid : « Il est vrai que j'ai pillé comme un « autre; mais depuis que j'ai deux cent mille livres « de rente, je suis devenu un honnête homme. » A ce propos, le roi rougit, visiblement embarrassé qu'un homme pour qui il montrait tant d'affection eût une morale aussi relâchée; et l'on remarqua qu'il ne lui parla pas une seule fois de toute la journée. Le marquis était celui de ses courtisans qu'il aimait le plus. »

Il y a peu d'actrices et de courtisanes en vogue, que le maréchal de Saxe n'ait recherchées. Doué d'une force prodigieuse, il perdit dans l'immoralité son temps et sa santé. Il ne fit pas moins de mal à l'armée. Il entretenait dans les camps un opéra et des lieux de débauches pour ses soldats. Pour mener un pareil train, il lui fallait de l'argent. Il eut toujours soin d'avoir un crédit d'une centaine de mille livres chez un fermier général. Il acceptait de toute main. L'illustre Lecouvreur vendit tous ses diamants et lui en envoya le prix. Pour assouvir ses passions, il devint dur, injuste, tyran et cruellement pillard. Il ne cessait de lever dans les pays qu'il conquérait d'énormes contributions dont il s'emparait, et qu'il dissipait aussi vite qu'il les avait arrachées [1]. « A son exemple, raconte Montbarrey (t. I, p. 68), les officiers généraux employés étaient très bien payés, et chacun, selon son goût ou ses besoins, consommait ou mettait en réserve ce qui lui revenait en supplément de son traitement ordinaire. L'intendant de l'armée avait la grande main sur tous les traitements; et, sous lui, des commissaires des guerres, répartis dans les différentes places considérables, gaspillaient, quand ils ne pouvaient prendre un vol plus élevé, ou qu'ils étaient surveillés par des généraux trop attentifs. »

Dès sa jeunesse, le duc de Richelieu s'était signalé par une trahison infâme, comme l'attestent tous les contemporains et surtout d'Argenson (p. 192). Le régent avoua qu'il aurait pu lui faire couper quatre têtes, s'il les avait eues, car il possédait quatre lettres que le coupable avait écrites au cardinal Alberoni pour lui offrir de livrer Bayonne à l'Espagne, à la condition d'obtenir le régiment des gardes. Richelieu fut enfermé à la Bastille; il n'y resta pas longtemps. La princesse de Valois, qu'il avait séduite, intercéda pour lui et obtint sa grâce et sa liberté. Le traître devint plus tard maréchal. Dans ce poste élevé, il ne fit pas oublier son ancienne perfidie par un désintéressement à toute épreuve. On ne l'employait qu'avec répugnance, parce qu'on le savait peu scrupuleux. Dans la guerre de 1755

---

[1] Marmontel, liv. III. — D'Angerville, tom. II, pag. 358. — Collé, tom. I, pag. 319.

surtout, raconte Duclos, on voulut le rappeler à l'ordre, au moment où on l'envoyait en Hanovre prendre le commandement de l'armée. Comme on désirait détruire dans les troupes ce vil esprit de rapine, qui en fait des brigands plutôt que des soldats, on songea au moyen d'empêcher le général d'en donner le dangereux exemple. C'est pourquoi Bernis fut chargé de proposer au maréchal de Richelieu de fixer lui-même ses appointements et de les porter aussi haut qu'il le jugerait convenable. Richelieu rejeta absolument toute fixation, et colorant son avarice d'un air de dignité, prétendit qu'il ne devait renoncer à aucun de ses droits de général, tels que les contributions, les sauvegardes, etc., et qu'il ne serait pas dit qu'il eût donné atteinte aux prérogatives de sa place. Ce fut avec ces dispositions qu'il partit, et personne n'y fut plus constant. Il retira par toutes sortes de moyens des biens immenses de la Westphalie et de l'Électorat. Il pactisa même avec l'ennemi. Il pouvait vivement harceler le roi de Prusse, mais le trésorier de celui-ci, assure Thiébault (t. IV, p. 259), lui ayant remis une somme considérable pour obtenir une trêve, Richelieu passa des semaines entières dans la plus coupable oisiveté à peu de distance de Magdebourg, qu'il eût facilement pris d'assaut, et où il eût trouvé tous les trésors de l'ennemi. Suivant les *Mémoires de Trenk*, Richelieu aurait reçu trois voitures chargées d'argent, pour prix de cette conduite. Les militaires, excités par son audace et enhardis par l'impunité, pillèrent partout, et nommèrent entre eux leur capitaine le père de la maraude. Ce n'était pas sans raison. Le témoignage des écrivains français ayant été contesté, invoquons une autorité étrangère. Dans l'*Histoire de la guerre de Sept ans en Allemagne*, par J. W. d'Archenholtz, ancien capitaine au service de Prusse, traduite de l'allemand en 1789 par d'Arnex, je trouve à la page 44 ces détails : « Richelieu fit une invasion dans les provinces de Prusse : il en fit piller et dévaster les villes et les villages, où il menaçait de mettre tout à feu et à sang, afin d'extorquer, de leurs habitants sans défense, des contributions intolérables. Les excès exercés par les Français étaient tels, qu'ils approchaient des horreurs que commettent les Cosaques. Sur les ordres exprès des officiers, on abîmait de coups de riches particuliers, afin de les contraindre à payer des contributions pour les autres citoyens : on violait les femmes et les filles, et l'on se jouait de la vie des hommes. Rien n'était plus ordinaire parmi ces troupes que de faire pendre des personnes innocentes sur de prétendus soupçons dénués de la plus légère ombre de preuve, comme si c'eussent été des espions. Plusieurs centaines d'Allemands, sans égard pour leur rang, leur âge et leurs relations, eurent ce malheureux sort pendant le cours de cette guerre. La devise du général français était : *extorsions*. Il se permettait les actions les plus basses, et ordonnait des opérations de guerre telles que son intérêt particulier les demandait. De tous les généraux qui commandèrent dans cette guerre, aucun ne s'est autant enrichi que Richelieu. Il s'en cachait lui-même si peu qu'encore avant la fin de la guerre il fit bâtir le pavillon de Hanovre. » En effet, à son retour à Paris, il déploya le plus grand faste. Il éleva au bout de son jardin un pavillon élégant et meublé avec une recherche voluptueuse, rapportent Duclos et Levis (p. 36); le peuple appela par ironie ce pavillon, le pavillon de Hanovre. A la cour, Richelieu fut mieux reçu qu'on ne s'y attendait, rapporte encore Duclos ; mais il ne tarda pas à s'apercevoir que ses exactions n'y étaient pas inconnues et qu'elles nuiraient à son avenir. Les propos de toutes les sociétés ne lui inspirèrent ni remords ni honte. Il se rendit dans son gouvernement de la Guienne pour la pressurer. Suivant Faur, l'auteur de sa *Vie privée*, il vécut à Bordeaux avec le luxe et le cortège d'un Sardanapale; il invitait ordinairement trente personnes, quelquefois cent, deux cents et jusqu'à quatre cents à ses soupers. Pour payer ces dépenses et ces profusions, il appauvrit le pays, ruina les familles et réduisit à la misère tous ses commis. Il lui était alloué douze mille livres pour le capitaine de ses gardes, et six mille pour un secrétaire ; il retrancha un zéro à chacun de ces traitements et s'appropria le reste de seize mille deux cent livres, se vantant de pouvoir trouver en tout temps pour douze cents livres autant de capitaines des gardes qu'il lui en faudrait, ainsi que des scribes à six cents francs.

Il se permettait tout, parce qu'il n'avait rien à craindre du roi ; il fut son compagnon de débauches et d'orgies, et même son proxénète ; la favorite n'eut jamais d'adulateur plus souple, ni le clergé d'ennemi plus redoutable. Il s'appliqua constamment à éloigner du roi quiconque aurait eu le courage de le rappeler à ses devoirs et de l'arracher à la crapule dans laquelle il croupissait. Peu s'en fallut qu'il ne l'empêchât de mourir sans confession. Quant à lui, sa vie dissipée est assez connue. Son nom est resté le synonyme de la plus affreuse dépravation. Manuel (t. I, p. 335) a remarqué qu'il mit une fois son crachat au mont-de-piété pour arrher une catin. D'Allonville (t. I, p. 177) nous apprend qu'il ne laissa que des dettes.

Les généraux ne laissaient passer aucune occasion de s'enrichir. Tout le monde sait que les fêtes qui eurent lieu à l'occasion du mariage de Louis XVI, coûtèrent à Paris la vie à deux cents personnes, et que près de douze cents curieux ne rentrèrent chez eux que blessés plus ou moins dangereusement. Un tel désordre avait été prévu. Pour le prévenir, on avait réclamé le service des gardes françaises ; le maréchal de Biron ne voulut pas faire marcher son régiment, parce que la ville de Paris lui refusa une gratification de mille écus qu'il avait demandée.

Grâce au mystère qui enveloppe de son ombre épaisse le sanctuaire de la justice, les huissiers, les avoués, les avocats, les greffiers, les juges pouvaient se permettre des exactions aussi scandaleuses que celles des généraux. Ni robins, ni praticiens n'eurent à redouter une enquête sévère et minutieuse. L'autorité ferma les yeux sur ces perpétuelles injustices. Jamais on ne vit plus de procès célèbres qu'à cette époque. Tous ne firent que révéler au monde le fanatisme et la partialité des magistrats. Les immortels *Mémoires* de Beaumarchais apprirent combien il fallait donner de louis à Mme Goezman pour pénétrer dans le cabinet de Monsieur son mari. Le premier président d'Aligre jouissait d'un revenu de 800,000 livres, si nous en croyons les *Mémoires de Bachaumont,* du 10 décembre 1787, et ne songeait qu'à les augmenter par un talent tout particulier de placer son argent au taux le plus avantageux ; ses principes équivoques, ses mœurs relâchées lui avaient ôté toute considération auprès des honnêtes gens, dit Georgel (t. II, p. 131). Il se compromit dans des affaires d'intérêt passablement honteuses qu'il n'eut pas l'adresse d'assoupir. Ainsi, « il avait fait faire, rapportent les *Mémoires de Bachaumont,* du 10 août 1786, sa soumission pour deux cent mille livres dans un des emprunts derniers du trésor royal. En conséquence on lui avait expédié son bordereau, et il avait déjà touché deux ou trois années d'arrérages. Cependant il ne payait point le capital. Le garde du trésor royal d'exercice cette année lui a fait demander cette somme : M. d'Aligre a répondu que c'était un oubli de son notaire ; au bout de quelque temps, n'ayant pas satisfait, le garde du trésor royal l'a fait inviter de nouveau, et n'en a pas tiré meilleure raison. Il a pris le parti d'en parler au contrôleur général : celui-ci, enchanté de trouver une occasion de rendre désagréable à Sa Majesté le magistrat dont il avait à se plaindre, a rendu compte du fait au roi. » C'est pourquoi le contrat de rente que possédait d'Aligre fut annulé, remarque Montyon (p. 287), comme illicite, attendu qu'il n'avait pas fourni les fonds de ce contrat ; ce qui portait atteinte à sa réputation et à ses intérêts pécuniaires, auxquels il n'était rien moins qu'insensible. Il ne pardonna pas cet acte à de Calonne, et s'en plaignit hautement. Il soutint de tout son crédit ceux de sa compagnie qui travaillaient avec une persévérance infatigable à empêcher toute réforme dans la procédure, ainsi que nous l'apprennent les *Mémoires* de Besenval. Rien n'était plus urgent. Dans un mémoire remis à Louis XVI, le président Lamoignon demandait instamment pour l'honneur des hommes de loi *réforme dans la façon d'instruire les procès, l'audience, l'appointement, réforme dans la rétribution des juges, réforme dans l'instruction des procès par écrit, réforme dans le salaire des secrétaires, réforme dans les greffes*, attendu que, depuis les juges jusqu'aux greffiers, les honoraires, à titre d'épices, vacations et autres dus et déboursés, étaient si révoltants, si énormes, que les plaideurs n'étaient plus en état de poursuivre la moindre affaire, de sorte qu'un procès considérable, même gagné, dérangeait une maison opulente, ruinaît un homme aisé, et que celui qui n'avait pas d'avances, était forcé de renoncer à ses droits et actions, et de rester la victime de l'audace. Le roi loua beaucoup ce plan de réformes ; mais telles furent les intrigues du président d'Aligre et de ses compères, que Lamoignon obtint à peine quelques délibérations après lesquelles on statua que, vu l'impossibilité de réprimer tant d'abus, il valait mieux continuer d'en profiter.

Le parlement avait depuis longtemps perdu son indépendance et avec elle son intégrité. Il s'était rendu ridicule, en empiétant sur le pouvoir du clergé, en s'immisçant dans les affaires du for intérieur. On lui avait pardonné cette usurpation. Quand il refusa de se prêter à tous les caprices de la cour, de consentir à la ruine des populations, d'enregistrer des impôts onéreux, il se fit bénir de la nation, mais les favoris travaillèrent à le détruire. Il était impossible de se passer de magistrats. Maupeou se chargea de composer un nouveau parlement plus souple et plus docile.

Louis XV lui donna un pouvoir sans bornes. Lorsqu'il était premier président, Maupeou s'était distingué par ses déprédations, ses friponneries. Il escamota huit mille livres à sa compagnie. Il vendait les arrêts au plus offrant et dernier enchérisseur, souvent en recevant des deux parties un prix égal pour sa prévarication. Il ne se contentait pas de sommes médiocres. Il exigea, une fois, cent mille écus pour juger un procès. Il multipliait tellement les frais, qu'il était parvenu à porter ses épices à 60,000 livres. Il reçut 300,000 livres, pour favoriser l'enregistrement de l'édit de libération des dettes de l'État, et une pension de 12,000 livres pour faire passer l'édit sur les reconstitutions de rentes. Rien ne lui était plus facile ; tout dépendait de lui. Comme il comptait les voix, il donnait toujours effrontément la majorité des suffrages aux personnes qui l'avaient achetée.

Devenu chancelier, il avait besoin de gens résolus à voter et à enregistrer tout ce qu'il proposerait. Ses anciens confrères étaient riches, et par conséquent indépendants. Il n'aurait pu compter sur eux. Il les exila, et leur promit une indemnité qu'il ne se pressa pas de leur donner. Il essaya d'en corrompre quelques-uns. Quatorze millions furent consacrés à lui recruter un corps servile et vénal. « En rentrant dans mon cabinet, écrivait alors M. de Brosses, je jetai sur le pavé tout l'attirail du magistrat, en disant à Fèvre : « Tenez, prenez cela, il n'y a plus que des laquais qui en puissent porter. » C'était peindre d'un trait la domesticité du chancelier. Il ne trouva plus de résistance ; c'est alors que les édits se multiplièrent à l'infini. Tout ce qui émanait de la cour était accepté. La justice devait être gratuite ; néanmoins on doubla et tripla les frais. Chaque jour voyait enfanter des impôts nouveaux ; on étendait les uns, on quadruplait les autres. En quelques mois, Louis XV en mit à lui seul plus que tous ses prédécesseurs ensemble. En vain on se plaignait; les citoyens étaient écrasés; l'argent disparaissait; il en fallait encore, il en fallait toujours. Un nouvel impôt fermait la bouche aux malheureux; la Bastille étouffait la voix de ceux qui osaient murmurer.

Qu'attendre en effet de gens vendus au poids de l'or? Les uns étaient trop ineptes pour réclamer; les autres étaient trop corrompus pour s'exposer à perdre une charge qui leur rapportait beaucoup et ne leur avait rien coûté. Un grand nombre n'auraient été reçus que dans la troupe de Mandrin. Pour donner une idée de leur moralité, arrêtons-nous devant les fleurs de lis à Paris. Le président se nommait Sauvigny; c'était la personnification de l'ignorance et de la stupidité; il savait à peine signer son nom et répéter les mots qu'on lui soufflait à l'oreille. Son procureur général était Joly de Fleury, perdu de débauches, abîmé de dettes; Maupeou lui avait remis quatre cent cinquante-sept mille livres pour les payer, et il lui en restait encore. Fleury acceptait de toutes mains et prenait tout ce qu'il pouvait. Il achetait partout et n'acquittait rien; il signait à chaque instant de fausses lettres de change; il escamota 25,000 livres au duc d'Aiguillon par une insigne escroquerie. On lui en reprochait beaucoup d'autres. Près de lui, siège Quyrot, chassé du parlement de Besançon pour monopole; plus loin voici Basset, en état de banqueroute, et condamné comme contrebandier par trois jugements solennels; Gin, le stellionnataire; Breuzard, l'assassin de son frère, l'empoisonneur de sa femme ; de Vergès, célèbre par ses escroqueries ; Mayon d'Aunois, qui se taxait 75 livres pour des conclusions qui n'en valaient que 9 ; Coste de la Calprenède, arrêté par un exempt de police au bal de l'ambassadeur d'Espagne, pour avoir escamoté des jeux de cartes avec un ressort qu'il cachait dans la manche de son domino ; Goezman, expulsé pour friponnerie manifeste du conseil de Colmar ; Desirat, enfermé à Saint-Lazare pour avoir assommé un homme ; Bilhen, assassin d'un dentiste, ancien maître d'une maison de débauche ; Debonnaire, vendant sa conscience, et s'enrichissant par de honteuses manœuvres ; Pourterion, le plus madré fripon de sa compagnie ; Clerc de Salles, qui vola ou frustra tous ceux avec lesquels il eut des relations ; Canclaux, banqueroutier ; Gondin, qui laissa son père mourir de misère dans un grenier ; Vacquette de Lenchères, condamné à dix mille francs de dommages et intérêts pour avoir maltraité son père ; Frecot de Lanty, qui passait pour un grand usurier ; Davignon, qui filoutait les marchands dans leurs boutiques. Il ne fallait point chercher des Catons dans le reste de leurs confrères. Les provinces n'eurent rien à envier à la capitale. C'est ce qu'il convient de ne pas perdre de vue, lorsqu'on se rappelle tous les édits enregistrés à l'instigation de Maupeou, ces procès fameux qui furent alors jugés avec une partialité si étrange, et le succès des écrits de Beaumarchais.

Maupeou fut largement récompensé de son zèle. Dès 1768, il est inscrit sur le registre de Louis XV pour 40,000 livres à titre d'appointements, 30,000 livres pour appointements extraordinaires, et 20,000 pour gratification, plus 1,000 pour ses domestiques, 600 pour ses deux gardes, 6,000 pour ses secrétaires. Que ne dut-il pas toucher, les années suivantes ! il figure un des premiers sur le *Livre rouge*, le 28 juillet 1774, pour deux pensions qui s'élevaient à la somme de 32,000 livres, qui reparaît les années suivantes.

Tous ces détails sur la magistrature de Maupeou sont tirés du *Journal historique* et surtout du *Maupeouana ou Correspondance secrète et familière du chancelier Maupeou avec son cœur Sorhouet* (2 vol. in-12 de 1773), attribuée à Mairobert. Ils ne paraissent pas avoir été contredits à une époque où il était plus facile de les examiner, de les contrôler ou de les réfuter qu'aujourd'hui.

SECONDE PARTIE

ESPRIT DES SALONS

Hâtons-nous de revenir aux philosophes. Parlons-en à notre aise, pour me servir d'une expression de Montesquieu.

Si je parle des philosophes, je prie le lecteur de se souvenir que je ne les confonds pas avec la philosophie. O philosophie, philosophie ! ma langue s'attacherait à mon palais, si je ne te savais gré de tout le bien que tu as voulu faire depuis tant de siècles. Il y aurait de la barbarie à te chasser de nos foyers. En vérité, qui nous apprendrait à dormir, comme disait Montesquieu ?

« Les philosophes ont été dans tous les temps les plus honnêtes gens du monde, » écrivait Voltaire, au chapitre IX de son *Traité de métaphysique*. Il s'agit de savoir si nous ne trouverons pas, au xviii° siècle, quelque petite restriction à un éloge si magnifique. Suivant Levis (p. 53), Mᵐᵉ du Deffand divisait le monde en trois parts, *les trompeurs*, *les trompés* et *les trompettes*. Nous laisserons de côté et les trompés et les trompettes. Placerons-nous les philosophes dans la classe des *trompeurs* ?

Les philosophes n'ont cessé de protester contre les impertinences et les calomnies de leurs adversaires, et d'en appeler à la justice de la postérité. Hâtons-nous donc de les citer à la barre de l'histoire, et d'en faire le dénombrement à mesure qu'ils vont défiler devant nous.

Et d'abord place à *la chaîne des dames !*

A ces mots accourt celle que Voltaire appelait tantôt sa maman, tantôt sa femme, celle à laquelle il disait dans son *Voyage à Berlin :*

> Vous, femme d'esprit sans travers,
> Philosophe de mon espèce.

Voltaire avait légué une année de ses gages à tous ses domestiques ; Mme Denis ne voulut la payer qu'à un petit nombre ; tous les autres en ont été frustrés. Elle avait pris l'engagement de donner cinquante louis par an à Wagnière ; elle ne lui remit pas une seule fois cette somme qu'elle lui avait promise. Bien plus, elle s'appropria un billet de six mille francs qu'elle avait reçu de Panckoucke pour le faire passer à Wagnière. Sur ces particularités empruntées aux *Mémoires de Wagnière* (p. 168 et 171), l'on pourra facilement apprécier le caractère de Mme Denis.

Au tour de Mme de Warens. Jean-Jacques Rousseau l'a louée avec tout l'enthousiasme d'un jouvenceau, la passion d'un amant, l'éloquence d'un ami. Mais dans un de ces moments où il descendait des sublimes régions de l'idéal pour habiter la terre, il dit, dans son *Émile*, qu'emprunteur ou voleur, c'est à peu près la même chose, quand on n'a rien, et il avoua, dans ses *Confessions*, que Mᵐᵉ de Warens ne possédait aucune propriété, ne vivait que d'une pension qui pouvait à chaque instant lui être supprimée, et qu'elle empruntait sans cesse pour entretenir des croquants, et régaler tous les passants, de sorte qu'elle mourut insolvable. Par conséquent ce n'était qu'une friponne, suivant Rousseau, quoiqu'il nous la vante comme une femme juste, bien née, se piquant de philosophie, aimant les choses honnêtes, ayant un cœur pur, des penchants droits et vertueux, un goût délicat.

Profitons de la maxime de Rousseau pour juger Mᵐᵉ de Graffigny et Mˡˡᵉ de Lespinasse. Suivant Collé (t. II, p. 264), Mᵐᵉ de Graffigny n'avait aucun ordre dans sa maison, ne vivait que d'intrigues et d'expédients, dépensait journellement au delà de ses moyens, et elle laissa à sa mort quarante mille livres de dettes que sa succession ne pouvait acquitter. Quant à Mˡˡᵉ de Lespinasse, voici en quels termes Mᵐᵉ du Deffand en parlait, dans sa lettre, du 9 juin 1776, à Walpole : « Elle a fait un testament olographe des plus parfaitement ridicules : elle charge son exécuteur, Dalembert, du soin de faire vendre ses effets, d'en employer le produit à payer ses dettes, et s'il ne suffit pas, elle compte sur l'amitié et la générosité de son neveu pour le prier d'ajouter le surplus. »

Parmi les dames qui se piquèrent de philosophie, il faut placer au premier rang les patronnesses de la goinfrerie des philosophes, pour me servir d'une expression de Saint-Simon. Avant d'être de ce nombre, la comtesse de Verrue avait été la maîtresse de Victor-Amédée, roi de Savoie. Quand elle en fut dégoûtée, elle le quitta furtivement, mais en emportant de sa cour une grande quantité de médailles rares qu'il ne lui avait point données, comme l'attestent les lettres de la princesse Palatine.

Mme Dupin ayant eu l'honneur de recevoir dans son salon et d'admettre à sa table tous les beaux esprits de son temps, il n'est pas hors de propos de lui consacrer quelques lignes. Or, son mari avait obtenu une place de fermier général par le crédit du millionnaire Samuel Bernard, son beau-père; celui-ci avait prêté les fonds nécessaires pour cela, et il en avait exigé une reconnaissance, en 1726. « Deux à trois ans après, la dame Dupin, raconte Dangerville (t. I, p. 20), était chez sa mère à Passy. Celle-ci était incommodée et eut besoin de quelque chose qui était enfermé dans son armoire. N'ayant pas sous sa main sa femme de chambre, elle dit à sa fille de l'aller chercher. La dame Dupin, cherchant ce qu'on lui demandait, trouva dans un pot-à-l'eau d'argent un papier qu'elle déploya. Elle trouva que c'était l'obligation que son mari avait faite à M. Bernard pour la somme de 500,000 livres, à quoi s'étaient montés les fonds de la ferme. Au lieu de déchirer le billet, de peur qu'on n'en découvrît les vestiges, elle l'avala. Ce ne fut que quelque temps après que la mère s'en aperçut. S'étant ressouvenue qu'il n'y avait que sa fille qui avait fouillé dans son armoire, elle imagina bien qu'il n'y avait qu'elle qui avait pu soustraire un effet inutile à tout autre qu'à elle ou à Bernard. Cet événement n'a été su que de très peu de personnes, et a brouillé pendant plusieurs années Dupin et sa femme avec Bernard, qui ne les voulut plus voir ni l'un ni l'autre. Mais comme le mari n'y avait nulle part, Bernard leur pardonna et leur en fit présent. » La conduite de Mme Dupin n'en mérite-t-elle pas moins d'être flétrie ?

Exécutez-vous aussi de bonne grâce, vous, Mme de Tencin, la maîtresse de Destouches, de Fontenelle, du Régent, de Dubois, de Bolingbrocke, de votre neveu d'Argental, sans compter les autres. L'historien ne saurait flétrir avec trop d'indignation cette intrigante, coupable du double crime de vol et d'assassinat. A peine en fut-elle soupçonnée, qu'elle fut arrêtée, traduite devant des juges, puis mise en liberté. Était-elle innocente ? Toutes les probabilités semblent déposer contre elle, ainsi que le remarque Étienne, dans sa *Notice sur Mme de Tencin*, placée en tête du tome IV des *Œuvres complètes de Mmes de Lafayette, de Tencin et de Fontaines*, in-8° de 1832. Le soin que prit son frère de faire enlever du Châtelet toutes les pièces de ce procès, prouve évidemment l'impossibilité de disculper l'accusée, puisqu'il était de son honneur de conserver les rapports ou mémoires qui pouvaient la décharger. Cette preuve négative acquiert toute l'autorité d'une preuve positive, quand on lit avec attention ces curieux fragments du testament de La Fresnaye : « Sur les menaces que m'a faites depuis longtemps Mme de Tencin, de m'assassiner ou faire assassiner, ce que j'ai même cru qu'elle ferait il y a quelques jours, sur ce qu'elle m'emprunta un de mes pistolets de poche que j'ai eu le courage de lui donner ; et comme, de ma connaissance particulière, elle a fait tout ce qu'elle a pu pour faire assassiner M. de Nocé, et que son caractère la rend capable des plus grands crimes, j'ai cru que la précaution de faire mon testament était raisonnable. Mme de Tencin a, à moi appartenant, entre ses mains, un certificat de dix actions primées par le sieur Chabert pour mon compte, ainsi qu'il l'a déclaré. Outre cela, elle a le transport d'un contrat de cinquante mille livres sur l'île de Rhé, que j'ai acquis de M. Ponat et mis sous son nom. M. Jourdain, qui a passé le contrat, a fait passer la contre-lettre à mon profit. Elle a un contrat de quarante-cinq mille livres, ou, du moins, une obligation passée par Massuan à mon profit, dont je lui ai fait un transport simulé. M. Chèvre, qui a passé le transport, a fait faire la contre-lettre ; l'un et l'autre le déclareront. Je lui ai remis le total entre ses mains, aussi bien qu'un billet de quarante mille livres, dont je n'ai reçu aucune valeur, parce que ce dépôt, me disait-elle, la rendrait sûre de moi. Elle est coutumière du fait. On trouvera dans mes papiers une protestation contre un billet de deux cent mille livres qu'elle m'avait fait faire, qui a été remis à M. Cotin. Quand j'ai voulu retirer mes effets d'entre ses mains, j'ai été surpris de trouver une scélérate qui m'a dit qu'elle ne me rendrait rien que je ne lui eusse payé le billet de quarante mille livres, que c'était le moindre paiement qu'elle pût recevoir pour avoir couché avec moi. Cette infâme, par ses friponneries, m'a mis hors d'état de payer mes dettes, sans jamais s'être souvenue un instant qu'elle seule avait causé ma ruine. Les déclarations que je fais m'ont paru nécessaires pour l'intérêt de mes créanciers. Je prends Dieu à témoin qu'elles sont dans l'exacte vérité. » Qu'on se rappelle que La Fresnaye a été tué chez Mme de Tencin. S'y est-il suicidé, comme elle l'a dit? Rien ne porte à le croire. Au contraire, par cette mort, elle avait quittance de toutes les sommes qu'elle lui devait. Par conséquent on est tenté d'imputer ce crime à la personne qui allait en profiter. *Auctor est cui prodest.* Quand elle sortit de prison, les philosophes continuèrent de la voir, comme auparavant, de se réunir chez elle, d'y boire, d'y manger et d'y causer plusieurs fois la semaine. Pour nous, nous n'hésiterons pas à l'arracher à ces *bêtes* pour l'attacher au pilori de l'histoire et la noter d'infamie.

Je me permettrai d'accoupler quelques beaux

messieurs avec ces belles dames qui n'avaient sur leur guéridon que *la Pucelle* et *la Henriade*, l'*Emile* et *la Nouvelle Héloïse*, l'*Esprit des lois* et l'*Encyclopédie*. Sans doute elles ont payé leur tribut à la faiblesse humaine ; mais il leur a été pardonné beaucoup parce qu'elles ont beaucoup aimé. Les philosophes se complurent à devenir leurs hôtes, leurs courtisans, leurs esclaves ; c'était sur leurs genoux qu'ils déposaient leurs lauriers ; ils allaient si souvent chez elles, que la levrette au collier d'or n'aboyait plus au bruissement de leurs pas, au son de leur voix flûtée.

Nommons tout de suite Duclos, dont Rousseau a loué l'âme droite. Son humeur caustique et spirituelle lui ouvrit les portes de tous les salons dorés, où il observa avec une sagacité fine et profonde les différents personnages qu'il devait peindre. Sa qualité d'*historiographe de France* lui permit de compulser des archives fermées au vulgaire des curieux. Il en sortit la tête pleine d'anecdotes dont il égayait ses conversations et dont il enrichit ses *Mémoires*, auxquels nous avons eu si souvent recours pour expliquer cette *fermentation de raison universelle* qu'il avait remarquée dans les sociétés. Quand il publia ses *Considérations sur les mœurs*, Louis XV les loua comme le livre d'un honnête homme : éloge magnifique, mais auquel je ne souscris qu'avec réserve. Dans cet ouvrage, Duclos reconnaît qu'il y a des sentiments et des procédés d'usage qu'on ne peut mépriser sans cesser d'avoir une parfaite probité. Servons-nous de cette maxime pour juger sa conduite à l'Académie française au moment où Dalembert y sollicitait un fauteuil, qu'il finit par obtenir. Ce ne fut pas sans peine. « Son élection, dit La Harpe [1], fut traversée par beaucoup d'obstacles, et même il passe pour constant qu'il y avait un nombre de boules noires plus que suffisant pour l'exclure, si Duclos, qui ne perdait pas la tête, et qui était en tout hardi et décidé, n'eût pris sur lui de les brouiller dans le scrutin, en disant très haut qu'il y avait autant de boules blanches qu'il en fallait. Duclos et Dalembert m'ont tous deux confirmé le fait plus d'une fois : *tout était noir :* c'est leur expression. Ce fait, que je crois unique dans l'histoire de l'Académie, pourrait fournir matière à bien des réflexions. » Il est probable que Duclos, devenu secrétaire perpétuel de l'Académie, brouilla plus d'une fois les scrutins pour favoriser l'élection des philosophes.

Dalembert connaissait la supercherie de Duclos ; il ne dédaigna point d'en profiter. Pure peccadille pour un philosophe qui « se faisait estimer, suivant le comte de Ségur (t. II, p. 32), par son désintéressement, par sa probité, par la fierté de son caractère ! » Écoutez. Voici ce que Rousseau, au livre XII de ses *Confessions*, nous dit de ce même Dalembert : « J'avais trouvé, dans ses *Éléments de musique*, beaucoup de choses tirées de ce que j'avais

---

[1] *Correspondance littéraire*, 1801, tom. IV, pag. 180.

écrit sur cet art pour l'*Encyclopédie*, et qui lui fut remis, plusieurs années avant la publication de ses *Éléments*. J'ignore la part qu'il a pu avoir à un livre intitulé *Dictionnaire des Beaux-Arts ;* mais j'y ai trouvé des articles transcrits des miens mot à mot, et cela longtemps avant que ces mêmes articles fussent imprimés dans l'*Encyclopédie*. » Autre charge plus accablante. Dans une lettre, du 11 octobre 1759, à Mlle Voland, Diderot mande avoir apostrophé ainsi Dalembert au sujet de ses engagements avec les éditeurs de l'*Encyclopédie :* « Vous avez un traité avec les libraires, vos honoraires y sont stipulés, vous n'avez rien à exiger au delà. Cependant ils vous ont envoyé vingt louis à chaque volume ; c'est cent quarante louis que vous avez reçus et qui ne vous étaient pas dus. Vous projetez un voyage à Wesel, dans un temps où vous leur étiez nécessaire ici ; ils ne vous retiennent pas : au contraire, vous manquez d'argent, ils vous en offrent. Vous acceptez deux cents louis, vous oubliez cette dette pendant deux à trois ans. Au bout de ce terme assez long, vous songez à vous acquitter. Que font-ils ? ils vous remettent votre billet déchiré, et ils paraissent contents de vous avoir servi. Cependant vous quittez une entreprise à laquelle ils ont mis toute leur fortune. Vous débauchez leurs travailleurs, vous les jetez dans un monde d'embarras dont ils ne se tireront pas sitôt. Ce n'est pas tout : il vous vient en fantaisie de recueillir différents morceaux épars dans l'*Encyclopédie*. Rien n'est plus contraire à leurs intérêts ; ils vous le représentent, vous insistez ; l'édition se fait, ils en avancent les frais, et vous en partagez le profit. Il semblait qu'après avoir payé deux fois votre ouvrage, ils étaient en droit de le regarder comme le leur. Cependant vous allez chercher un libraire au loin, et vous lui vendez pêle-mêle ce qui ne vous appartient pas. Savez-vous à qui il appartient de juger entre eux et vous? au public. S'ils faisaient un manifeste, et qu'ils le prissent pour arbitre, vous seriez couvert de honte. Après toute cette ostentation de fierté, convenez que le rôle que vous faites à présent est bien misérable. » Malgré cette objurgation, Dalembert persista dans ses injustes prétentions. Diderot, indigné, s'éloigna de lui, ne lui fit plus de visites, et resta des années entières sans le rencontrer. Pourtant il lui adressait la parole dans les salons, où le hasard les rapprochait.

Diderot que Grimm, suivant les *Mémoires de M*^{me} *d'Épiny*, vantait à l'envi comme « l'homme moral le plus parfait qu'il connût, » savait l'art de lever les scrupules et de trouver des accommodements avec sa conscience, quand il s'agissait de ses propres intérêts. Il avait chargé Rousseau de faire la partie de la musique pour l'*Encyclopédie*, et il lui avait laissé, pour lui livrer ce travail, un délai de trois mois, comme à tous les auteurs qui devaient concourir à cette entreprise. « Mais je fus le seul qui fut prêt au terme prescrit, dit Rousseau, au livre VII de ses *Confessions*. Je lui remis mon manuscrit, que j'avais fait mettre au net par un laquais qui écrivait très bien, et à qui je payai dix écus, tirés de ma poche, qui ne m'ont jamais été remboursés. Diderot m'avait promis, de la part des libraires, une rétribution, dont il ne m'a jamais reparlé, ni moi à lui. » Après cette omission, grave sans doute, mais facile à justifier, en l'attribuant à l'oubli, citons un péché de commission, de propos délibéré, que rien ne saurait excuser. Dans sa jeunesse, Diderot se trouvant gêné et même très endetté, sans espoir de rien recevoir de son père, alla trouver un Carme, feignit de se repentir de tous ses égarements et de n'être pas éloigné de se retirer dans un couvent, dès que l'état de ses affaires le lui permettrait. Le moine, édifié de ses pieuses résolutions, lui avança dix-huit à dix-neuf cents francs, pour lui faciliter le moyen de rompre honnêtement avec le monde. Diderot vit là une mine d'or à exploiter ; il revint bientôt à la charge et demanda de nouveaux secours. Ce fut alors que le religieux se douta du jeu et refusa avec indignation. Diderot cessa de l'importuner, et, par reconnaissance, rappela souvent les couvents dans ses diatribes. Mais ce qu'il y a de plus singulier, c'est que ces anecdotes, qui formeraient un merveilleux incident dans *Tartufe*, nous ont été dévoilées par une mère de famille, par la fille de Diderot, qui les donne avec naïveté comme des jeux innocents, dans ses *Mémoires pour servir à l'histoire de la vie et des ouvrages de Diderot*, publiés en 1830 par le libraire Paulin en tête des *Mémoires, correspondances et ouvrages inédits de Diderot*. J'ignore la raison pour laquelle Taschereau, chargé de corriger la deuxième édition de ces *Mémoires* en 1841, par MM. Garnier et Fournier, s'est permis de retrancher des *Mémoires* de Mme de Vandeul l'escobarderie que nous avons relevée, et que Villemain a flétrie dans la dix-neuvième leçon de son *Cours de littérature française au* xviiie *siècle*.

Il est temps de nommer Rousseau, le censeur de son époque, le dénonciateur de Diderot et de Dalembert. En vain déclare-t-il hautement que quiconque pourra le croire un malhonnête homme, est lui-même un homme à étouffer ; en vain ose-t-il adjurer tous les mortels de dérouler devant le souverain Juge le tableau de toutes les actions de leur vie, persuadé qu'aucun d'eux n'apparaîtrait meilleur que lui. Il me suffit de parcourir ses *Confessions* pour lui montrer le ridicule de tant de prétentions, de tant de fanfaronnades. Comme il s'est vanté d'avoir de bonne heure connu les méditations sublimes, de n'avoir point eu l'enfance d'un enfant, d'avoir toujours pensé et senti en homme, il force l'historien à le juger avec sévérité sur des fautes qu'on pardonnerait à un autre, en souriant, puisque la responsabilité commence le jour où a point la première lueur de la raison. Il eut de plus l'avantage de naître dans une famille que ses mœurs distinguaient du peuple, et dont tous les membres lui donnèrent des leçons de sagesse et des exemples d'honneur. Par conséquent, soit du côté de l'éducation, soit du côté de la nature, il est difficile d'exploiter en sa faveur le terrain des circonstances atténuantes, la culpabilité dépendant et des lumières de la conscience et des habitudes du foyer domestique. Or, quel parti Rousseau a-t-il tiré et de l'occasion et de son génie abandonné à toute sa fougue ? A peine fut-il placé chez un graveur qu'il y fit la chasse aux pommes ; trouvé en flagrant délit, il fut châtié ; loin de se corriger, il récidiva plus tranquillement qu'auparavant, en même temps qu'il allait dans une maison voisine moissonner de belles asperges qu'il vendait au marché, pour le compte d'un sien camarade, moyennant sa part du produit. Le voilà de la sublimité de l'héroïsme passé à l'ignominie d'un vaurien. Fatigué du joug d'un patron, il quitte furtivement son apprentissage, sans s'inquiéter des dommages-intérêts qu'une telle rupture coûterait à ses parents. Laquais dans une bonne maison, il y dérobe un petit ruban couleur de rose et argent déjà vieux (*couvert d'argent, suivant la minute autographe*), et laisse honteusement chasser une servante qu'il accuse effrontément de cette soustraction. Il change de religion, mais cet acte solennel n'est pour lui qu'une affaire d'intérêt ; il regrette de n'avoir retiré qu'un peu plus de vingt francs de son abjuration. Précepteur chez M. de Mabli, il détourne des bouteilles de vin, et oblige son maître à lui enlever la direction de la cave qui lui avait été confiée. Recueilli et entretenu par Mme de Warens, il s'aperçoit que des méchants la grugent et la dupent journellement ; il imite leur exemple, persuadé que ce qu'il se refuserait deviendrait infailliblement leur proie. Dans ses courses continuelles, il a eu plus d'une fois recours à la bourse de ses amis ; il n'a point remboursé tout ce qu'il avait emprunté. Parvenu à la pleine possession de sa dignité d'homme, il conserve toujours, toujours, des habitudes de son ancien métier de vivre. Aussi, dans un de ces moments où il n'était point aveuglé par un fol orgueil, il dit naïvement : « J'ai été fripon, et quelquefois je le suis encore de bagatelles qui me tentent, et que j'aime mieux prendre que demander ; mais, petit ou grand, je ne me souviens pas d'avoir pris de ma vie un liard à personne ; hors une seule fois, il n'y a pas quinze ans, que je volai sept livres dix sous. L'aventure vaut la peine d'être contée, car il s'y trouve un concours impayable d'effronterie et de bêtise, que j'aurais peine moi-même à croire s'il regardait un autre que moi. C'était à Paris. Je me promenais avec M. de Francueil au Palais-Royal, sur les cinq heures. Il tire sa montre, la regarde, et me dit : Allons à l'Opéra. Je le veux bien. Nous allons. Il prend deux billets d'amphithéâtre, m'en donne un, et passe le premier avec l'autre. Je le suis, il entre. En entrant après lui, je trouve la porte embarrassée. Je regarde, je vois tout le monde debout ; je juge que je pourrai bien me perdre dans cette foule, ou du moins laisser supposer à M. de Francueil que j'y suis perdu. Je sors, je reprends ma contre-marque, puis mon argent, et je m'en vais, sans songer qu'à peine avais-je atteint la porte que tout le monde était assis, et qu'alors M. de Francueil voyait clairement que je n'y étais plus. Comme jamais rien ne fut plus éloigné de mon humeur que ce trait-là, je le note. Ce n'était pas précisément voler cet argent ; c'était en voler l'emploi ; moins c'était un vol, plus c'était une infamie. » Après ces aveux, concluons. Rousseau s'est cru un héros, et un héros digne d'avoir une statue ; je lui aurais ôté mon chapeau, s'il nous avait prouvé à quelle heure et de quelle manière il le fut. Faut-il attribuer cet oubli à sa modestie ou à son inadvertance ? Aucun homme modeste, que je sache, ne s'étant donné pour un héros, je suis tenté de croire que la distraction de Rousseau est une faute que la Providence a permise en punition de sa superbe. Mais quand il démontre surabondamment et péremptoirement que sa conduite comme apprenti, compagnon, laquais, précepteur, catéchumène, amant et ami, est celle d'un vaurien et d'un fripon, il m'est impossible, très impossible de récuser son témoignage. Ses larmes ou plutôt ses pleurnicheries ne sauraient être une excuse. Il est de la nature de certaines bassesses de ne trouver grâce devant aucun tribunal. Je n'appellerai point Rousseau un monstre, ni un scélérat, car il valait bien Diderot ou Dalembert ; toutefois, dussé-je être arrêté par un être assez fanatique pour m'étouffer, et être regardé comme un homme à étouffer, je déclare hautement que, la nature prise sur le fait, et le livre des *Confessions* à la main, Rousseau n'est à mes yeux qu'un malhonnête homme, et je suis convaincu que plus d'un lecteur n'aura point vu ces extraits de ses *Confessions*, sans s'écrier involontairement :

> Si par malheur j'en avais fait autant,
> Je m'irais, de regret, pendre tout à l'instant.

Heureusement il existe assez de *Philintes* qui se feront grâce sur cet arrêt et se garderont bien de se pendre pour cela. Je compte sur leur indulgence pour continuer l'appel nominal de mon état-major. Après Rousseau va figurer Raynal, que Grimm regardait comme un bon homme, un parfaitement honnête écrivain, et dont Voltaire, dans sa lettre à Darget, du 21 avril 1750, ne parlait que comme d'un sage d'une probité reconnue. Moi-même, si peu disposé à me laisser séduire par les scintillations de la réputation et les flatteries de la camaraderie, j'ai loué ailleurs ses fondations et ses prix, mais auparavant je dois divulguer ses bassesses. « L'abbé Raynal, jeune et pauvre, raconte Chamfort, accepta une messe à dire tous les jours pour vingt sous ; quand il fut plus riche, il la céda à l'abbé de La Porte, en retenant huit sous dessus :

celui-ci, moins gueux, la sous-loua à l'abbé Dinouart, en retenant quatre sous dessus, outre la portion de l'abbé Raynal ; si bien que cette pauvre messe, grevée de deux pensions, ne valait plus que huit sous à l'abbé Dinouart. » Dans les fonctions de son ministère, Raynal ne fut pas scrupuleux. Vicaire à Saint-Sulpice pendant plusieurs années, il s'en fit chasser, selon Thiébault, « non pas tant pour avoir enterré beaucoup de protestants comme bons catholiques, que pour n'avoir rendu ce service qu'à ceux qui lui apportaient, avant tout, la rétribution simoniaque particulière et secrète d'au moins soixante francs, car il n'en enterrait jamais à moins. » La découverte de cette conduite l'ayant laissé sans carrière et rendu à sa liberté d'homme, quel personnage va-t-il jouer? Pauvre et obscur, il lui fallait de la fortune et de la célébrité. La fortune, il la demanda pendant trente ans à des spéculations habiles sur les échanges du globe, à des publications littéraires et surtout, remarque La Harpe, à des bénéfices sur les vaisseaux négriers, au moment où il s'élevait avec tant de force contre la traite des nègres dans ses écrits et même dans les sociétés, où, suivant d'Allonville (t. III, p. 14), on l'a entendu dire à ceux qui sucraient leur café : « Arrêtez, vous allez boire du sang. » Pour parvenir à la célébrité, il passa de l'autel du Christ dans le camp des ennemis du Christ, puis des bureaux du *Mercure* dans les bureaux de l'*Encyclopédie*, d'où il fut bientôt expulsé. Les *Mémoires* de Barruel (t. I, p. 54) vont nous en révéler la cause : « J'avais besoin d'argent, avoua un jour à Barruel l'abbé Yvon, l'auteur de la *Défense de l'abbé de Prades ;* Raynal me rencontra et m'exhorta à faire quelques articles, ajoutant qu'on me paierait bien. J'acceptai l'offre ; mon travail fut remis au bureau par Raynal, et je reçus de lui vingt-cinq louis. Je me croyais très-bien payé, lorsqu'un des libraires de l'*Encyclopédie*, à qui je faisais part de ma bonne fortune, me parut fort surpris d'apprendre que les articles remis au bureau par Raynal n'étaient pas de lui. Il s'indigna du tour qu'il soupçonnait. Peu de jours après, je fus mandé au bureau, et Raynal, qui avait reçu mille écus en donnant mon travail pour le sien, fut condamné à me restituer les cent louis qu'il avait gardés pour lui. » On le bouda quelque temps, mais ensuite on l'accueillit comme si de rien n'était, car on n'y regardait pas de si près. Comment d'ailleurs renoncer à ses bons déjeuners où, ainsi que le constatent les *Mémoires de Bachaumont*, du 30 mai 1781, l'on volait comme à un spectacle, et où l'on trouvait la meilleure compagnie de la ville et de la cour ? Et pourquoi repousser un littérateur qui s'était jeté à corps perdu dans la phalange irréligieuse, et pouvait lui rendre de grands services par son audace ? Raynal dépassa toutes les espérances. Sa rage contre les rois et le clergé lui tint lieu de génie ; aussi devint-il à la mode de le prôner, lorsqu'on aurait dû le bafouer. Son *His-*

toire philosophique des établissements et du commerce des Européens dans les deux Indes fut l'objet d'un enthousiasme général. Grimm la recommanda comme un livre capital, et on en fit plus de quarante contre-façons, au dire de La Harpe. Pourtant on n'avait jamais poussé l'impudence plus loin. Tout le monde savait que ce chef-d'œuvre n'avait guère de Raynal que le nom et son portrait, et Grimm lui-même fut étonné d'y rencontrer des plagiats qui tenaient du ridicule. Si j'en crois La Harpe, Grimm et Thiébault, les faits, les détails et les résumés qui ne concernent que le commerce, lui ont été fournis, pour la France, par le duc de Choiseul, qui, pour les recueillir, avait commandé de grandes recherches et de grands travaux dans les archives de Versailles ; pour la Hollande, par un Français connu et qui y demeurait alors ; pour le Portugal et l'Espagne, par le comte d'Aranda, M. de Souza, et par le général des gardes wallonnes, qui se donna des peines et des soins incroyables à Madrid, pour répondre à la confiance qu'on lui témoignait au nom de Diderot ; pour les Indes, par plusieurs Anglais de distinction ; pour l'Angleterre, par Suard. Grâce au zèle de ses amis, il fut bien servi de toutes parts. Quant aux épisodes, aux morceaux philosophiques ou littéraires, ils sont de la composition de Pechmeja, de d'Holbac, et de plusieurs autres, et surtout de Diderot. Il a existé un exemplaire où ce dernier avait indiqué à la marge tout ce qui lui appartenait dans cette rapsodie. Cette partie très considérable, suivant La Harpe, est évaluée à un tiers par Grimm. Aussi dans ses *Mélanges* (1822, t. II, p. 12), J. Meister n'a-t-il pas hésité à dire : « Pendant deux années entières, Diderot s'est occupé presque exclusivement de l'*Histoire philosophique et politique des deux Indes*. Qui ne sait aujourd'hui que près d'un tiers de ce grand ouvrage lui appartient? Nous lui en avons vu composer une bonne partie sous nos yeux. » Mais Raynal n'a pas jugé à propos de nommer ses collaborateurs. Une fois paré des dépouilles du paon, il brûla d'étaler son plumage, affectant de laisser des fondations et de proposer des prix dans les villes où il passait. A Londres, il parut dans la galerie de la Chambre des communes : l'orateur l'ayant appris, fit tout à coup cesser la discussion, jusqu'à ce qu'on lui eût procuré une place d'honneur. En Saxe, il fut reçu comme un prince ; et à Spa, il vécut dans les plus brillantes compagnies. De là il se rendit à Berlin, où il devait cuver sa fatuité. « Il songea à s'y établir d'une manière peu coûteuse, agréable, et propre à donner quelque relief, nous dit Thiébault. Il avait déjà trouvé un gîte qui l'avait sauvé de l'auberge et qui ne lui coûtait rien, chez un brave et honnête libraire. C'était beaucoup de vivre aux dépens d'autrui ; mais cela ne lui suffisait pas : il voulait plus d'apparence. Il désirait avoir une maison honorable où on pût lui céder deux chambres et un coin pour un domestique. Il frappa inutilement à bien des portes. Sur ces entrefaites, Tassaert, le sculpteur du roi, lui offrit généreusement trois pièces dans sa maison et une place à sa table. A cette proposition, Raynal alla voir l'appartement, en fut très satisfait, ainsi que de la table, et s'y installa. Par reconnaissance, il commanda son buste en marbre pour être placé dans une île du lac de Zurich, et orner ainsi un monument qu'il avait dessein d'y élever en l'honneur de Guillaume Tell. Le buste terminé, il en demanda des copies pour ses parents, et Tassaert de fournir marbre, plâtre et travail, et de se charger encore des emballages et de l'expédition. Pour répondre dignement à cette attention, Raynal voulut ajouter une aile à la maison du sculpteur ; il manda des architectes, on sonda le terrain ; on dressa le plan, Raynal voulut incontinent y mettre des ouvriers. Mais Tassaert le devina et l'apostropha ainsi : « Je ne vous ai point demandé cette aile dont je n'ai pas besoin : vous avez tout préparé en mon nom, et ce serait me faire jouer le rôle d'un fanfaron, que d'avoir ainsi affiché une entreprise qui ensuite n'aurait pas lieu. Je ne vous pardonnerais pas de m'avoir donné ce ridicule. Je vous déclare que je ne permettrai pas l'emploi d'un seul ouvrier, que l'argent ne soit venu pour le payer. » Tout fut suspendu, Raynal n'ayant avancé aucun fonds. Il était temps de quitter la Prusse. Tassaert avait méprisé en lui un hâbleur et un gascon, n'ayant que de l'effronterie et de la jactance ;

les salons ne s'occupaient que de ses escroqueries et de ses plagiats¹. En vain le paon s'était pavané,

> Quelqu'un le reconnut : il se vit bafoué,
> Berné, sifflé, moqué, joué,
> Et par messieurs les paons plumé d'étrange sorte.
> Même vers ses pareils s'étant réfugié,
> Il fut par eux mis à la porte.

De sorte qu'il court, qu'il court encore.

Ne courez pas si vite, vous m'êtes dénoncé par le marquis d'Argenson (p. 219), vous, spirituel et savantissime de Rothelin, descendant de Dunois, l'ami et le conclaviste du cardinal de Polignac, membre de l'Académie française et de celle des Inscriptions et Belles-Lettres, vous que je coudoierais tous les jours sur les quais et dans les échoppes des bouquinistes, et que le *Bulletin des Bibliophiles* aimerait, si l'impitoyable mort ne vous avait pas arraché depuis plus d'un siècle à votre immense bibliothèque, dont le *Catalogue* est encore recherché des bibliomanes, cette race éternelle si nécessaire au monde, et si justement louée par Nodier. Au goût des livres vous joigniez la manie des médailles, de tout métal et de toutes formes. Vous en aviez plus de neuf mille en grand et en petit bronze, huit mille en argent, sans compter trois cents médaillons d'empereurs et quatre cents de villes grecques. Si je ne

---

¹ La Harpe, tom. I, pag. 17 à 23. — Thiébault, tom. III, pag. 173 à 199. — Ségur, tom. I, pag. 264. — Grimm, *Correspondance*, d'avril 1772, d'avril et de juin 1781.

vous en félicite pas, ce n'est point par jalousie, mais parce que, ces médailles, vous êtes accusé de les avoir adorées, au point que, quand vous en trouviez une à l'écart, et que personne ne vous regardait, vous n'hésitiez pas à mettre la main dessus, à la faire passer dans votre poche, et de là dans votre médaillier, devenu, grâce à ces larcins, l'un des plus beaux et des plus précieux du royaume de France et de Navarre ; en février 1746 le *Mercure* l'estimait 120,000 livres.

Quoi ! vous aussi, Euler, que je croyais du petit nombre des élus, dont ce siècle ne fut pas digne ! Je le nommerai, tant j'ai envie d'être sincère. Célèbre entre les physiciens célèbres, géomètre des plus recommandables, l'un des savants qui rendirent le plus de services au monde dans les mathématiques, qu'il avait tort de préférer à tout ; il en fut puni, lui respectable, honnête, bon homme, selon Thiébault lui-même, qui nous apprend (t. V, p. 9) pourquoi il comparait en ce moment devant nous. Ses qualités, autant que ses connaissances, lui avaient gagné la confiance de tous ses confrères de l'Académie de Berlin. Néanmoins il ne soutint point leurs intérêts dans une affaire grave et délicate. Frédéric crut devoir lui écrire la lettre la plus amère pour lui reprocher de s'être mis de connivence avec un vil caissier, accoutumé à faire tort annuellement au docte corps d'un bénéfice net de près de quatorze mille francs. Euler crut alors qu'il était de son honneur de quitter la Prusse, persuadé qu'on ne lui pardonnerait pas cette perfidie.

Je vous démasquerai aussi, vous, de Maupertuis, président de l'Académie de Berlin, célèbre mathématicien et astronome, et connu surtout par vos querelles avec Voltaire, dont les diatribes empoisonnèrent vos jours. Il y avait de la barbarie, au jugement de toute l'Europe, à châtier un fat d'une manière si sanglante. La Providence, dans ses desseins impénétrables, le permit peut-être, comme dirait le comte de Maistre, en punition d'une faute secrète. En voici une qui mérite justement d'être flétrie. « Maupertuis, résidant souvent à Potsdam, raconte Thiébault (t. V, p. 346), s'y était fait une maîtresse d'une jeune personne pauvre, mais très jolie; et cette fille étant devenue grosse, il eut peur que ses amours ne vinssent à s'ébruiter, et ne lui fissent une querelle avec sa femme, avec toute la famille à laquelle cette dame appartenait, et même le roi, qui n'aimait pas les scandales propres à indisposer le public. Pour prévenir les chagrins et les tracasseries qu'il redoutait, Maupertuis usa de tout son crédit auprès du commandant militaire de Potsdam, qui fit enlever cette fille dans le plus grand secret, et là fit enfermer, sans bruit, à Spandaw (ce donjon de Vincennes de la Prusse), où elle a vécu assez longtemps, toujours entièrement inconnue ; car on avait pris toutes les précautions possibles pour que ses parents ignorassent ce qu'elle était devenue, et pour qu'elle-même n'osât parler, et en tout cas, ne pût se faire entendre. »

Il convient aussi de démasquer ce Pope, que Warburton vantait comme l'un des plus excellents ouvrages de Dieu, comme un homme de bien qui avait plus de vertu solide lui seul qu'un grand nombre d'autres n'en ont souvent ensemble. Charles de Rémusat, dans un des articles sur *Bolingbrocke, sa vie et son temps*, publié dans la *Revue des Deux-Mondes*, du 1er octobre 1853, raconte que Pope, ayant été chargé par Bolingbrocke de faire imprimer seulement à quelques exemplaires *le Roi patriote*, ne se fit aucun scrupule d'en tirer 1,500 qu'il espérait vendre très cher, dans le cas où il survivrait à Bolingbrocke. Mais Pope étant mort le premier, Bolingbrocke reçut de l'imprimeur les 1,500 exemplaires de son ouvrage, se hâta de les brûler, et ne manqua pas de divulguer l'abus de confiance dont il avait lieu de se plaindre.

Grâce, grâce, grâce, duc de Richelieu! Pourquoi vous attacher à mes pas et me suivre comme l'ombre? Je vous ai visité sous la tente et au bivouac, je vous ai accompagné sur les champs de bataille jusqu'au fond de l'Allemagne, je vous ai ramené sous votre pavillon de Hanovre, je vous ai laissé la coupe du plaisir à la main dans votre gouvernement de Bordeaux. Et nous revoilà face à face, comme si nous avions fait un pacte de ne point nous séparer. Cette fois, moi qui n'ai pas été allaité par une princesse, j'espère en finir avec vous qui affectiez d'estropier tous les noms roturiers. Je ne m'arrêterai point à vous reprocher, comme l'historien de votre *Vie privée*, d'avoir dû quelquefois jusqu'à trente mois de nourriture à vos domestiques, de vous être peu soucié d'acquitter un mémoire de Servandoni présenté pendant vingt-cinq années consécutives, et toujours inutilement ; d'avoir forcé Voltaire à recourir à des huissiers pour toucher ses rentes réclamées pendant deux lustres. Peccadilles pour un gentilhomme accoutumé à ne rien respecter ! Écoutez : il avait soustrait une de ses parentes, Mme de Saint-Vincent, à l'autorité de sa famille et d'un époux, président du parlement d'Aix. Dès qu'il l'eut affichée, il la délaissa, mais il la délaissa ruinée. Pour des causes que je suis dispensé d'examiner, il lui donna pour plus de quatre cent mille livres de billets signés maréchal de Richelieu. Elle les négocia ; lui s'en plaignit et la fit enfermer en l'accusant de faux. Elle s'en défendit et prouva péremptoirement que, si ces billets étaient faux, elle les avait reçus tels ; elle produisit, comme pièces justificatives, des lettres signées de lui qui attestaient l'origine des billets. Une enquête sévère et minutieuse n'amena pas d'autre résultat. Si la position du demandeur le mit à l'abri d'un arrêt déshonorant, l'histoire doit flétrir sa mémoire avec indignation. Il doit donc rester convaincu d'avoir émis quatre cent mille francs de billets faux, qui réduisirent la demanderesse à aller pleurer et mourir dans un couvent, où elle persista jusqu'à sa dernière heure à confesser qu'elle avait été victime d'un faussaire. Mme du Deffand nous apprend, dans sa lettre à Walpole, du 12 mars 1775, que cette double accusation de rapt et de faux fut, pour les meilleurs amis du maréchal, l'objet de la plus vive inquiétude et d'une grande désolation. Ses démarches auprès de ses juges suffisaient pour accuser son trouble dans une affaire qu'il eût bien voulu assoupir à tout prix [1].

Passez à la suite de votre doyen, vous, de Foncemagne, membre de l'Académie française, sous-gouverneur du duc de Chartres. « Ayant eu occasion de soupçonner un moment sa droiture, dit Chamfort, je demandai à M. Saurin s'il l'avait connu particulièrement. Il me répondit qu'oui. J'insistai pour savoir s'il n'avait jamais rien eu contre lui. M. Saurin, après un moment, répondit : « Il y a « longtemps qu'il est honnête homme. » Je ne pus en tirer rien de positif, sinon qu'autrefois M. de Foncemagne avait tenu une conduite oblique et rusée dans plusieurs affaires d'intérêt. »

Passez aussi à la suite de votre doyen, vous, de Rulhière, qui fûtes aide de camp en Guienne, avant de vous asseoir à ses côtés à l'Académie. Suivant Duclos, la czarine Élisabeth avait fait parvenir à Voltaire pour cinquante mille livres de médailles d'or ; elle lui envoya aussi quatre mille ducats ; mais son mandataire les mangea au lieu de les envoyer au destinataire. A ce prix, Voltaire crut pouvoir

---

[1] *L'Espion anglais*, tom. I, pag. 1 à 64, et tom. VI, pag. 83 à 135. — *Mémoires de Bachaumont*, des 1er, 7, 14 et 19 janvier 1779.

pactiser avec la vérité. Lui, ordinairement si empressé et si fier de se rendre le fidèle écho de toutes les assertions les plus hasardées, de toutes les erreurs, de toutes les calomnies, voire même de toutes les plates rapsodies du protestantisme contre la papauté, il invoqua les plus sottes raisons pour justifier son silence sur les crimes, les désordres, les faiblesses de la vie privée de Pierre Ier. Rulhière voulut se montrer et plus sincère et plus véridique dans un ouvrage sur la Russie. Ces révélations firent trembler l'impératrice Catherine. Elle trouva le moyen d'apprivoiser Rulhière. Il s'engagea donc à ne pas publier son manuscrit, mais il n'eut aucun scrupule de le lire au comte de Provence et dans des sociétés nombreuses, de sorte que ses confidences équivalurent à une publication. Ses amis eurent l'indiscrétion de répéter ce qu'ils avaient entendu. Le secret était donc ébruité. Cette conduite aurait mené l'auteur à la Bastille, si le comte de Provence ne l'avait pas pris sous sa protection pour le tirer des griffes de hauts et puissants personnages qui croyaient lui avoir lié la langue, les lois du secret et du dépôt étant les mêmes, a dit Chamfort, lequel, néanmoins, lit-on dans les *Mémoires d'Outre-Tombe* de Chateaubriand, trahissait la confiance des maisons où il était admis [1].

Vous passerez pareillement, vous, de Crébillon,

---

[1] *Mémoires de Bachaumont*, des 2 novembre 1771 et 18 avril 1773.

membre de l'Académie française, et, de plus, censeur de la police. Il faut que vous quittiez un instant votre ménagerie de chats et de chiens pour venir entendre votre arrêt. Vous, avocat manqué, vous invoquâtes des fins de non-recevoir pour vous débarrasser de vos créanciers. Le maître de pension de votre fils était de ce nombre. Après trente-deux ans d'attente, il crut pouvoir vous importuner ; vous lui répondîtes que vous ne payiez pas vos anciennes dettes. Cette philosophie ne les ayant pas satisfaits, vos demandeurs mirent opposition entre les mains des comédiens et de Prault, votre éditeur, sur vos droits d'auteur de *Catilina*, nous dit Collé (t. I, p. 76). Et vous d'en appeler au *conseil du roi*, qui, sur votre requête, déclara insaisissables les propriétés littéraires. Et vous vous rejouîtes d'avoir rendu un grand service aux hommes de lettres ! Presque tous s'empressèrent de blâmer votre conduite et de crier de toute la force de leurs poumons au scandale.

Dans sa *Biographie de Condorcet*, placée en tête de *Œuvres de Condorcet*, publiées chez Didot en 1847, F. Arago a dit que *Condorcet avait honoré l'humanité par ses vertus ;* il ne me sera pas difficile de prouver que Condorcet n'est point indigne de trouver place dans ma revue. Suivant d'Allonville (t. III, p. 31), *il ne put jamais pardonner à Louis XVI de n'avoir pas voulu de lui pour gouverneur du Dauphin,* et c'était lui *qui avait philosophiquement arrangé la très intime liaison de sa propre épouse avec le manchot Duchatelet, son ami,* ce qui signifie qu'il la lui céda, ou, pour parler français, qu'il la lui vendit, et très cher, j'imagine, puisque c'était *une femme pleine d'esprit, de talents, de qualités séduisantes,* suivant plusieurs personnes qui l'ont connue. Bertrand-Moleville raconte (t. II, p. 30) que sur la liste des philosophes payés pour révolutionner Saint-Domingue, Brissot figurait pour 300,000 livres, *Condorcet* pour 150,000 livres, l'abbé Grégoire pour 80,000 et Pétion pour 60,000. A la page 325 du tome III de la *Correspondance entre Mirabeau et La Marck,* on trouve ces mots envoyés par Montmorin à La Marck, le 13 juillet 1792 : « Brissot, *Condorcet,* Vergniaud, Guadet, etc., sont munis de passeports pour l'Angleterre et sont, à ce qu'on m'assure, dans ce moment en négociation pour avoir de l'argent, afin de pouvoir s'en aller si cela leur paraît nécessaire. *Leur projet actuel,* s'ils n'y réussissent pas, est de s'emparer une seconde fois du ministère, *afin d'avoir la main sur les caisses, d'y prendre ce qui leur conviendra* et de partir, quand ils verront que le danger devient trop pressant et qu'il faut renoncer à leur grand plan. » Ces documents n'ont pas besoin de commentaires et peignent suffisamment l'académicien Condorcet.

Voici deux autres académiciens qui se présentent. Attendez un peu, La Harpe, et vous, de Marivaux ; je vous dirai votre fait tout à l'heure.

Bien me plaît de me débarrasser tout de suite de

Caron de Beaumarchais, qui ne fut point de l'Académie française, et qui méritait assurément d'y avoir un fauteuil.

Suivant les travaux naguère publiés par de Loménie dans la *Revue des Deux-Mondes*, sur *Beaumarchais, sa vie, ses écrits et son temps*, Beaumarchais eut une jeunesse très orageuse. Il fut chassé du toit paternel; il brûla d'y rentrer. Son père ne consentit à le recevoir qu'autant qu'il s'engagerait à souscrire à diverses conditions dont voici quelques-unes : « Vous ne ferez, ne vendrez, ne ferez rien faire ni vendre, directement ou indirectement, qui ne soit pour mon compte, et vous ne succomberez plus à la tentation de vous approprier chez moi rien, absolument rien au delà de ce que je vous donne; vous ne recevrez aucune montre de rhabillage ou autres ouvrages, sous quelque prétexte et pour quelque ami que ce soit, sans m'en avertir, vous n'y toucherez jamais sans ma permission expresse, vous ne vendrez pas même une vieille clef de montre sans m'en rendre compte. Je vous donnerai ma table et dix-huit livres par mois, qui serviront à votre entretien et pour acquitter petit à petit vos dettes. » Ces lignes prouvent que Beaumarchais n'était pas le modèle des apprentis ni des ouvriers. Dans son âge mûr, il demanda la fortune à des entreprises peu faites pour honorer un philosophe. Il pratiqua beaucoup Pâris-Duverney et obtint de lui de gros intérêts dans les fournitures de différents objets pour les armées. Il fit un voyage à Madrid et s'y livra aux spéculations les plus vastes. Il réprouvait la traite des nègres ; néanmoins il désira vivement être chargé de peupler de nègres toutes les colonies espagnoles. Il organisa une compagnie qui devait avoir le monopole des vivres de toutes les troupes d'Espagne et de la côte d'Afrique ; il espérait que cette négociation rapporterait plus de vingt millions par an. Il essaya aussi d'accaparer le commerce de la Louisiane au profit d'une société française dont il aurait été le chef. S'il ne réussit pas dans tous ses projets, ce ne fut pas sa faute.

Je n'oublierai ni le romancier Prévost, ni le poète Roy, ni le libelliste Thevenot de Morande.

A la page 552 du *Président de Brosses* par Foisset, je trouve ces mots écrits par le président, à propos du XVIIe volume du grand recueil des *Voyages* publié par Prévost : « Une bonne partie est tirée de mon *Histoire Australe*. On a fort bien fait de s'en servir ; mais il ne fallait pas copier mot à mot des centaines de pages, sans l'indiquer ni le citer. Cela ne me paraît pas honnête. »

Quant à Roy, il fut maintes fois repris de justice, mais toujours inutilement, ce qui faisait dire à Voltaire, suivant Chamfort, que ce n'était pas un auteur assez châtié. Collé (t. I, p. 257, et t. III, p. 140) le donne comme le plus grand coquin du royaume, comme un être si vil qu'il ne vivait que du libertinage de sa femme.

Thevenot crut devoir ajouter à son nom celui de

Morande, suivant l'habitude des philosophes de s'anoblir de leur autorité privée, afin de se moquer ensuite avec plus d'audace des préjugés. Ses désordres crapuleux, ses filouteries, ses actes déshonorants excitèrent la sollicitude de sa famille; elle obtint des lettres de cachet pour le faire enfermer. Rendu à la liberté, il se fit pamphlétaire. Il se plut à noircir et à calomnier toutes les personnes de la cour. On sut qu'il se disposait à publier un libelle contre la Dubarry : ce livre venait d'être tiré à trois mille exemplaires. Beaumarchais fut chargé d'acheter le silence de Morande. Celui-ci exigea une somme de 20,000 livres comptant et une rente viagère de 4,000 livres, pour consentir à brûler et son manuscrit et les trois mille exemplaires de sa diatribe, qu'il n'avait composée que dans l'intention de se rendre redoutable au gouvernement et de pactiser avec lui.

Je n'oublierai point non plus le marquis de Villette. Suivant Wagnière (p. 115), il passa, aux yeux de plusieurs personnes, pour avoir volé des diamants à sa maîtresse. L'ayant rencontrée, il lui demanda s'il était vrai qu'elle l'en eût accusé; la demoiselle, nommée Thévenin, ayant répondu affirmativement, il la frappa. Ce procédé eut des suites funestes pour lui. Il n'eut d'autre parti que de quitter Paris et d'aller à Ferney se réhabiliter dans l'esprit de la bonne société par sa grande dévotion à Voltaire.

Je viens de nommer Voltaire. Comment oublierais-je ses familiers? Les Ximénès, les La Harpe, les Thieriot, les du Vernet, les Damilaville auront leur fait à part.

Commençons par le marquis de Ximénès. Le chevalier La Morlière, si fameux par sa scélératesse, ses escroqueries, sa corruption, son impiété, comme l'attestent les *Mémoires de Bachaumont*, des 13 août 1762, 8 novembre 1763 et 4 mars 1785, vint un jour presser le libraire Prieur de lui acheter la propriété d'un ouvrage de Voltaire sur *la guerre de* 1741 ; Prieur n'hésita pas un instant à conclure cette affaire au prix de vingt-cinq louis d'or. A peine La Morlière eut-il reçu cette somme qu'il se hâta d'aller à Rouen traiter avec un autre libraire pour le même ouvrage qu'il avait vendu, argent comptant, à Prieur. D'où provenait donc l'objet de ce stellionat? du marquis de Ximénès, qui l'avait volé aux Délices, où il était accueilli comme l'ami intime de Voltaire et même, dit-on, comme l'amant de Mme Denis. La Morlière n'avait été que le négociateur du premier contrat avec Prieur ; les vingt-cinq louis qu'il lui avait extorqués, il les avait remis à Ximénès, lequel avait déjà mangé six cent mille livres. Ce sont les lettres de Voltaire à Thieriot et à d'Argental, du 10 septembre 1755, et une autre lettre au duc de Richelieu, du 27 du même mois, qui nous fournissent ces détails.

Passons à La Harpe, qui depuis... mais alors il était philosophe, philosophe au pied de la lettre. Voyez quel joli personnage il jouait en perfection avant sa célèbre conversion! Le 18 avril 1768, la *Gazette d'Utrecht* relatait comme quoi il venait d'être expulsé de Ferney à cause d'une soustraction de différents manuscrits précieux. Dans le *Mercure* du mois suivant, Voltaire crut devoir démentir ces bruits déshonorants pour le fugitif. C'était pure générosité; car les lettres de Voltaire au comte de Rochefort et à Hennin, du 1er mars 1768, et une autre lettre à d'Argental, du 4 août 1769, n'étaient pas moins explicites que la *Gazette d'Utrecht*, et nous apprennent que La Harpe fut surpris par M. Dupuits, au moment où il emportait beaucoup de papiers de la bibliothèque du château, qu'il ne put justifier ce larcin, et que, néanmoins, à peine arrivé à Paris, il s'empressa de publier le *second chant* d'un poème qu'il avait dérobé à l'auteur décidé à ne le laisser jamais paraître. Aussi les *Mémoires de Bachaumont* ne craignirent-ils pas, le 28 mars, les 1er et 18 avril et le 1er mai, de lui reprocher d'avoir volé et édité cet ouvrage. Outre ces vers, il avait aussi, suivant Wagnière (p. 268), gardé copie des *Mémoires* et autres compositions que Voltaire ne confiait à ses amis que sous le sceau du secret.

J'allais prendre Thieriot corps à corps, le secouer vigoureusement. Par pitié, je veux le laisser dormir la grasse matinée. Voltaire doit un jour lui reprocher de lui avoir mangé quatre-vingts ou cent louis, et le traiter d'homme de boue.

S'il eût été permis à Voltaire de sortir de son sépulcre, quel nom eût-il donné à du Vernet? Ce dernier a eu entre les mains une collection de *lettres* originales de Voltaire ; il fut fier de les publier. Dans quel état trouvons-nous cette correspondance, qui pourrait servir de manuel à tous les étudiants en droit? Ce cristal de roche, l'éditeur s'est amusé, sans raison, à le briser en mille morceaux ; cette prose si belle, si gracieuse, il l'a déflorée ; cet incomparable génie des affaires, il l'a châtré et l'a réduit à l'impuissance d'un ennuque. Je suis tenté de crier : Honte au faussaire ! J'aime mieux dire : Fi l'imbécile!

Damilaville se serait bien gardé de contrister Voltaire. Quelle qualité avait-il pour lui plaire ? Il se rendit le facteur des encyclopédistes, ne pouvant faire mieux. Mais, quoiqu'il eût un emploi lucratif, et qu'il fût séparé de sa femme depuis douze ans, il mourut banqueroutier, sans laisser de quoi payer ses domestiques, comme l'attestent les lettres de Dalembert à Voltaire, des 2 janvier, 15 octobre et 9 novembre 1769, et une lettre de Voltaire à Dalembert, du 23 décembre 1768.

Suivant Collé (t. III, p. 20), la volupté, la bonne chère, le luxe et l'insouciance auraient réduit Marivaux à la misère, si une femme, avec laquelle il vivait depuis trente ans, ne l'eût souvent soutenu de sa bourse.

Grâce aux *Mémoires de Bachaumont*, des 9 février 1777, 6 et 18 mai 1780, il est facile de découvrir le bilan de Dorat. Ce poète avait eu un patrimoine de 4,000 livres de rente. En 1779, il fut poursuivi par ses créanciers pour une somme de 60,000 livres, et il se vit réduit à obtenir un sauf-conduit pour n'être pas mis en prison. Il laissa environ 100,000 livres de dettes. Il mourut dans une telle détresse, qu'il n'aurait pas eu un bouillon, si une dame n'était pas venue à son secours. Il rendit le dernier soupir sur une chaise longue, que la même personne lui avait donnée. Cependant il n'avait cessé, même dans cette pénurie, de se ruiner en folles dépenses pour une actrice.

Finissons par la famille Mirabeau. Ne confondons point le père avec le fils, le marquis avec le comte.

Des *Mémoires* produits en justice, soit par sa femme, soit par son fils, il appert que le marquis de Mirabeau, qui se qualifiait l'*Ami des hommes*, vécut dans la débauche, la dissipation, maltraita sa femme, lui refusa le nécessaire et ne lui donna pas même de quoi se guérir d'une maladie honteuse qu'il lui avait communiquée, qu'il mangea 500,000 livres de biens substitués, environ 600,000 livres sur ceux de sa femme, et qu'il en devait en outre environ autant.

Parlons maintenant de son fils, du comte de Mirabeau, du célèbre Mirabeau. Il fut interdit de bonne heure. Cette dure leçon l'indigna sans le corriger. Les liens du mariage, les rigueurs de l'exil, la dureté des prisons, le désespoir de la pauvreté, ne purent comprimer la fougue de ses passions. Littérature, politique, philosophie, histoire, musique, mathématiques, éloquence, langues étrangères, il apprit tout, excepté à régler son domestique. Escrime, natation, danse, équitation, course, pamphlets, diplomatie, débats, il s'occupa de tout, sauf à négliger ses affaires privées. Il se souvenait de ce qu'il avait entendu ; il n'y avait que le nom de ses créanciers qui échappât à sa mémoire prodigieuse. Aussi toute sa vie rappela-t-il ce bon Panurge qui aimait à manger son blé en herbe. Mirabeau ne cessa d'être aux abois, de recourir à la bourse de tous ses amis, d'emprunter de tous côtés, de mendier quelquefois un écu, et il en fut réduit, un jour, à mettre au Mont-de-Piété tout ce qu'il possédait d'effets. Quand les circonstances le poussèrent à s'emparer, par l'omnipotence de son éloquence, du gouvernement de la plus tumultueuse des assemblées, il était noyé de dettes, ainsi que les Danton, suivant La Harpe, les Gobel, selon Georgel, et presque tous ces grands citoyens qui allaient travailler à changer la face du royaume. Il parla contre les déprédations de la cour, et il pactisa avec elle ; il reçut d'elle un traitement mensuel de 6,000 livres, quatre billets de 250,000 livres chacun, payables à la fin de la session de l'Assemblée nationale, indépendamment d'une somme de 80,000 livres pour se liquider promptement. Ce fut alors qu'il s'avisa pour la première fois de faire la liste de toutes ses dettes; il fut tout étonné de les voir monter à la somme de 208,000 livres ; sur ce mémoire figuraient même ses habits de noce, qu'il n'avait pas encore payés. Il prêchait les doctrines de l'*Émile*, et néanmoins il continua d'emprunter sans s'inquiéter du remboursement, de dépenser et d'acheter beaucoup plus que sa fortune et les faveurs du roi ne le lui permettaient. Au lieu de prendre un appartement plus décent que celui qu'il avait occupé jusque-là, il voulut avoir une maison entière à lui; au lieu d'un seul domestique dont il s'était contenté, il prit des chevaux, un cuisinier, un cocher, un valet de chambre, et les affubla d'une riche livrée, quoique la mode fût venue de ne plus en porter. Il acquit aussi une partie des livres de Buffon ; à sa mort, il n'avait remis que les neuf dixièmes du prix convenu. Il devint propriétaire d'une maison de campagne de la valeur de cinquante mille livres, mais il n'en donna aucun acompte, quoique la vente fût résiliable, faute de payement, dans les trois mois. Il avait tonné contre la *banqueroute, la hideuse banqueroute*, et *cet infâme mot de banqeroute* fut le seul bien qu'il laissa à ses héritiers. Car son exécuteur testamentaire monta à la tribune des représentants du peuple pour déclarer que Mirabeau était décédé insolvable, et pour recommander à la générosité de la nation les victimes de son insouciance. Il était mort en avouant qu'il ne savait pas la quotité précise de ses dettes et qu'il ne connaissait pas mieux la situation de sa fortune. Cependant, le 22 octobre 1790, il avait écrit à La Marck : « Je suis un bon citoyen, qui aime la gloire, l'honneur et la liberté avant tout. Je suis l'homme du rétablissement de l'ordre. » Mais aussi c'était lui qui disait au même comte, le 10 mars 1791 : « *Il y a au fond une grande duperie dans ce bas monde à n'être pas fripon.* » Il est impossible de ne pas se souvenir de cette pensée, quand on veut apprécier la moralité de Mirabeau, en parcourant les écrits qui lui sont le moins défavorables, comme la *Correspondance entre Mirabeau et la Marck* et les *Mémoires biographiques, littéraires et politiques de Mirabeau,* publiés de 1824 à 1835, par Lucas Montigny, son fils adoptif, qui sont les seuls ouvrages dont nous nous soyons servi.

Lorsque les portes du Panthéon s'ouvrirent à deux battants pour recevoir les restes de Mirabeau, de grandes questions avaient été discutées, approfondies. Les esprits se reportaient involontairement vers le passé et attribuaient à Voltaire cette immense révolution qui les transportait d'admiration. Chacun répétait à l'envi ce mot échappé à La Harpe, dans *le Mercure,* du mois d'août 1790 : « Il n'a point vu tout ce qu'il a fait, mais il a fait tout ce que nous voyons. »

Voltaire n'était point mort sans entendre gronder le tonnerre dans le lointain, ni sans gémir sur la bassesse de ses nombreux adeptes. Aussi disait-il à Dalembert, le 1er février 1773 : « *La littérature est un bois de voleurs : cela est digne du siècle.* »

Dans un chant de son poème immonde, il a rassemblé ses ennemis, les a enchaînés deux à deux et les a condamnés aux galères pour leurs escroqueries. Il n'a pas manqué de mettre Fréron à leur tête. Le plus grand crime de ces esprits indépendants était d'avoir refusé de prodiguer leur encens à Voltaire. L'histoire trouverait difficilement des preuves de leur culpabilité.

Il n'en est pas de même de tous ces rois, de ces ministres, de ces favorites, de ces courtisans, de ces maréchaux, de ces magistrats, de ces philosophes en frac ou en jupon, que nous avons cités à la barre de l'histoire, et que des témoignages graves, nombreux, sincères nous permettent de juger sans appel. Ils juraient tous par le grand nom de Voltaire; ils l'aimaient pour lui-même; il était devenu l'objet de leur pensée habituelle; leur admiration pour son génie ressemblait à de l'idolâtrie; son portrait trouvait place dans tous leurs boudoirs; son buste triomphait sur toutes leurs cheminées; ses œuvres ornaient toutes leurs bibliothèques. Ils ratifiaient tous ses jugements; ils épousaient toutes ses opinions. Ils apprenaient par cœur, comme des écoliers, chacun de ses poèmes; ils ruminaient et répétaient toutes ses maximes. Ce quiétisme, ces maximes n'en ont fait que des avares, des concussionnaires, des fripons.

Quels que soient les mémoires les plus authentiques et les biographies les plus sincères que l'on étudie, on est forcé de conclure que, depuis les Césars, aucun siècle n'est comparable au dix-huitième pour l'immoralité comme pour l'impiété. La littérature qui est l'expression de la société, porte jusqu'à l'évidence les preuves de cette affirmation. Car tout ce qu'on a lu, tout ce qu'on connaît, ne saurait donner une idée de ce qu'il y a encore d'œuvres inédites, soit condamnées à l'enfer des bibliothèques publiques, soit cachées dans les armoires de fer des archives des maisons historiques. Depuis Voltaire jusqu'à Maurepas, la plupart des philosophes des deux sexes ont laissé des manuscrits dont la police d'aucune nation ne tolérera jamais la publication. Qu'on juge de ce qu'ont dû oser la rage de l'impiété et le désespoir de l'impuissance des excès de la luxure, par la licence des personnages auxquels la gravité de leurs études et l'austérité de leurs fonctions conseillaient une grande retenue ! Nous tenons de bonne source qu'il reste plusieurs copies autographes de ces *Lettres familières* du président de Brosses, qui ont le plus scandalisé notre époque. Il faut que Montesquieu se soit bien oublié, puisque ses descendants ont toujours refusé aux littérateurs et aux éditeurs la communication de ses papiers.

Aussi quelle statistique que le tableau de tous les genres de vice à cette époque qui avait tant à cœur de braver toute morale !

Suivant les *Mémoires* de Peuchet, dès 1726, la police connaissait à Paris plus de vingt mille individus adonnés au crime contre nature, et comptait dans ce nombre trois princes du sang, sept ou huit ducs, et plus de six cents nobles. Le *Journal* de Barbier, tome I, page 425, fournit sur cette année des détails qui confirment l'assertion de Peuchet. Sous Louis XVI, ce vice devint si commun que la police put prendre sur le fait plus de sept cents personnes, en 1785, comme l'apprend la *Correspondance secrète*, page 388, du tome XVIII ; il était à la mode ; il ne rougissait pas de s'ébattre dans le Jardin des Tuileries, de se montrer à la cour et de s'établir dans des retraites spéciales à Versailles, si l'on en croit les *Mémoires de Bachaumont*, du 4 décembre 1784 ; à Paris il avait fini par infecter toutes les classes de la société et se pavanait dans les mansardes aussi effrontément que dans les hôtels. Les *Mémoires de Bachaumont*, du 13 octobre 1783, attestent que sur le registre, consacré par la police à noter toutes les turpitudes de ce goût, figuraient environ quarante mille hommes. Il est impossible de révoquer ces témoignages, puisqu'en 1848, la police de Paris a fait trois mille arrestations de ce genre. La tolérance que Frédéric le Grand accordait à ces infamies leur fit donner le nom de *postdamie*.

Les *desnaturés et prépostères amours,* pour employer une expression de Montaigne, augmentaient dans la même proportion que les courtisanes. Les *Mémoires* du marquis d'Argenson portent le nombre de ces dernières créatures à trente mille, en décembre 1754. Le 13 octobre 1783, les *Mémoires de Bachaumont* en reconnaissaient quarante mille, d'après les registres de la police. C'est le chiffre adopté par Mercier.

Naturellement les maladies honteuses complétaient l'échelle de proportion. Voltaire en riait, comme il se moquait de tout. Le grave Bulhière alla plus loin, témoin, dans ses *Œuvres*, le *Placet de huit gardes du roi*, adressé à M. de Senac, premier médecin de Sa Majesté, en lui présentant le sieur Velnos qui les avait guéris, sans employer le mercure. Cette pièce se signale par ces deux vers :

> Nous n'en rougissons point, c'est le mal des héros,
>   Nous l'avons jusque dans les os.

Ce mal devint si commun que le gouvernement crut devoir y porter remède. Les *Mémoires de Bachaumont*, du 26 juin et du 8 octobre 1775, nous apprennent qu'à deux époques différentes, on vit afficher à tous les coins de rue : *Traitement populaire du mal vénérien pour les adultes et les enfants, administré gratuitement dans Paris par ordre du gouvernement*. Cette mesure n'ayant pas produit tout l'effet qu'on désirait, la police se vit obligée, suivant les mêmes *Mémoires*, du 9 janvier 1782, de « réunir à l'hôpital général un hospice de santé, établi à Vaugirard, et uniquement consacré à recevoir indistinctement toutes les femmes et tous les enfants jugés vénériens. »

Ce fléau d'Amérique, les Français l'ont d'abord appelé le *mal italien;* après l'entrevue de François Ier, et de Henri VIII au camp du Drap d'or, les Anglais en firent le *mal français*. On ferait bien de l'appeler le *mal philosophique*, car il a compté parmi ses victimes Pierre le Grand, Christiern VII, Frédéric II, Joseph II, Léopold II, Louis XV, le duc d'Orléans-Égalité, le prince de Lamballe, le maréchal de Saxe, le duc d'Aiguillon, de Brienne, Amelot, le marquis d'Argens, le comte de Tilly, Mirabeau, soi-disant l'Ami des hommes, Gentil Bernard, La Harpe, Linguet et surtout Chamfort, qui en offrit le plus beau cas. On pourrait faire une liste aussi longue que celle des amours de Don Juan.

C'est l'inceste qu'il conviendrait d'appeler le *péché philosophique*. Sous ce rapport, les philosophes ont éclipsé les païens. La tragédie la plus pathétique de Sophocle et du théâtre grec roule sur un inceste involontaire. Au livre II de ses *Lois*, Cicéron regarde comme un des principes de toute société l'attention que doivent avoir les pontifes à décerner contre l'inceste le dernier supplice. Pour rendre les fautes des vestales plus odieuses, les Romains avaient fini par les traiter d'incestes. L'Église a continué à flétrir de la même qualification les faiblesses des prêtres, des moines et des religieuses.

Le siècle de Voltaire s'est montré moins sévère, en principe, dans l'application de l'inceste. En Prusse, un homme, convaincu d'avoir eu un commerce criminel avec sa fille, fut condamné à perdre la vie. On envoya la sentence à Frédéric, afin qu'il la signât : il écrivit au bas : « Il faudrait prouver auparavant qu'elle est sa fille. » Le roi commua la peine et la réduisit à quelques mois de prison.

La littérature accoutuma à l'indulgence. *Manon Lescaut* écoute sans rougir les déclarations du fils, après avoir accueilli celles du père. Dans *Tom Jones*, de Fielding, Will Barnes passe des bras de Betty Séagrine dans ceux de sa sœur Molly. Dans le *Vicaire de Wakefield*, le squire Chornhill enlève à Primerose sa fille Olivia et l'épouse clandestinement ; bientôt après, il séduit et enlève l'autre fille, du nom de Sophie. Dans les *Affinités de choix*, de Gœthe, un mari devient amoureux d'une nièce de sa femme.

L'impiété alla plus loin dans ses doctrines. Dans le *Supplément au voyage de Bougainville*, par Diderot, la pudeur est déclarée un préjugé et l'*inceste chose indifférente.*

De là tant de fanfarons d'incestes ! Voyez :

En employant le mot d'inceste, nous ne nous en tenons pas à la définition du *Dictionnaire de l'Académie*, ni à l'interprétation des gens du monde ; nous nous conformons à la décision et à la pratique de l'Église romaine.

Une lettre de Charles Hanburg Wilhams, insérée dans les *Dix dernières années du règne de Georges II, d'après les manuscrits originaux d'Horace Walpole*, donne comme un fait certain que « le roi Auguste III fut surpris dans les bras de l'inceste. » A côté de ce roi de Saxe doit figurer Serres de Latour, rédacteur du *Courrier de l'Europe ;* les *Mé-*

moires de Brissot nous disent de lui : « Il avait fait la cour, quoique marié, quoique père de plusieurs enfants, à la femme de M. De Bejan, intendant d'Auvergne : elle était sa parente, il était le secrétaire du mari ; elle était jeune, jolie, aimable ; le mari était vieux, laid, grondeur. Le secrétaire fut donc bientôt préféré à l'intendant. Cette liaison ne pouvait manquer d'éclater, et d'attirer des malheurs au couple d'amants. Ils arrêtèrent de prendre la fuite en se munissant de secours abondants pour ne pas tomber dans la misère. De Serres de Latour se réfugia en Angleterre, perdit de vue sa femme et ses enfants et ne songea plus qu'à dépenser dans les bras de l'inceste les bénéfices énormes qu'il retirait de son journal. » Dans son *Histoire secrète des amours et des principaux amants de Catherine II*, Laveaux insinue que Grégoire Orlof avait des liaisons trop étroites avec deux de ses parentes. Ainsi voilà trois cas d'inceste, mais d'inceste non caractérisé.

Maintenant nous allons faire des catégories de tous les degrés de l'inceste de consanguinité et d'affinité.

Le plus beau cas d'inceste est fourni par le comte de Fleurieu, nommé par Louis XVI ministre de la marine, en octobre 1790, et gouverneur du Dauphin Louis XVII, en 1792. Nous lisons à la page 275 du tome II, des *Mémoires inédits* de la comtesse de Genlis : « Il y a eu dans la vie de M. de Fleurieu une singularité remarquable : il a été successivement amoureux de trois femmes formant trois générations ; d'abord, dans sa première jeunesse, d'une personne beaucoup plus âgée que lui, ensuite de sa fille, qui épousa M. de Mondorge (oncle de M. de Fleurieu). Cette passion fut très malheureuse; Mme de Mondorge, devenue veuve, se remaria à M. le marquis d'Arcambal ; elle eut une fille que vit naître M. de Fleurieu. Aussitôt qu'elle eut atteint l'âge où l'on peut être marié, M. de Fleurieu en devint amoureux et l'épousa. C'est une constance de filiation dont je ne connais pas d'autre exemple. »

Tous les Mémoires du dix-huitième siècle donnent comme certain que le Régent eut pour maîtresse sa propre fille, la duchesse de Berri, et comme probable qu'il fut encore le Loth de son autre fille, Mlle de Valois. — Barrère n'est pas le seul qui, dans ses *Mémoires,* ait parlé de M. de Narbonne, ministre de Louis XVI, comme du fils naturel et incestueux de Louis XV. Dans ses *Mémoires tirés des archives de la police de Paris pour servir à l'histoire de la morale et de la police depuis Louis XIV jusqu'à nos jours,* Peuchet fournit ce témoignage accablant, à la page 193, du tome III : « Le duc de Nevers a dit avoir vu, ce qui s'appelle vu, Louis XV renouvelant avec Madame Adélaïde les libertés du Régent. Toute la France sait que le comte de Narbonne était le fils de cette princesse et du roi. » — Le livre de Michelet sur Louis XV donne, page 270, ce détail sur le lieutenant de police de 1725 : « La femme de Hérault, le dévot lieutenant de police, était publiquement maîtresse de son père, très riche, que souffrait le mari. »

Il appert des *Mémoires* du marquis d'Argenson, tome I, page 218, qu'Orry, contrôleur général, fut loin d'être pour sa belle-mère aussi cruel qu'Hippolyte l'avait été pour Phèdre. — Suivant les *Mémoires* de Maurepas, tome II, page 251, la duchesse de Bouillon, fille du duc de Guise et quatrième femme du duc de Bouillon, était la maîtresse en titre du comte de Clermont et avait plusieurs amants dont les plus connus étaient le prince de Bouillon, son beau-fils, et le duc de la Trémoille, son gendre. — Les *Mémoires secrets* du comte d'Allonville disent de Buffon, tome I, page 269 : « Le comte de Buffon, devenu amoureux fou de sa belle-fille, essaya de la corrompre, brouilla l'époux et l'épouse et fit un insupportable enfer de la vie d'une jeune femme, née et élevée pour devenir un modèle de conduite et d'honneur. »

Dans son *Histoire de Pierre III*, Laveaux n'a pas pu prouver que Panin avait eu des rapports trop intimes avec une fille dont il passait pour être le père, mais il n'a pas non plus essayé de le laver de cette accusation, fort accréditée en Russie. — Les *Mémoires* de Mathieu Marais (t. II, p. 464) donnent comme un fait certain que le Régent eut quelque temps pour maîtresse secrète Mme de Ségur, qui était l'une de ses filles illégitimes. — Il résulte d'un *Mémoire* représenté devant les tribunaux, et dont les *Mémoires de Bachaumont*, des 8, 9 et

20 janvier 1776, ont donné l'analyse, que Terrai a été convaincu d'avoir eu les liaisons les plus étroites avec une jeune fille qu'il avait eue de l'une de ses maîtresses, et qu'il l'entretint chez lui en qualité de concubine. — Dans son Louis XV, Michelet dit, page 270 : « Le roi de Pologne, Auguste II disputait sa fille à son fils. » Cette phrase manque de clarté, car on peut croire qu'Auguste était amoureux ou de sa propre fille, ou de la fille de son fils. Il y a donc là un cas ou deux d'inceste. Les *Mémoires* de Frédéricque-Sophie-Wilhelmine de Prusse, margrave de Bareith, sœur de Frédéric le Grand, nous apprennent (t. I, p. 119) qu'Auguste II, roi de Saxe, avait eu 354 enfants de ses diverses maîtresses et que l'une de ses bâtardes fut aussi comptée sur cette liste. — La *Vie privée* du maréchal de Richelieu nous offre ce document : « Richelieu avait distingué une dame Capon, femme du consul, qui était très jolie. Le mari, honoré de la visite du commandant, ferma les yeux sur les motifs qui l'occasionnaient. Bientôt cette dame, séduite par l'ambition et l'amour, n'opposa plus de résistance ; et personne dans la ville n'ignora qu'elle était l'objet favorisé des soupirs du commandant. On prétend qu'une fille fut le fruit de leurs amours. Mais qu'elle appartienne au père ou à Richelieu, cette fille, en grandissant, succéda à sa mère. Le duc la maria à un nommé Rousse, commis à Bordeaux, et vécut publiquement avec elle. Mme Rousse fut la dernière maîtresse déclarée qu'il eut ; il lui

fit, en se mariant avec sa dernière femme, un contrat de cent mille livres, payable à sa mort. »

Louis XV a été soupçonné d'avoir eu un caprice pour Mme de Nesles, la mère de ses trois maîtresses déclarées.—Le comte Alexandre de Tilly a consacré le chapitre XIX de ses *Mémoires* à raconter ses intrigues avec une mère et sa fille. — Casanova de Seingalt avoue, dans ses *Mémoires,* qu'il a séduit dans une famille la mère et la fille. — Rétif de la Bretonne a eu pour maîtresses une fille nommée Éléonore, sa mère et sa tante. — Thiébault a dit de Bastiani, l'un des familiers de Frédéric le Grand : « Il a eu le secret de passer de la mère à la fille encore bien jeune et même de faire accepter à la première, comme son propre fils, l'enfant de la seconde, changeant ainsi le nom de mère en celui de sœur et graduellement tous ceux qui dans une famille désignent les diverses relations de la parenté. » — On lit dans les *Mémoires* de Richelieu : « Mme de Pléneuf était maîtresse déclarée de M. Le Blanc, et Mme de Prie était celle de M. le Duc. Le marquis d'Angennes accéléra la rupture, parce qu'étant jeune, beau, bien fait, spirituel et ambitieux, il avait plu à l'une et à l'autre, et avait pris plaisir à augmenter leur passion, quand il voyait qu'elles s'efforçaient à l'envi de l'attirer à elles. Après de longues disputes sur cette conquête, le beau d'Angennes resta à Mme de Prie, et, comme il disparut de la société dans ce temps-là, les uns dirent qu'il était mort de la petite vérole, et d'autres de deux coups d'épée. » — Suivant les *Mémoires* de Maurepas, l'abbé de Vauréal, maître de musique de la chapelle du roi et plus tard évêque, a eu pour maîtresses la marquise de Villars et sa bru, la maréchale de Villars. — Les *Mémoires de Bachaumont*, du 15 novembre 1776, ont mentionné une visite que le comte d'Artois, depuis Charles X, fit à Mme Dubarry à Neuilly et donnent à croire qu'il fut l'un des derniers successeurs du grand-papa roi.

Le fameux cardinal de Tencin, archevêque de Lyon, a eu longtemps pour maîtresse sa propre sœur, Mme de Tencin, l'une des dames patronnesses des philosophes ; Chamfort avance qu'elle avoua un jour que ce bruit généralement répandu n'était pas une calomnie. Les *Mémoires* du marquis d'Argenson accusent le cardinal de Soubise de n'avoir pas été plus scrupuleux que Tencin, en prenant pour maîtresse sa propre sœur, la princesse de Marsan. — Après s'être donnée à milord Tirconel, son cousin, et avoir vécu quelque temps avec lui, Mme de Béthisy, fille du marquis de Mézières, s'éprit d'amour pour son propre frère et vit sa passion longtemps partagée, si l'on en croit les *Mémoires* de Richelieu; son frère ayant fini par s'éloigner d'elle, par lassitude ou par dégoût, elle se suicida. — Les *Mémoires* de Dumouriez se contentent de dire qu'on croyait que le fameux duc de Choiseul avait *trop aimé* sa sœur, la duchesse de Grammont; Lauzun a été plus explicite; il raconte dans ses *Mémoires*, pages 5 et 43, comme un fait incontestable, que Choiseul conservait dans son hôtel la duchesse de Grammont, en qualité de concubine, qu'il employa tous les moyens pour séduire sa belle-sœur, la comtesse de Stainville ; et que, pour punir cette dernière de n'avoir pas voulu se rendre à ses désirs et de lui avoir préféré un histrion, il l'enferma dans un couvent.

Suivant les *Mémoires* de Mathieu Marais (t. III, p. 134), le vicomte de Tavannes eut pour maîtresse Mme de Creil, qui était la sœur de sa femme. Pendant que Gustave III, roi de Suède se mourait, l'un de ses assassins, Horn avouait, sans qu'on le lui demandât, qu'il était le père du dernier enfant de l'une de ses belles-sœurs. C'est d'Aquila qui a conservé cette confession, page 401 du tome II de son *Histoire des événements mémorables du règne de Gustave III*. — On peut voir dans les *Mémoires de Bachaumont*, du 29 juin 1779, comment l'acteur Bellecour fut surpris par sa femme entre les bras de sa belle-sœur, et ce qu'il advint de cette découverte. — En juin 1772, l'infâme marquis de Sade eut recours aux potions les plus actives de la pharmacie pour étourdir et déshonorer sa belle-sœur ; le crime consommé, il s'enfuit avec elle pour se soustraire au supplice dont il était menacé. — Nous empruntons au tome II des *Mémoires pour servir à l'Histoire du Jacobinisme*, par Barruel, cette lettre adressée par Weishaupt, le chef de l'ordre des Illuminés, à son adepte Hertel : « A présent, que je vous dise, dans la plus intime confidence, la situation de mon cœur. J'en perds le repos ; j'en deviens inhabile à tout, prêt à désespérer. Me voilà en danger de perdre mon honneur, et cette réputation qui me donnait tant d'autorité sur notre monde. Ma belle-sœur est enceinte. Je l'ai envoyée à Munich pour obtenir dispense, et l'épouser : mais si la dispense n'arrive pas, que ferai-je ? Comment rétablirai-je l'honneur d'une personne dont j'ai fait tout le crime ? Nous avons déjà tenté bien des choses pour arracher l'enfant ; elle était même résolue à tout ; mais *Euriphon* est trop timide, et je ne vois guère d'autre expédient. Si j'étais sûr de *Celse* (Buder, professeur à Munich), celui-là pourrait bien m'aider ; il me l'avait déjà promis, il y a trois ans. Parlez-lui-en, si vous le jugez à propos ; voyez ce qu'il y aurait à faire. Je n'aimerais pas que *Caton* (Xavier Zwack, conseiller aulique) en sût rien, de peur qu'il ne le dît à tous ses amis. Jusqu'à ce moment, personne n'en sait rien, si ce n'est *Euriphon ;* il serait encore temps d'essayer, car elle n'est que dans son quatrième mois. » Sur ces entrefaites il écrivit à *Caton :* « ce qui me fâche le plus dans tout ceci, c'est que je perds une grande partie de mon autorité sur nos gens : c'est leur avoir montré un côté faible, à l'abri duquel ils ne manqueront pas de se mettre, quand je leur prêcherai morale et les exhorterai à la vertu et à l'honnêteté. »

Dans ses *Mémoires secrets sur la Russie,* Masson donne, comme un fait incontestable, que l'impératrice Catherine II eut simultanément pour amants, d'abord les deux frères Alexis et Grégoire Orlof, et plus tard les deux frères Valérien et Platon Zoubow.

Les *Mémoires* de Richelieu regardent comme probable que Louis XV eut un caprice passager pour Mlle de Charolais et Mlle de Clermont, la sœur de celle-ci. — Il résulte des *Mémoires* du marquis d'Argenson et de ceux de Casanova qu'il entretint successivement comme maîtresses deux sœurs du nom de Morfil ou Morfi. C'est un fait incontestable qu'il afficha l'une après l'autre, à titre de maîtresses, les trois filles du marquis de Nesles, savoir Mme de Mailly, Mme de Vintimille et Mme de la Tournelle, plus connue sous le nom de duchesse de Châteauroux. Après lui, il n'y a que Clugny de Nuis, contrôleur général des finances sous Louis XVI, qui ait donné le scandale de trois sœurs maîtresses. L'*Espion anglais* (t. IV, p. 291) lui a consacré ces lignes : « Intendant de Bordeaux, il avait affiché les mœurs les plus dissolues et les plus scandaleuses. Il avait publiquement pour maîtresses les trois sœurs, et les avait traînées avec lui à Paris, en prodiguant les grâces aux maris. Pour empêcher que cette conduite lui fît tort auprès du monarque austère, il cherchait à compenser cette cause d'éloignement par un goût plus conforme à celui de Sa Majesté. Il avait fait venir d'Allemagne deux des plus habiles serruriers et s'exerçait avec eux dans cet art qu'aime le roi. »

Revenons aux couples de sœurs. Le comte Alexandre de Tilly n'a pas voulu nous laisser ignorer, dans ses *Mémoires*, qu'il eut deux sœurs pour maîtresses. — Les *Mémoires* de Peuchet, attribuent aussi deux sœurs, du nom de Verrière, à titre de maîtresses, au maréchal de Saxe. — Si l'on s'en rapporte à sa *Vie privée,* le maréchal de Richelieu aurait eu pour maîtresses la duchesse de Berri et Mlle de Valois, filles du Régent, et Mlle de Charolais, cousine de ces deux sœurs. Besenval tenait de bonne source tous les détails de ces intrigues du maréchal avec ces deux dernières princesses. — On a toujours regardé comme des maîtresses déguisées en soldats les deux sœurs qui ont accompagné Dumouriez dans ses expéditions. — Crébillon a ce signalement dans les *Mémoires et correspondances littéraires, dramatiques, et anecdotiques de Favart :* « Il adorait le sexe et ne l'estimait pas moins. Il n'a jamais respecté que deux sœurs, filles d'un apothicaire, nommé Péage : il leur fit deux enfants par délicatesse de sentiment. Mais le père, qui ne connaissait pas ce raffinement-là, prétendit que l'honneur de sa famille était blessé, et qu'il fallait que M. de Crébillon épousât tout au moins une des deux, en lui laissant la liberté du choix. Le hasard en décida, et notre auteur se maria à la mère de M. Crébillon fils; l'autre devint ce qu'elle put. Il ne goûta pas longtemps les douceurs du mariage : il fut si affligé de la perte de son épouse qu'il cherchait partout des consolations. Dans l'espérance où il était de pouvoir trouver une femme aussi estimable que celle qu'il avait perdue, il mettait à l'essai toutes celles qu'il rencontrait. »

Les écrits relatifs à Talleyrand lui donnent trois sœurs pour maîtresses, à son début dans la vie; plus tard il fut l'amant de deux sœurs. — Casanova ne s'est pas contenté de faire de ses *Mémoires* le cours le plus complet de lubricité à propos d'une centaine de femmes qu'il séduisit. Il se complaît dans les détails : il nous apprend qu'il a corrompu les deux sœurs dans huit familles, et qu'il y eut une neuvième maison où il abusa de quatre sœurs, sur cinq qui s'y trouvaient.

Suivant Rulhière, Richelieu eut pour maîtresses Mme de Villeroy et Mme d'Alincour, belle-sœur de celle-ci.

Le testament de La Fresnaye ne permet pas de douter de la passion de Mme de Tencin pour son neveu, d'Argental, le disciple le plus dévoué de Voltaire.

Dans une chanson, reproduite par les *Mémoires de Bachaumont,* du 17 février 1762, et dans un couplet des *Noëls* de 1764, inséré dans l'*Espion anglais* (t. I, p. 238), de Jarente est accusé d'avoir gardé chez lui sa nièce en qualité de concubine. — Nous croyons avoir prouvé, dans *Ménage et Finances de Voltaire,* que la veuve Denis fut la concubine de Voltaire, son oncle : M. Beuchot nous a avoué que c'était l'opinion des principaux amis de Voltaire; nous tenons de bonne source que la famille de Voltaire l'a toujours partagée. — Suivant l'*Histoire secrète des amours et des principaux amants de Catherine II*, par Laveaux (p. 237), Potemkin vivait avec une de ses nièces; il la maria, mais, bientôt après, il l'arracha à son mari et l'afficha comme sa maîtresse. Castera avance, dans sa *Vie de Catherine II*, que sur ses quatre nièces, la rumeur publique en regardait deux comme ses concubines.

Nous savons que Rétif de la Bretonne a eu pour maîtresses la tante et la nièce. D'après ses *Mémoires*, le comte de Tilly commit la même faute. — A en juger par sa *Vie privée*, il en fut de même du maréchal de Richelieu. — Suivant Mathieu Marais, Mlle Houel succéda à sa tante, Mme de Sabran, qui fut l'une des maîtresses déclarées du Régent.

Nous avons vu le commerce de Mme de Béthisy avec son cousin, milord Tirconel.

Il appert, soit de sa *Vie privée*, soit des *Mémoires* de Besenval, que Richelieu eut des galanteries pour Mlle de Charolais, cousine de deux filles du Régent, dont il était l'amant. Casanova paraît avoir dédaigné l'inceste du cousinage. Il ne lui est arrivé qu'une fois d'avoir deux cousines pour maîtresses; une autre fois seulement aussi, il séduisit une cousine de deux sœurs dont il était l'amant.

Ainsi, voilà un tableau de soixante-quatorze cas d'inceste, savoir vingt-quatre de consanguinité et cinquante d'affinité.

Ce dossier de faits aussi certains qu'intéressants permet de caractériser l'ignorance et la naïveté de ce grave M. Guizot, qui a osé présenter à la jeunesse de la Restauration le xviii° siècle comme la perfection de la civilisation chrétienne. Maintenant c'est à la Raison moderne de juger si l'enquête provoquée par Voltaire tourne à la gloire de sa très chère philosophie et doit couvrir de confusion la morale du catholicisme.

FIN

TABLE

	Pages.
Préface	I

PREMIÈRE PARTIE

Esprit des cours	1
Portugal	2
Angleterre	7
Du roitelet de Lunéville et des princes d'Allemagne.	22
Danemark	30
Suède	34
Pologne	36
Russie	41
Prusse	53
Autriche	67
Italie	76
Espagne	85
France	90

SECONDE PARTIE

Esprit des salons	259

CLICHY. — Imp. PAUL DUPONT, 12, rue du Bac-d'Asnières. 288. 2. 79.

www.ingramcontent.com/pod-product-compliance
Lightning Source LLC
Chambersburg PA
CBHW070626160426
43194CB00009B/1381